早知道就不去吃了！

20場翻轉中國歷史的暗黑飯局

胡策陌——著

前言

「飯局」一詞源於宋代，以前意指宴會、聚餐。而今，若把它拆開來看，「局」是下棋時所用的術語，表示局勢和處境，也可用來表示人際和社會關係；「飯」則承擔了填飽肚子、品嘗食物的任務。兩個字結合在一起就是指吃飯時的博弈手段和人際交往。

民以食為天，飯局無處不在，早已成為我們生活中不可缺少的一部分。工作應酬、人情往來、同學聚會、朋友交際……往往在舉杯談笑之間，達到彼此想要的目的。

飯局妙就妙在，它的重點不是「飯」，而是「局」。從這角度來說，飯局體現出的是一種進退得失、人情世故、博弈手段，甚至是一種獨特的文化與處世智慧。一場成功且有效的飯局不僅需要待人真誠，更要熟悉規則、洞悉人性，以及擁有高超的手段。

「執古之道，以禦今之有。」我們可以借古鑒今，古為今用。翻開歷史便可以看見，飯局文化之所以能夠源遠流長，與檯面上所擺的美食佳餚無關，而是這當中的利益得失，以及難以揣測卻亙古不變的人心和人性。

二桃殺三士，晏嬰用了兩顆桃子便搞定了萬夫莫敵的三傑；專諸刺王僚，屠夫烤魚藏劍，刺殺一國之君；鴻門宴上，項羽在酒酣耳熱之際，放掉劉邦；煮酒論英雄，劉備韜光養晦，恭維東家曹操，終逃虎穴；濡須塢宴，孫權安排周泰敘功飲酒，幫他樹立威望；上源驛宴成為梁晉兩國幾十年廝殺不休的導火線；杯酒釋兵權，舉杯談笑間，趙匡胤解決了軍權分散和危機……。

飯局千古事，得失唇齒間。古人偏愛在飯桌上解決重要的事情，因此飯局成為最適宜交易的場所。如果宴席上有皇帝，杯觥交錯之間，想必更驚心動魄！

目錄

齊桓公宴

史上最勵志的祝酒詞

西元前六六七年，在齊國臨淄王宮一個側殿裡，齊桓公邀請國相管仲、大夫鮑叔牙、大司田甯戚，敘說往事，飲酒作樂。

四位樂師手持小木槌，敲擊懸掛在木架上幾排大小不一的銅鐘。一陣陣樂聲響起，如水滴石板、雛鳳鳴啼般清脆動聽。

兩鬢斑白的齊桓公坐在主位上，笑視著坐在下首的三位老臣。他左手揉捏著美姬豐腴的腰肢，右手端著造型古樸的青銅酒樽與老臣們頻頻舉杯，似乎對食案上鼎鑊內色鮮香溢的佳餚視而不見。

老臣們一個個鬚髮灰白，衣冠楚楚，紅光滿面，饒有興趣地欣賞著前方二十幾位翩翩起舞的舞姬的綽約身姿。

齊桓公笑道：「寡人能成為諸侯長，誠念仲父尊王攘夷之策，感激鮑大夫、甯大夫夙興夜寐。來來來！寡人敬諸公一杯！」

管仲忙道：「多賴主公洪福，臣等敢不竭力！主公請！」

話才落下，甯戚道：「老臣雖然經常喝酒，唯獨主公的酒滋味不同，最是香醇可口。喝了主公的酒，渾身舒坦，精神抖擻。主公請！管相請！鮑大夫請！」

看上去最蒼老的鮑叔牙一聲不吭，仰起脖子，一飲而盡。

齊桓公哈哈笑道：「正所謂好事成雙，咱們君臣再來一杯！」

管仲、甯戚右手舉杯，叫道：「飲勝（乾杯意思）！」左臂舉起廣袖，一飲而盡。

鮑叔牙皺著眉頭，不耐煩地推開依偎在身邊的俏麗佳人，輕輕抿了一口。

齊桓公看到這一幕，呵呵笑道：「鮑愛卿也說兩句祝酒詞，給寡人和兩位大夫聽聽。」

管仲與甯戚紛紛起哄道：「鮑兄，請！」「鮑大夫，請！」

鮑叔牙長歎一聲，右手緊握著酒樽，猛然站了起來，蒼老犀利的目光從齊桓公、管仲、甯戚的臉上一一掃過。齊桓公等三人望著鮑叔牙嚴肅的模樣，緩緩地站了起來。

鮑叔牙慷慨激昂地說了一番祝酒詞後，齊桓公離座而起，向鮑叔牙深深地鞠了一躬。管仲、甯戚也向鮑叔牙躬身一拜，表示一定不忘鮑大夫的教誨，牢記於心。

究竟鮑叔牙說了什麼祝酒詞呢？

❈ ❈ ❈

將時間暫時拉到西元前六九四年，齊國國君齊襄公姜諸兒（姜諸兒是春秋時期君主中的奇葩，他不顧世俗的眼光，與同父異母的妹妹發生超越倫理的愛情。後來，妹妹還被許配給魯國國君魯桓公）。有一日，姜諸兒借著請魯桓公吃飯的機會，殺死自己的妹夫兼情敵。面對輿論壓力，姜諸兒的辦法只有一個字「殺」：殺光一群勸諫的大臣。殺紅眼之後，便開始淫亂大臣的妻子。若有反對者，繼續殺！國都人人自危。

姜諸兒還有兩個弟弟，二公子姜糾，以及三公子姜小白。春秋時期講究「名正言順」，名字包含很多資訊，比如「公子姜小白」，「公子」的意思是「公的兒子」（春秋爵稱分為王、公、侯、伯、子）；「姜」是姓氏（齊國的第一位國君便是姜子牙），「小」是因為他是齊僖公最小的兒子；「白」是指皮膚白皙。公子糾的心腹管仲、召忽對他說：「國君荒淫殘暴，國內必有大亂。臣怕他渾水摸魚，趁機對付您。我們必須『戰略轉移』！」

齊僖公在彌留之際，死攥著姜諸兒的手道：「糾是一個好孩子。你去世前，要將王位傳給他。」姜諸兒握緊父親的手，哽咽地答應了。

時過境遷，公子糾發現：大哥表現的不像是守信之人，打算一走了之，至少還能保住性命。於是等待著時機，公子糾咬牙答應管仲和召忽，逃到魯國避難。

聽說公子糾等人逃跑，公子小白的心腹鮑叔牙慌了，他對公子小白說：「二公子跑了，只剩下您最有資格繼承國君之位。身處險邦，必有災殃。我們還是趕緊逃吧！」

公子小白當機立斷，帶著鮑叔牙逃亡到莒國。

兄弟二人為何一個投奔魯國，另一個投奔莒國呢？因為公子糾的母親曾是魯國公主，姐姐則是當今魯國的太后，國君魯莊公是他的親外甥，這可是打斷骨頭連著筋的血親。而公子小白的外婆是莒國老太后。公子有危險，投奔母系親戚，進行政治避難，以圖東山再起，在春秋時期是非常常見的情況。

❀ ❀ ❀

莒國是華夏最東方的一個小國，西邊與魯國接壤、北邊與齊國毗鄰。一路逃亡途中，公子小白與鮑叔牙風餐露宿，還要擔憂大哥是否派兵追殺自己。一路心驚膽戰，終於到了莒國。面對公子小白一行人，莒國國君很夠意思，管吃管住。但也僅此而已，並沒有重用公子小白等人。無數次，公子小白遙望故國，徒呼奈何；無數次，公子小白心灰意懶，不再對前途抱有希望。

當時公子小白不過二十歲左右，離開了富貴榮華之地，背井離鄉，寄人籬下，滋味一定不好受！

雖未找到關於公子小白受苦難的文獻，但是多年以後，公子小白稱霸天下，管仲、鮑叔牙等人多次以勿忘在莒地受過的苦楚來激勵他，便可知他在莒地的生活品質、娛樂條件、社會地位處於何等境況。

鮑叔牙勉勵小白，堅持便有希望，耐心等待齊國局勢發生改變。

❀ ❀ ❀

春去秋來，九年過去了。西元前六八六年，齊國國內發生政變。

齊襄公外出打獵時，公孫無知（姜小白的堂哥）聯合大夫連稱、管至父發動叛亂，將襄公殺害。待連稱、管至父二人掌握軍權後，卻架空公孫無知。公孫無知不甘心做個傀儡，於是聯合其他的大夫，伏殺二人。之後，大夫雍廩因曾被公孫無知虐待，遂懷恨在心，趁亂擊殺他。

「亂哄哄，你方唱罷我登場！[1]」一系列政變過後，齊國國君的位置被騰了出來。按照封建血統繼承原則，此時最有資格繼位的是二公子姜糾，其次是三公子姜小白。

聽到消息，遠在魯國與莒國的兩位公子大喜，準備向各自投靠的國君請辭，返回母國，去爭奪王位。誰跑得快，搶先回到齊國，並說服諸位大夫，便有機會坐上王位。

熟悉此時魯莊公耍起手段，暫時拖住公子糾。他認為，拖住的時間越長，未來便可將竹杠敲得越響。即使換他人繼位，他也不介意。因為公子糾是第一順位繼承人，其餘任何一位坐到齊國國君的位置，都是「叛逆」。到時候，魯莊公便可打著幫助公子糾的旗號，攻打齊國；事成後，亦可順理成章地多占據幾座城池。

公子小白向莒國國君借了三十輛戰車、一隊精銳步兵，立即火速向齊國都城臨淄出發！

正當公子小白在途中瘋狂趕路時，他突然驚奇地發現幾十輛魯國的戰車堵在趕往臨淄的必經之路。

原來是管仲唯恐公子小白搶先回到臨淄，便以齊國兩座城池為代價向魯莊公借兵，意圖在半路擊殺公子小白。

對魯莊公而言，他巴不得齊國內部自相殘殺，就爽快地借給管仲一隊車馬。

管仲看到莒國車隊大喜，帶人攔住公子小白、鮑叔牙一夥人。距離二人三十步之外，管仲朗聲道：「三公子、鮑兄，經年不見，別來無恙！」

1 取自紅樓夢。

公子小白、鮑叔牙相對苦笑，拱手還禮。管仲道：「前日，主公返回臨淄，繼承了王位。在下奉新君之令，恭迎三公子、鮑兄！」

聞聽此言，公子小白、鮑叔牙臉色蒼白，萬念俱灰。管仲看到這反應，滿意地點點頭，道：「兩位請隨管某上路！」

管仲轉過身，忽然俯身操起弓箭，輕喝一聲，拉滿弓弦，又猛然扭身，瞄準公子小白的胸膛，「嗖」的一聲，將箭射出。

公子小白眼見一點寒芒射來，下意識閃身躲避，可惜終究慢了一拍，被射中肚臍。他慘叫一聲，口吐鮮血，閉上雙眼，倒在地上，一動不動。

管仲哈哈大笑，快馬加鞭，逃之夭夭。他以為公子小白已被射死，沒有必要與一群哀兵血戰了。

鮑叔牙抱著小白不知所措，號啕大哭。突然，小白睜開雙眼，笑道：「管仲乃世間高士，不顧道義射殺我，說明二哥必定還在魯國！我們快走！」

原來管仲一箭射中公子小白的帶鉤[2]；小白急中生智，咬破舌尖，吐血裝死。

管仲返回魯國的途中，遣人通知魯莊公與公子糾：二公子小白已被射殺而亡。魯莊公得知後，更不著急送公子糾返回臨淄了。

這便是：「魯聞無知死，亦發兵送公子糾，而使管仲別將兵遮莒道，射中小白帶鉤。小白佯死，管仲使人馳報魯。魯送糾者行益。」

公子小白搶先返回臨淄，在齊國繼承國君之位，史稱齊桓公。相比公子糾，公子小白並沒有資格任國君，為什麼會得到齊國大夫們的支持呢？

史書給的理由是個「賢」字。但是，這背後應該有一個「利」字。首先，公子小白的支持者莒國是一個小國，沒有能力敲詐勒索齊國。其次，公子小白許諾不再追究齊國兩任國君被殺的事，維護了齊國大夫們的利益，當然能獲得他們的支持。

魯莊公聽聞公子小白繼位，勃然大怒，點齊兵馬，帶著公子糾，以「維護道義，圍剿篡逆者」為名，攻打齊國。客觀地說，魯莊公無論兵力，還是輿論皆占優勢。可是，當兩國在乾時這地方決戰時，魯國卻大敗而歸。

這件事情不難理解，齊國「篡位者」們為了保全身家性命，絕對是拼盡全力。尤其是齊桓公，如果敗給魯國，自己可能淪為與大哥、堂哥同樣的下場了！

2古代貴族的腰帶扣子，多為青銅鑄成。

魯國表面是為了維護正義，實質上為了占便宜，因此犯不著拚命，所以積極性不如齊國。

齊桓公打敗魯國後，站穩了腳跟，便遣使捎一封信給魯莊公：「子糾兄弟，弗忍誅，請魯自殺之。召忽、管仲讎也，請得而甘心醢之。不然，將圍魯。」[3]

意思是公子糾是我的親哥哥，我不忍心殺他，請您替我殺了他。召忽、管仲離間我和哥哥的兄弟情誼，我要親手把他們剁成肉醬配飯吃。若您不答應我這兩個條件，我便攻打魯國。

魯莊公看了書信後，理解「天無二主，國無二君」。若是自己，也不願意背負篡位的名聲；唯有殺了公子糾才能除去心腹大患。

魯莊公果然殺了公子糾，囚禁管仲、召忽。召忽性格剛烈，不甘受辱，怒吼一聲，撞牆自殺。管仲長歎一聲，主動請求魯人將自己裝進囚車，送往齊國。[4]

管仲的主公被殺，同事也自殺了，他為什麼沒有隨之而去呢？試想：如果失去生命，管仲一身志向恐怕就要化為烏有。到了齊國，說不定還有一線生機呢。有時候，屈辱地活著比痛快地死去更需要勇氣。

回齊國的途中，管仲坐在囚車中閉目等死，內心升騰著擔憂、恐懼、絕望。一方面擔心萬一魯國將士一時雞婆，一刀砍下自己的腦袋；另一方面又害怕回到齊國，被齊桓公剁成肉醬。

想到自己時運不濟，命途多舛，已年過四十，卻仍身處囹圄，命在旦夕，管仲忍不住雙手抓緊囚欄，仰天長歎，淚流滿面。

齊國宮殿中，鮑叔牙正勸諫欲將管仲殺而後快的齊桓公，問道：「主公想做守成之君，還是稱霸天下？」齊桓公道：「人生苦短，譬如朝露。誰不想在有生之年，幹一番轟轟烈烈的大事，益於當世，名垂史冊？」

鮑叔牙道：「主公若想治理齊國，鮑某足可輔佐；主公欲成王霸之業，非管仲不可。管仲輔佐哪個國家，哪個國家便會興盛！我們萬萬不可失去管仲。」[5]

齊桓公相信鮑叔牙看人的眼光，決定暫時放棄報這一箭之仇，給管仲一次機會。這裡其實還有一個理由，就是管仲是公子糾的心腹。齊桓公畢竟不是最合乎「名」的繼位者，重用管仲可以緩解輿論壓力：你看，大哥的心腹都在支持我，說

3 出自《史記・齊太公世家第二》。
4 原文為：魯人患之，遂殺子糾於笙瀆。召忽自殺，管仲請囚。
5 原文為：君將治齊，即高傒與叔牙足也。君且欲霸王，非管夷吾不可。夷吾所居國國重，不可失也。

明我是真的很賢明啊！

囚車一路顛簸，終於進入齊國境內。鮑叔牙唯恐夜長夢多，便帶領一支人馬在邊境迎接管仲。他對坐在囚車中的管仲道：「賢弟，愚兄等候多時了。」

管仲苦笑道：「鮑兄是來看小弟的笑話嗎？」

鮑叔牙道：「天下雖大，生你者父母，知你者鮑叔牙。大丈夫生於天地間，功業未建，奈何死乎？」

一句「生你者父母，知你者鮑叔牙」，便激起管仲深情的回憶。

當年管仲、鮑叔牙一起做生意，管仲投資少，分紅時卻多拿、多占。鮑叔牙對別人說，管仲不是貪婪，只是家庭條件較為困難；管仲參軍打仗，每當戰事不利，便做逃兵；鮑叔牙卻認為管仲不是懦弱無能，是為了留著有用身軀，孝敬年邁的母親。

管仲曾拉著鮑叔牙的手道：「生我者父母，知我者鮑叔牙也。」

想起往事，管仲長歎道：「唯恐齊公不忘一箭之仇！」

鮑叔牙笑而不語，揮揮手，便有一群人上前打開囚車，簇擁著管仲，帶他去沐浴更衣。

齊桓公真不愧是一代雄主，見管仲時，便開門見山道：「齊國公室衰微，兩任國君死於卿大夫之手。屢經政變，民生凋敝，寡人欲行王霸之業，請先生教我！」

管仲一口氣問了齊桓公三個問題：「你有錢嗎？你有兵器嗎？你有道義嗎？」

齊桓公皺著眉頭，仔細想了想道：「寡人沒有，請問先生，如之奈何？」

管仲清清嗓子，發表了一番改變自身與齊國命運，改變中國歷史走向的見解：「沒錢，好解決。首先，我們不僅要鼓勵農耕，更要大力發展商業。這是增加國家收入的方法。另外，齊國靠近大海，我們可以獎勵捕魚晒鹽，由國家控制鹽業，提高稅收。至於沒有兵器，就更好解決了。國內實行犯罪罰兵器制，犯了殺人、盜竊等罪的人必須繳納不同的兵器。咱們還要打出尊重周天子，維護天下穩定的名義，內平叛亂，外撫諸戎……」

齊桓公與管仲越聊越開心，很快便拜管仲為「仲父」。（仲者，夷吾之字；父者，事之如父。）

齊桓公真不愧是霸主，因看中管仲的奇才，不僅不計較一箭之仇，還事之如父，將軍政大權交給了管仲。管仲掌握權力後，便進行大刀闊斧的人事改革，他提出一個在當時堪稱石破天驚的觀點：「德義未明於朝者，則不可加於尊位；功力未見於國者，則不可授以重祿；臨事不信於民者，則不可使任大官。」說白了就是任命提拔官員必須講究能力與政績。在當時，任命官員只講血緣，其次才是品德。不得不說，管仲任人唯才的觀點，具有劃時代的意義。

正是因為這些因素，齊國吸引了大量人才。最具有代表性的便是甯戚。

此人是衛國人，出身貧寒，卻心懷大志，不甘於眼前的生活。他想到臨淄求職，苦於沒有車費，便找了一份工作，為前往臨淄的商人趕牛車。

雖然到了臨淄，可因身分低微，無錢住在城中，便夜宿城牆外，等待改變命運的機會。一日，齊桓公送客至郊外。甯戚遠遠瞧見齊桓公的車馬，便拍打著牛角高聲唱歌：「南山燦、白石爛，中有鯉魚長尺半。生不逢堯與舜禪，短褐單衣才至骭。從昏飯牛至夜半，長夜漫漫何時旦？」

這首歌抒發出自己懷才難遇之情：「我因為沒有身在堯舜那樣的盛世中，才穿著下等人的破爛衣裳。早晨販牛到深夜。長夜漫漫，何時天亮啊？誰是我的伯樂呢？誰能讓我施展抱負？」

甯戚深情地凝視著不遠處的齊桓公，一遍又一遍拍打著牛角，大聲唱著自編自譜的歌：「……生不逢堯與舜禪，短褐單衣才至骭……」

如果齊桓公一直沒有反應，恐怕這頭可憐的牛就這麼被拍打死了。慶幸的是，齊桓公聽見了。需知道，若沒有如《詩經》般的底子，不可能編出這首歌。齊桓公道：「好歌，請那個唱歌的人過來。」

恭喜甯戚獲得了一次面試機會，結果是非常令人興奮的——「甯戚見，說桓公以治境內。明日複見，說桓公以為天下。桓公大說，將任之。」

甯戚的滿腹才華令齊桓公非常滿意，打算給他一個有實權的職位，看他到底是不是像他自己所說的那樣有才幹。有人勸說齊桓公：「衛國離齊國不遠，不如派人去打聽一下。如果甯戚真是賢者，再重用也不晚。」

齊桓公的回答頗有王者之風：「不然。問之，患其有小惡。以人之小惡，亡人之大美，此人主之所以失天下之士也。」意思是，不能這樣做。如果派人去打聽，人無完人，一定會聽到甯戚的缺點。以人才的小毛病，來否定他的大才能，這是為君者失去人才的原因。

齊桓公的這句話，千百年後聽起來依舊擲地有聲。金無足赤，人無完人。君主用人，應用人之所長，舍人之所短，不重出身、資歷。管仲與甯戚交談後，也十分推崇他，而建議立甯戚為大司田[6]。管仲常對人說，甯戚是農業專家，在農田水利領域，自己不如他。

甯戚任職期間，主持開墾農田，興修水利，獎勵墾荒，薄取租賦，齊國快速地朝富裕強盛邁進。這便是「甯戚飯牛」的典故。

在齊桓公、管仲、鮑叔牙、甯戚等人的努力之下，君臣齊心，勵精圖治。齊國的發展令人驚歎，開啟了史稱「九合諸侯，一匡天下」之路。

❀ ❀ ❀

西元前六八一年，三十多歲的齊桓公在北杏召集宋、陳、邾、蔡，舉行五國會盟，意在尊崇周王室，穩定天下秩序，避免眾多小國被大諸侯國兼併。可惜，宋國君主並不買帳，白吃一頓飯，抹乾淨嘴巴，便揚長而去。

同年，齊桓公邀魯莊公在柯地會盟。魯國大將曹沫突然拔劍，挾持齊桓公，勒索三座齊國城池。事後，齊桓公意圖反悔，管仲勸他忍一時之辱，割讓城池，樹立言出必行的形象。

坦白講，齊桓公前兩次組織諸侯會盟，並不成功。由此可見，成大事者鮮有一帆風順的。

從第三次會盟開始，效果便漸漸彰顯。西元前六七九年，齊桓公請周天子派人支持自己，邀衛、鄭、宋三國國君在鄄地會盟。各國諸侯眼見周天子派代表參會，再加上齊桓公的主張確實維護了大多數國家的利益，遂遣使表態，共推齊桓公為諸侯盟主。

齊桓公與諸侯共約，內輔周天子，建立國內秩序，外抵抗北戎的擾亂。齊桓公的霸主地位開始確立。

從此以後，齊桓公堅持「尊勤君王，攘斥外夷」的戰略，漸漸成為華夏境內最有權勢的人。齊國君臣權勢地位提升後，開始好聲色、奢靡。

當時齊國的娛樂業在華夏境內最為發達，齊桓公自己娶了幾十房妻妾。上有所好，下必甚焉。一時間，國內漸有靡靡之音，少了銳意進取之風。

鮑叔牙憂心忡忡，意圖勸諫齊桓公，又怕太突兀，決定耐心等待機會，最好是在飯桌上說勸諫；因為有飯必有酒，酒後吐真言，能達到當頭棒喝的效果。此外，酒後談事，也是一項悠久的傳統。

❀ ❀ ❀

西元前六六七年的一天，齊桓公為了慶祝老對手衛國衰敗，順便也犒勞一下管仲、鮑叔牙、甯戚等人的辛勞，便宴請三位老臣在王宮內飲酒作樂。

齊桓公先敬酒，其次是管仲等人還敬。輪到鮑叔牙時，他的敬酒詞振聾發聵，慷慨激昂。

鮑叔牙端著酒樽，大喊道：「今日酒酣耳熱，放浪形骸之時，希望主公不要忘記流亡在莒國時那段寄人籬下，擔驚受怕之日；亦希望管仲不要忘記被捆綁在魯國，閉目等死之日；希望甯戚不要忘記窮困潦倒，割草放牛之日。」[7]

話音剛落，大殿內瞬間靜得落針可聞。

鮑叔牙這番話只有一個意思：靡不有初，鮮克有終；不忘初心，方得始終。我們齊國雖然取得了令人驕傲的成績，你齊桓公成為有史以來的第一位霸主，管仲成為天下第一相，甯戚成為勵志楷模、齊國重臣，可是千萬不要忘記當年吃過的苦，不要對不起吃苦受累的日子。

過了片刻，身為領袖的齊桓公站了起來，對鮑叔牙躬身行禮：「寡人與二大夫能無忘夫子之言，則國之社稷必不危矣。」意思就是，我和兩位大夫牢記鮑大夫的教誨，不忘記當年的艱難歲月，國家社稷就不會危殆！這便是成語「勿忘在莒」的來歷，指不忘本，不忘初衷，不忘崢嶸歲月。

成大事者，皆坐起而行。齊桓公立刻下令撤去酒宴，趕走美女，與管仲、鮑叔牙等人共商國是。

又數年，齊國君臣時常以「勿忘在莒」相互勉勵，不懈努力，為華夏的安定統一做出卓越的貢獻。西元前六六四年，北方戎族大規模南下進擾。首當其衝的燕國，幾乎被滅國。燕國君臣在絕望之中向齊桓公求救。

六十多歲的管仲說服五十多歲的齊桓公，他們親率諸侯聯軍，千里遠征，北上攘夷，與戎族連番血戰，終獲大勝，擴地八百里。

千百年後，齊國霸業化為煙雲，但是齊桓公、管仲等人勿忘在莒的精神，卻早已成為民族精神的組成部分。在歷史的長河中依舊回蕩著鮑叔牙鏗鏘有力、氣貫山河的祝酒詞：「使公毋忘出如莒時也，使管子毋忘束縛在魯也，使甯戚毋忘飯牛車下也。」

---

7 原文為：使公毋忘出如莒時也，使管子毋忘束縛在魯也，使甯戚毋忘飯牛車下也。

二桃殺三士

晏子巧借飯局除三傑

西元前五二八年六月的某一天，在齊國臨淄王宮大殿裡，魯昭公與大夫叔孫蠟訪問齊國。齊景公熱情接待，安排相國晏嬰主持飯局，齊國文武重臣作陪。

酒至半酣時，晏嬰起身，對齊景公躬身施禮，道：「君上，園中金桃已熟，請摘幾枚給貴客嘗嘗鮮吧！」齊景公道：「相國言之有理，可命侍從取之，以招待貴客。」

晏嬰忙道：「君上，此桃珍貴異常，老臣當親自去摘。」齊景公道：「有勞相國。」晏嬰拱手告退。

齊景公對魯昭公君臣道：「此乃萬壽金桃，三十年一開花，三十年一結果。園中只有六個，寡人不敢獨自享受，特取來與賢君臣共用。」

魯昭公君臣連忙稱謝。不一會兒，晏嬰帶著一位低頭捧著盤子的園吏，快步走入大殿。盤中放著六顆桃子，個個碩大新鮮，香氣撲鼻，令人垂涎三尺。

晏嬰按照禮儀，分別向魯昭公、齊景公獻上了桃子。

晏嬰道：「叔孫大夫賢名遍於四海，請食一桃。」

叔孫蠟連忙道：「晏相國內輔國政，外使諸侯，天下咸知，此桃應讓相國吃。」齊景公笑道：「既然公孫大夫謙讓相國，二位可各吃一個。」

二臣跪而領之，晏嬰道：「盤中尚有二桃，君上可傳令諸臣，誰的功勞大誰吃。」

齊景公道：「此言甚善。階下諸臣，自信功勞深重者能食此桃者，出班自奏。」

階下諸臣中，三位身材高大的壯漢再也按捺不住，緊握著佩劍，爭先恐後地跳了出來。

❈ ❈ ❈

兩個月前，齊國相國晏嬰走在宮外，迎面走來三位虎背熊腰、滿臉橫肉的壯漢。這三個人是齊國婦孺皆知的勇士——田開疆、公孫接、古冶子。他們曾立有大功，均有萬夫不當之勇，和搏虎擒熊之力，彼此也是結拜兄弟，在齊國被稱為「三傑」。

晏嬰看到他們之後，立刻掛著笑臉，快速邁著小碎步上前打招呼。孰知，三大漢鼻孔朝天，大搖大擺地從晏嬰身旁走過，沒有搭理他。[1]

1 原文為：晏子過而趨，三子者不起。

無端受辱，晏嬰面色瞬間漲得通紅。不過，他終究是滿腹韜略的名相，立即做了一個深呼吸，平復心情。他思索著原因：一定是自己太矮小了，這三位身材高大的猛士昂頭走路時，才會沒有看到自己，並非刻意無視。

晏嬰可是一代奇人呢。可能很多人小時候就曾經聽過《晏子使楚》的故事，講的是晏嬰在擔任齊國外交官期間，出使楚國。楚國卻緊閉城門，僅在門側挖了一個高不過六尺的小洞。

為什麼呢？因為史稱晏嬰「身不滿六尺」。面對楚國君臣這般侮辱，晏嬰面不改色，對負責招待他的人道：「只有出使狗國，才鑽狗洞。請問你們楚國是什麼國啊？」

無奈之下，楚國只能請晏嬰從城門進入。

大殿上，楚國國君看到身材矮小的晏嬰，不屑道：「齊國無人了嗎？」晏嬰一本正經地道：「齊國僅都城臨淄便有七千五百戶人家。大家張開袖子，便能遮天蔽日；揮灑汗水，如同暴雨傾盆；街上行人往來，肩膀靠著肩膀，腳尖碰腳後跟，怎麼能說我齊國無人呢？」

楚國國君聽見了，便笑著說道：「既然如此，怎麼會打發閣下前來？」

晏嬰裝作一臉為難，道：「那些優秀的人被派遣出使到德才兼備的君主所在的國家，無才無德之人派遣到無德無才之國。我晏嬰最不賢，只好出使到貴國來。」

楚國國君一聽，差點將鼻子氣歪，不過他為貶低齊國又出了一招：只見兩名官吏帶著一個被捆綁的人，走進大殿。楚國國君與臣子演起了雙簧。

楚國國君道：「這是什麼人？幹什麼的？」

臣子道：「齊國人，犯了盜竊罪。」

楚國國君道：「齊國人如此沒有出息，都喜歡盜竊嗎？」

楚國君臣哈哈大笑。

晏嬰冷哼一聲，瞇著眼睛道：「臣嘗聞生長在淮河以南的橘子是蜜橘，生長在淮河以北的便是苦枳。什麼原因呢？環境不同而已！百姓生活在齊國安居樂業，遵守法紀，但到了楚國便做賊偷竊，莫非楚國的環境容易使百姓變成小偷？」

楚國國君三次出招，均被晏嬰輕鬆化解。他明白盛名之下無虛士，於是開始正視起眼前這位身材矮小、相貌平凡的晏嬰。楚國國君為自己找了一個台階，自嘲道：「聖人是不能與他開玩笑的，是寡人自取其辱了。」[2]

2 原文為：聖人非所與熙也，寡人反取病焉。

這便是晏嬰，遇事不亂，臨大節而不辱，嫻於辭令。《晏子使楚》這件事更成就出「舉袖成雲」、「揮汗如雨」、「比肩繼踵」、「橘生淮南」、「自取其辱」等成語。

晏嬰的成就又豈止在外交與文化領域而已？此公內輔國政，使齊國富強；克勤克儉，為世人之楷模，他是史家公認堪比管仲的政治家、思想家。

晏嬰去世四百多年後，司馬遷在《史記‧管晏列傳》中寫滿對晏嬰的仰慕之情：「晏子儉矣，夷吾則奢；齊桓以霸，景公以治。假令晏子而在，餘雖為之執鞭，所忻慕焉。」意思是，晏嬰勤儉，輔佐齊景公治世；管仲豪奢，輔佐齊桓公稱霸。如果晏嬰還在世，能給他當車夫，就是我的榮幸啊！

※ ※ ※

俗話說：「宰相肚裡能撐船。」雖說三個莽夫的無視，根本不值一提。可是晏嬰卻開始認真思考三傑的行為：

田開疆、公孫接、古冶子三個人居功自傲，囂張跋扈，罔顧法紀，對自己這位齊國相國都如此無禮，那對臣民會用什麼態度就可想而知了。更有甚者，恐怕對國君也不懂尊重。猛將驕橫之心，若被有心之人利用，而行弒君篡位之事，恐會帶來極大的危害。[3]

這便是一代名相的格局，從個人受辱的小事件，聯想到國家的命運前途。

於是，第二天，晏嬰覲見齊景公，道：「臣聞明君之蓄勇力之士也，上有君臣之義，下有長率之倫，內可以禁暴，外可以威敵，上利其功，下服其勇，故尊其位，重其祿。今君之蓄勇力之士也，上無君臣之義，下無長率之倫，內不以禁暴，外不可威敵，此危國之器也，不若去之。」

意思是，臣聽聞聖明的君主若想培養的勇猛之士，應該達到四個標準：第一，明白君臣之間的禮儀；第二，服從上下級的規矩；第三，對內可以禁止暴亂；第四，對外能威懾敵人。所以，真正的勇士對上有利於君主的功業，對下能得到臣民的欽佩，理應得到高官厚祿。現在您培養的勇士不懂得尊重君主，也不遵守對長官同事的禮儀，對內不能禁止暴亂，對外不能威懾諸侯。不如將他們早點除掉，以絕後患！

---

3 晏子與孔子是同時期的人，他們所處的春秋時期，周王室的勢力漸趨沒落，諸侯國征戰不斷，國內卿大夫勢力膨脹，僅《春秋》和《左傳》中記載的弒君事件便有幾十起。

齊景公作為一國之君，聽聞相國要除去自己麾下的勇士，他的回答非常值得玩味：「三子者，搏之恐不得，刺之恐不中也。」意思是對這三個人，無論是抓捕還是刺殺，都非常不容易。

晏嬰並未指名道姓說要除掉誰，可是齊景公卻說「三子者」，這說明他心裡清楚田開疆、公孫接、古冶子三個人便是晏嬰要解決的人。

齊景公並沒有讓晏嬰進一步說明，這三位勇士「為什麼要殺」、「能不能不殺」，而是直接表示，殺他們比較困難，詢問「應該要怎麼殺」。

由此可見，齊景公對田開疆、公孫接、古冶子三個人早已心生厭惡，甚至有點忌憚，欲除之而後快，卻不敢輕易下手，生怕造成不良影響。

為什麼呢？因為當時齊國田氏公卿的實力已經強大到足以威脅齊國國君姜氏的地位了。身為君主的齊景公，為了江山的穩定，必須採取措施限制田氏的發展。

晏嬰做過預言：「齊國政權最終將歸回田氏。田氏雖無大的功德，但能借公事施私恩，有恩德於民，得民擁戴。」晏嬰去世後一百多年，田氏果然篡奪齊國政權。

據說，景公看到豪華的宮殿歎氣道：「宮室如此漂亮！我死後會歸於誰呢？」晏嬰道：「恐怕是田氏了。您的後代如果稍微怠惰，而田氏勢力仍然沒有衰落，那麼齊國便會為田氏所有。」

齊景公憂心忡忡道：「那應該怎麼辦呢？」晏嬰答道：「只有利用一個禮字。符合禮，士大夫家族對百姓的施恩就不能超過君主，民眾便不會遷移，士不失職，官吏不怠慢，大夫不占取公家的利益。」

此處的「禮」，並不單指禮儀、規矩，更是宏觀的道德觀念、社會秩序。

由此可知，晏嬰意圖殺掉田開疆等三人，並非挾私報復，而是為了齊國安定，貫徹落實齊景公的想法，制定並執行讓國家安全的戰略。對不遵守「禮」的田開疆等悍將，必須「不若去之」。

面對忌憚三傑的齊景公，晏嬰成竹在胸，淡淡道：「此皆力攻勍敵之人也，無長幼之禮。」意思是，這三個傢伙都是徒有力氣的人，不知長幼之禮，不用您操心，我來搞定他們。

齊景公道：「長幼之禮也能殺猛將？」

❀ ❀ ❀

機會終於降臨了。西元前五二八年六月的某天，發生了本故事開頭的一幕。

此時，齊國擺出最高接待規格來招待外國元首，階下皆是文武重臣，田開疆、公孫接、古冶子三個人卻迫不及待地跳出來，可見平時他們何等囂張跋扈。晏嬰稱他們「不知長幼之禮」真是沒錯！

晏嬰看著跳出來的三條大漢，捋著鬍鬚，笑瞇瞇道：「你們有三個人，桃子只剩下兩個了，你們按照功勞大小來分桃吧？」[4]

歷史的魅力之一，便是微小處藏大氣象。

為什麼會剩下兩個桃子，而不是一個呢？剩下一個桃子，三個人分桃，是最優先者得之。若剩下兩個，必會有一個人得不到。得不到的人便是功勞最小的！春秋時代的文化主流是「士為知己者死」、「君子重然諾，輕生死」、「君子不吃嗟來之食」、「君以國士待我，我當以國士報之」。士人重尊嚴遠勝生命。田開疆、公孫接、古冶子怎麼會認為自己是功勞最小的呢？

晏嬰稱他們三個人「皆力攻勍敵之人也，無長幼之禮」，由此可知，他們三個人皆非出自公卿豪門，所以才會不知禮儀。即使是田開疆，也只是田氏的分支庶子。

田開疆等三個人正是靠搏命立功才換來功勳地位的。他們的房子、車馬、土地、女子、財物、奴僕等，全是靠實在的功勞換來的；否定自己的功勞就等於否定自己的全部。

晏嬰的一句「三子何不計功而食桃」等於為田開疆等三個人出了一道選擇題，選擇友情還是選擇功勞？什麼是堂堂正正的陽謀呢？這個就是。晏嬰真不愧是一位世事洞明、人情練達的心理學大師。

三位勇士面面相覷，誰也不肯承認自己沒有功勞。

公孫接長歎一聲：「晏相國不愧是咱們大齊的智者。他叫我們按功勞大小分配桃子，我們若不敢接受，便是無勇之輩；若我們接受，卻又有人多桃少的問題，這便只有按功勞大小來分吃。國君狩獵時，我曾赤手空拳打死一頭野豬與一頭猛虎。我的功勞可以獨自吃桃了吧。」[5]

說罷，他便拿起一個桃子。

田開疆眼見只剩下一個，大聲道：「我曾披堅執銳，兩次擊退敵軍。像我這樣的功勞，也可以獨享一個桃子，無需與人共食一個。」[6]

於是，他也拿起一個。

4 原文為：三子何不計功而食桃？

5 原文為：晏子，智人也！夫使公之計吾功者，不受桃，是無勇也，士眾而桃寡，何不計功而食桃矣。接一搏猏而再搏乳虎，若接之功，可以食桃而無與人同矣。

6 原文為：吾仗兵而卻三軍者再，若開疆之功，亦可以食桃而無與人同矣。

古治子眼見沒有桃子了，氣得雙目通紅，他聲嘶力竭地說：「殺虎殺人又算得了什麼？我當年護國君渡河，河水裡突然冒出一頭鱷魚，一口咬住國君的馬車，將它拖入水中。我雖然不會游泳卻潛入水中逆流百步，順流追殺九里，才殺了這頭鱷魚。」[7]

「當我浮出水面時，一手握著割下來的鱷魚頭，一手拉住國君的坐騎，當時大夥都嚇呆了，以為河神顯聖！」[8]

「我是勇敢不如你們，還是功勞不如你們？可是桃子卻沒了！」[9]

「鏗鏘」一聲，古治子抽出了寶劍，對著公孫接與田開疆喝道：「你們兩個把桃子拿出來！」[10]

三位勇士毫不猶豫地選擇站在功勞的一邊。如今，公孫接與田開疆兩人對視了一眼，便對古治子道：「我們論功勞不如你，勇猛更不如你，卻搶先取得桃子，這是貪婪。如果沒有勇氣自殺，便連勇氣也失去了！」

二人拔劍，自刎而死。鮮血汩汩地流到地上，滿堂皆驚。齊景公與晏嬰沉默不語，做客的魯昭公與叔孫蠟反正只是來吃頓飯罷了，面對齊國內政也不好表示什麼。其他台下大臣們僅是冷眼旁觀。

古治子面色蒼白，身軀顫抖，羞憤的目光緩緩地掃了飯局上的所有人，訥訥道：「他們都死了，我卻活著，這是不仁；用言語羞辱別人，吹捧自己，這是不義；悔恨自己的言行，卻又不敢去死，這是無勇。」

於是大喝一聲，舉劍自刎，且因用力過猛，險些將脖子割掉；鮮血噴灑而出，與兩位結拜兄弟的血混在一起，染紅了大殿。在一片驚呼聲中，魯昭公站了起來，對齊景公道：「我曾聞三傑神勇無敵，沒想到，今日全喪命了！」

聞聽此言，齊景公面有不豫之色。晏嬰道：「這些人只是匹夫之勇，何足掛齒。」

魯昭公長歎一聲，帶著叔孫蠟告退。齊景公以勇士之禮厚葬三人。[11]

這便是「二桃殺三士」的故事。爾後演變成一句成語，意指用計謀殺人。此計之所以能夠成功，固然離不開春秋時期的文化氛圍，卻也離不開人心與人性。

7原文為：吾嘗從君濟於河，黿銜左驂以入砥柱之流。當是時也，冶少不能遊，潛行逆流百步，順流九里，得黿而殺之。
8原文為：左操驂尾，右挈黿頭，鶴躍而出。津人皆曰：「河伯也！」。
9原文為：若冶之功，亦可以食桃而無與人同矣。
10原文為：二子何不反桃！
11原文為：公殮之以服，葬之以士禮焉。

人有榮譽感就不會認定自己是團隊中最差的一個，因此會互相爭奪，導致損傷。此外，還有一個不容忽視的因素，誰能想到，在杯觥交錯之際，隱藏著一道「生命與尊嚴孰輕孰重」的難題？用有限的資源及美好事物，引誘厲害的人自相殘殺。最終誰會得利呢？自然是拋出兩顆桃子的人。

大約七百年後，諸葛亮遙想起這場飯局，乃作詩一首，讚美三位願用生命來踐行尊嚴的勇士，亦藉機諷刺利用飯局殺人的晏嬰，詩為《梁甫吟》：「步出齊城門，遙望蕩陰裡。裡中有三墓，累累正相似。問是誰家墓，田疆古冶子。力能排南山，文能絕地紀。一朝被讒言，二桃殺三士。誰能為此謀，國相齊晏子。」

專諸刺王僚

一條烤魚引發的慘案

西元前五一五年，時令剛過立夏，天氣暖洋洋的，令人渾身舒坦。

吳國公子光府邸內外站滿了披甲持矛的武士，一個個面色肅穆。屋頂上也蹲著幾十名高舉短劍的悍卒，似乎隨時準備將劍拔出。雖然他們看上去準備暴起殺人，但身上卻沒有散發出一絲殺氣，因為武士們不是即將要進行一場殺戮，僅是如往常一般，保衛自己的君主。

大廳正中主位上跪坐著一位圓臉大鬍子的人，只見他身材肥胖，脖子短粗，面色威嚴，身披重甲，正大快朵頤。下首則坐著一位一臉精悍之色、笑容滿面的中年男人，口裡說著好話，殷勤地向主位敬酒。

奴僕恭敬地站在走廊上，端著一盆又一盆熱氣上騰的美食，空氣中瀰漫著濃郁的酒香和肉香。

奴僕趨步至大廳前，脫光衣服，只著褻褲，跪在地上，雙手舉著菜肴，用膝蓋向前移動。兩名士兵跟在後頭，手持長矛，頂著奴僕赤裸的後背。每一道美味佳餚均是如此地被端上桌。

一個濃眉大眼、身高八尺的壯碩奴僕，開始在大廳外熟練地脫掉衣裳。

下首男人向主位拱手道：「王兄，臣弟腿傷復發，疼痛難受。請允許臣弟到內室換藥！」

王兄微笑著，微微頷首。

當下首的男人笑瞇瞇地走出大廳時，他抬頭看了一眼天空。瓦藍的天空上，一道白色的光芒拖著長長的尾巴，飛射向西方！

❋ ❋ ❋

將時間暫時拉回到數年前的楚國王宮。

楚平王情不自禁地睡了自己的兒媳婦，這位兒媳婦是太子建的正妃。太子建無膽反抗父親，嚇得逃離楚國。時任太子太傅的楚國大夫伍奢因與太子建關係密切，入宮勸說楚平王：承認錯誤，並將太子建請回國中，父子團聚，重歸於好。

楚平王勃然大怒，起了誅殺伍奢全家之心。

楚平王道：「伍大夫，我聽聞你有兩個兒子，均文武雙全。何不請他們入王都，父子也可以團聚，我想賜宴與你們父子痛飲一場，如何？」

伍奢已知楚王欲殺自己，他長歎道：「老臣的長子伍尚為人忠厚仁義，一定會來。其弟伍子胥性格剛烈，足智多謀，又極善隱忍，必不會輕易入國都。」

楚平王不信，派遣使者宣伍奢二子入都城覲見。

使者見到了伍家兄弟後，道：「楚王有令，請二位公子即刻入宮，便放汝父返家團聚。若是二位公子不從，便殺了汝父！」

楚平王為何不直接殺了伍尚和伍子胥二人呢？因為伍家世代為楚國大臣，若無錯被誅，不利於楚王團結公卿。所以，楚平王意欲將伍家父子三人，騙入宮中，悄悄殺掉後當成失蹤人口處理。這便是「甯使人知，莫使人見」。

楚王給伍家兄弟出了一道難題，是今日入宮被殺？還是逃跑背負叛國罪名被誅殺？

伍尚為人果然忠厚，欲立刻動身。伍子胥雙目通紅，拉著伍尚的袖子輕聲道：「大王宣我們入宮，非為飲宴，實為斬草除根！他用父親大人做人質，我們二人入宮之後，父子三人便會遇害！同去赴死，於父無益，不如留著有用之軀，逃往他國，再尋機報仇雪恨！束手待斃有何益處！」

伍尚面色從容，輕聲道：「愚兄知道應詔前去，不能保全我們一家性命。可是逃走之後，將來又不能報仇，只會令天下人恥笑！二弟，你快逃吧！一定要為父親大人報仇雪恨！愚兄今日便去赴死。」

伍子胥向兄長躬身一拜，飛速跑向馬棚。使者急忙率人追趕，伍子胥躍上戰馬，抽弓，上弦，射殺數人。眾人不敢再追。

伍奢聽聞伍子胥出逃後，長歎道：「我們楚國將要陷入戰亂了！」沒過多久，伍奢與伍尚從容赴死，伍家滿門被殺害。

楚平王下令舉國通緝伍子胥，並派遣軍中高手追殺。伍子胥捨棄戰馬，腰掛寶劍，沿著山間小路出逃，意圖逃往吳國。當他逃到大江邊時，望江興歎，無可奈何！幸得一位老漁夫載他過江。伍子胥知恩圖報，解下寶劍，對漁夫道：「此劍價值百兩黃金，贈予恩公，以謝救命之恩。」

老漁夫道：「楚平王為抓捕閣下，以五萬石糧食作為賞金；稟報閣下下落者，便可獲得大夫的爵位。老夫不貪圖賞金、爵位，又豈會在乎區區百兩黃金？閣下快逃命吧！」

一石為一百二十斤，五萬石即六百萬斤糧食。伍子胥的父親伍奢不過是大夫爵位，楚平王為了得到伍子胥的人頭，竟開出如此驚人的價碼。

伍子胥抱拳一謝後，大步離開，繼續逃命。他身無分文，只好以乞討為生。適遇一位以替人洗衣服為生的女孩。女孩看伍子胥可憐便讓他吃了一頓飽飯。伍子胥狼吞虎嚥地吃完飯後，對女孩道：「請姑娘勿洩露我的行蹤！」

女孩勃然變色，認為自己受到輕視，跳江自殺。多年以後，伍子胥領軍伐楚，在女孩跳江自殺之處，投放了黃金千兩。這便是後世「千金小姐」的由來。

伍子胥若想徹底逃離楚國的追殺，還需要經過最後一道關隘——昭關。此處守衛森嚴，關隘牆上張貼著伍子胥的畫像。前有關隘，後有追兵，伍子胥為此憂心忡忡。

「今日若死於昭關外，血海深仇如何能報！」整整一夜，憤怒、驚恐、憂慮、不甘，各種情緒在伍子胥的心頭一一浮起。次日，當伍子胥緊皺著眉頭，到小河邊飲水的時候，卻不禁哈哈大笑！

原來，伍子胥烏黑油亮的鬚髮在一夜之間變得潔白如雪，這便是「伍子胥過昭關，一夜白頭」。於是伍子胥大搖大擺走出昭關。守軍未能料到，此白髮老翁竟然是正值盛年的伍子胥。

伍子胥一路乞討到了吳國都城，也就是今天的蘇州。為什麼他要跑到吳國呢？第一，吳國距離楚國較近，可以節省路費。第二，吳國也是大國，且與楚國是世仇。

值得一提的是，伍子胥被後世乞丐拜為祖師爺。春秋時期，社會上講究「君子不吃嗟來之食」。伍子胥乃楚國貴族出身，自然不會以求爺爺告奶奶的方式去乞討，於是他站在街上，為行人吹簫。

伍子胥衣衫襤褸，蹲在大街上，面色滄桑，眼神憂鬱。他輕聲吹著簫，簫聲彷彿說滿腔不甘、愁苦、怨恨；腳邊還放置著一個不知從何處撿來的帶著缺口的碗。誰能料想到十幾天後，伍子胥竟跪坐在吳王僚的大殿裡。

伍子胥分析攻打楚國的十幾種方法和能獲得的好處。吳王僚聽了之後熱血沸騰，立即召集大臣開會，令公子光領軍攻打楚國。

公子光與吳王僚是堂兄弟，他們的爺爺是吳王壽夢。壽夢死後，四個兒子中的前三個兒子諸樊、餘祭、夷昧相繼即位，四王子季箚無心王位，嚮往詩、酒、夢、歌、田園的生活。

夷昧病故後，兒子僚即位，為吳王僚。公子光是諸樊的兒子。公子光認為，若按照兄終弟及的傳統，應當由四叔當君主。如今四叔不願意，論資排輩，也應該是自己，三叔竟然傳位給了自己的兒子，真的太過分了！對率兵攻打楚國這件事情，公子光非常不情願。攻下楚國的兩座城池後，他認為即使繼續取得勝利，對自己也僅是錦上添花；萬一敗了，是喪師辱國。然而兵凶戰危，有誰能保證自己必能百戰百勝？

公子光對吳王僚道：「伍子胥全家死於楚王之手，他勸我們攻打楚國就是為了報自己的私仇，並非為咱們吳國的利益！」[1]

---

1 原文為：彼伍員父兄皆死於楚而員言伐楚，欲自為報私仇也，非能為吳。

公子光作為吳國宗室重臣，表態不支持攻打楚國。吳王僚儘管貴為一國之君，也得尊重臣子的意見，只得暫時放棄繼續攻打楚國念頭。

伍子胥眼見失去一次報仇機會，捶胸頓足。所幸，他是堅忍不拔、足智多謀之人，很快便冷靜下來分析吳國局勢：伐楚有利於吳國，為什麼公子光不同意呢？對公子光而言，有什麼事情會比伐楚更能獲得利益呢？只有王位了！公子光覬覦王位，自己應當如何抉擇？如果繼續效忠吳王僚，對一國之主來說，不過是錦上添花；若是效忠公子光，才是雪中送炭。如果自己能助公子光除去吳王僚，將來論功行賞的時候，吳國的「領導團隊」必有自己的一席之地！自己也可以拿下對吳國的話語權。

釐清思緒後，伍子胥自言自語道：「公子光這傢伙想稱王，現在還不到與他談論對外戰爭的時機。」[2]

伍子胥坐起而行，當日便夜訪公子光的府邸，表示效忠之心。公子光對伍子胥極為欣賞，當下便對伍子胥表示，若能助他幹掉吳王僚，他便幫伍子胥報仇雪恨，攻打楚國！

兩人一拍即合，相見恨晚。

春秋時期，通過宮廷政變殺掉君主取而代之的事情不少。吳王僚不是傻瓜，他控制的軍隊數量遠在公子光之上。伍子胥的辦法就是兩個字——「刺殺」。公子光搖頭道：「刺殺？談何容易。」伍子胥走到公子光的耳邊，說了一套連環計，聽得公子光眉飛色舞，讚歎不已。

❈ ❈ ❈

一個春暖花開、陽光明媚的日子，伍子胥帶著公子光拜訪國都的殺豬屠夫專諸。

專諸是伍子胥在都城大街乞討時認識的。當時伍子胥看到一位虎背熊腰、高額大眼、一身戾氣的剁肉屠夫，被老婆訓斥得抬不起頭來。伍子胥找屠夫聊天，問他為什麼這麼怕老婆。

專諸答道：「夫屈一人之下，必伸萬人之上。」伍子胥大吃一驚，暗暗感歎，果然高手在民間。

於是，伍子胥不顧階級鴻溝，與專諸培養出深厚的「友誼」。可以理解成，伍

2原文為：彼光將有內志，未可說以外事。

子胥為了復仇，絕對不會放棄任何可以利用的資源。

在伍子胥的引薦下，公子光帶著貴重的禮物，對專諸折節下交[3]、噓寒問暖。了解專諸家的生活條件後，公子光當下便表示，以後府裡的豬肉全部從專諸這採買。

專諸全家受寵若驚。更令他們吃驚的還在後面呢，公子光堅持要送禮到專諸家。第一日，他為專諸的老母親送上珍貴的藥材。第二日，送些華麗錦服、胭脂水粉給專諸的老婆。第三日，為專諸的兒子送去精緻、昂貴的玩具。第四日，為專諸送去美酒佳餚。每一次都是強行送禮，不允許專諸拒絕。當然，專諸也沒資格拒絕。

專諸全家老小從原本的驚喜漸漸地轉變成驚嚇，甚至驚恐、焦慮不安。因為禮下於人，必有所求。位高權重的公子光對一位屠夫如此恩賞，必事出有因。

春秋時期，流行「士為知己者死」——真正的男人勇於為賞識自己的人獻身。

一天晚上，專諸痛飲美酒，大醉一場。次日，他便登門拜訪公子光。專諸道：「請公子明言，需要在下做什麼？」

公子光簡單地講述了自己家族的恩怨並抒發了自己的理想抱負後，一臉期待地盯著專諸。

專諸沉思片刻後，道：「我可以去殺吳王僚，可是我的母親怎麼辦？」公子光當即表態：「你媽就是我媽！」[4]

專諸咬牙道：「我這便去刺殺吳王僚！」

公子光道：「壯士，無人可以帶著武器靠近王兄半步。」公子光告訴專諸：吳王僚愛吃，尤其熱愛吃燒烤，烤魚更是他的最愛。太湖那邊的烤魚全國最為著名。你先學習烤魚，我請他吃飯，再尋機會殺掉他。

專諸帶著公子光「贊助的學費」，當天便前往太湖，拜訪名廚，學習烤鯽魚。苦學三個月後，終於學有所成。

❋　❋　❋

專諸明知這是條死路，為什麼還願意積極配合公子光呢？專諸沒有被伍子胥「青睞」之前，是一位孝順老母親、疼愛孩子、怕老婆的強壯屠夫，也是一位普通的、擁有自己幸福生活的市井小民。

4 原文為：光之身，子之身也！

當伍子胥將專諸引薦給公子光，當公子光將一件件的禮物送至專諸家時，專諸便一步步地陷入泥潭，根本沒有脫身而出的可能。他對伍子胥與公子光來說，只是進行政治鬥爭的一件工具罷了。

面對公子光的拉攏，專諸有三個選擇：一是帶著一家老小逃出吳國，但以伍子胥與公子光的縝密、狠辣，勢必會被追殺；二是向吳王僚告密，無論結果如何，全家仍必死無疑；三是跟著公子光義無反顧，不顧後果，堅持走到底。失敗了，全家死，但若成功了，頂多自己慘死，卻能保家人大富大貴。

專諸雖然願意捨命一擊，但是想要刺殺吳王僚並沒有那麼容易。吳王僚時常身處王宮，兩個弟弟與兒子均有萬夫不敵之勇，且擁有幾萬人的嫡系軍隊。加上吳王僚小心謹慎，外出時會身穿三層重甲；第一層可防普通兵器，三層呢？怎麼可能將重甲刺破？更何況任何人欲接近吳王僚均不能攜帶兵器，且至少經過三重搜身。

機會留給有準備的人。伍子胥的老仇人楚平王病故了。得知消息後，伍子胥立即獻策，請公子光唬弄吳王僚派兵伐楚。公子光面有難色，道：「王兄定會派遣我統率大軍。」伍子胥緩緩說出六個字：「騎馬，掉下，斷腿。」

公子光咬牙答應。一瘸一拐地去見吳王僚，勸說伐楚之利。吳王僚正有此意，想趁著楚平王去世一事撿些便宜。既然公子光的腳受傷，便派自己的兩個親弟弟領兵攻楚。

當吳軍高歌猛進時，伍子胥又獻一計，請公子光利用軍中人脈，故意洩露吳國軍事部署。於是，吳王僚兩個弟弟的後路被楚軍抄了。公子光請某位大臣向吳王僚獻計，令慶忌到前線監軍，打通吳軍的後路。吳王僚在無奈下同意：軍隊還是掌握在自家人的手中才能放心。公子光現在是一個瘸子，總不能派他出去吧！

此時，吳王僚的羽翼均已被剪除，下一步，便是調虎離山了。伍子胥與公子光商議後得出一個結論：吳王僚的三個幫手都不在，此時發動政變正好可以最大限度地保存吳國元氣，減少損失。

公子光對專諸道：「我萬萬不能失去這次機會，如果失去了，恐怕什麼都得不到了。」[5]

專諸目光堅毅，咬牙點頭。

公子光找到吳王僚道：「王兄操勞國事，日漸憔悴。臣弟請了一位擅長做烤魚的太湖名廚，以饗王兄。臣弟在家中略備酒水，請王兄賞臉，光臨寒舍。」

5 原文為：此時不可失，不求何獲！

如果你是吳王僚，會選擇去還是不去呢？去的話，既可以吃到太湖美味，又可培養兄弟感情。如果不去，可能會拂了弟弟的美意，不利於團結。

吳王僚沉吟片刻，便答應了。公子光大喜，大張旗鼓地張羅，營造一種熱烈歡迎吳王僚蒞臨的假象。吳王僚並非先知，並不知道公子光打算借飯局除掉自己。飯局尚未開始，公子光已占據了優勢。

接著，又重金購買一把短小精悍、鋒利絕倫的魚腸劍。據傳，此劍由鑄劍大師歐冶子所製，他使用赤堇山之錫、若耶溪之銅，經雨灑雷擊，得天地精華，歷時九九八十一日，方鑄造成功。

專諸將劍放置在魚腹中，長短大小正好合適。

吳王僚赴弟弟飯局前，王宮衛隊早已接管公子光府邸的佈防，團團包圍住。門戶、台階兩旁，都是吳王僚的親信。夾道站立的侍衛，舉著長戈，戒備森嚴。屋頂上還站著幾十名高手，握著短劍。

吳王僚身披三層重甲，大搖大擺地走進公子光的府邸後，飯局開始了。公子光殷勤敬酒，酒酣耳熱之際，兄弟二人回憶童年趣事，暢想吳國的美好未來，哈哈大笑之際，熱血沸騰。公子光表示，絕對服從吳王僚，以忠君報國的精神，為吳王僚赴湯蹈火，為吳國的霸業拋頭顱、灑熱血。

吳王僚對公子光的態度給予高度讚賞，並當場表態，願大力支持，與公子光同甘苦，共富貴。說到動情之處，兄弟二人離開座席，執手相望淚眼。

吳王僚看到公子光的眉頭越皺越緊，還用手摸著傷腿，關心地問道：「光弟，怎麼了？」

公子光倒吸一口涼氣，道：「臣弟腿傷復發，該去換藥了。」吳王僚擺手道：「光弟，速去，速歸！」公子光拱手後，就一瘸一拐著走出大廳。

此時，專諸赤裸著身體，跪在地上，舉著一盤熱氣騰騰、香噴噴的烤魚，緩緩向著吳王僚膝行而前。當然，專諸的背後有兩位精銳士卒手持長戈，頂著他的後背。

吳王僚瞅著金黃肥美的烤魚，情不自禁地閉上眼睛，深吸一口氣，咽了一下口水！

專諸端著烤魚，恭恭敬敬地放在吳王僚的食案上。吳王僚睜開雙眼，對專諸不屑一顧。他的目光望向大廳外的天空，一輪銀白色的圓月當空照著，突然一道長長的、形如掃把的亮光從旁邊閃過！月亮微微晃了一下。

吳王僚以為自己眼花了，急忙揉了揉眼睛。電光石火的一剎那，專諸雙目圓睜，左手抓碎了魚尾，右手摳出魚腸劍的同時，八尺身軀猛然躍撲！專諸咬緊牙，用全身的力氣將魚腸劍刺入吳王僚的胸膛！

吳王僚彷彿聽到了鎧甲一層層被刺破的聲音，心臟「撲哧」被刺裂了！他張大嘴，白眼上翻，慘叫一聲，便向後倒去。專諸想抽出魚腸劍，再補一劍，此時耳畔響起兩聲怒吼，鋒利的長矛刺穿了他的胸膛，將他挑了起來！專諸四肢下垂，向上伸直著脖子，瞪裂了眼珠，口中噴出鮮血，大叫一聲：「士為知己者死！死得其所！」

在他意識消失的最後時刻，白髮蒼蒼、一生操勞的母親，雖然凶巴巴卻深愛著自己的妻子，虎頭虎腦的寶貝兒子，一一在他腦海中清晰地閃過！吳王僚的幾十名手下衝了進來，須臾之間，便將專諸剁成了肉醬。

當時，蒼天似乎也在為專諸的壯舉燃放鞭炮——「專諸之刺王僚也，彗星襲月。」

❈ ❈ ❈

衛士們抱著吳王僚的屍體，驚慌失措！公子光高舉著長劍，率領一早藏在地下室的武士們衝了出來，逢人便砍。王宮衛隊聽說吳王僚已被刺殺，便失去了戰鬥意志，很快就被消滅了。

公子光自立為吳王，封專諸的兒子為上卿。[6]

多年後，伍子胥擔任吳國國相，率領吳兵攻破楚國都城，對楚平王掘墓鞭屍，報了血海深仇。伍子胥輔佐公子光，也就是吳王闔閭，內修國政，外伐諸侯，吳王霸業崛起，成為「春秋五霸」之一。

「專諸刺王僚」也成為中國歷史上最為著名的飯局之一。飯局的主菜烤魚雖然色香味俱全，但無論是布局者還是入局者，均不是為了「飯」，而是為了「局」。飯局開始前，兩者的態度就已經決定了飯局的勝敗及各自的命運。

對公子光而言，這是個千載難逢的機會，敗令全家受死，勝則獲得王位。伍子胥同樣沒有退路，唯有助公子光奪得王位，才有機會報仇，如果刺殺失敗，自己就只能陪著公子光共赴黃泉。

對專諸來說，無論臨場退縮，還是刺殺失敗，全家都將必死無疑。只有刺死吳王僚，待公子光繼位後，家人才能得著富貴。

作為入局者的吳王僚，雖然小心戒備，卻棋差一著，丟了性命。假如吳王僚對

---

6 原文為：公子光出其伏甲以攻王僚之徒，盡滅之，遂自立為王，是為闔閭。闔閭乃封專諸之子以為上卿。

公子光存有戒備之心，或許公子光根本不敢輕易發動政變；假如吳王僚推辭這次飯局，老實地待在王宮，公子光便無法下手。

假如吳王僚的保衛工作再周密一點，將端菜的人換成自己的心腹侍衛，專諸豈能僥倖得手？

再假如吳王僚的侍衛工作態度更仔細一點，用劍刃往烤魚上割幾刀；或是兩位用長戈頂著專諸的侍衛的注意力更集中一些，在專諸抽出魚腸劍的一剎那，便將長戈刺出！吳王僚的性命便保住了。

「專諸刺王僚」中有三位下定決心拼死一搏的人，克服重重苦難，營造一場暗藏殺機的飯局，對付一位自以為準備周全的人。

心態決定勝敗，勝敗決定命運。飯局的結局是吳王僚失去了性命，淪為後世的反面教材。公子光得到了王位與一位能臣，成為一方霸主。伍子胥得到高位，並報家仇，建功立業，名留青史。

專諸以失去生命為代價，為後代謀得富貴，也贏得了身後千百年的讚歎。頗有意思的是，以勇士形象聞名史書的專諸因為曾在太湖邊學烤魚之術，被後人奉為「廚師之祖」之一。「專諸之刺王僚也，彗星襲月」更是永遠銘刻在史簡中。

呂不韋宴嬴異人

史上最投機的飯局

西元前二六〇年，漫長而嚴寒的冬天已經過去，溫暖的春天徐徐降臨中原大地。趙國邯鄲城郊西區有一座不起眼的府邸，在寬敞明亮的大廳中，兩位衣冠楚楚之人，東西相對，各自跪坐在一張六尺長、兩尺七寸寬的烏木食案後。

西向者名叫嬴異人，一襲黑袍，年齡不過二十歲，臉色黑裡透紅，雙目明亮。與之相對而坐的名叫呂不韋，剛過而立之年，卻有著遠超過同齡人的沉穩之氣。

侍立的家老吆喝道：「賓客安座，奏樂！布酒置菜！」

悅耳、鏗鏘、清脆的秦箏響起，一位位美麗的侍女魚貫而入，將菜肴放在食案上。

片刻後，只見兩座食案的最左側各擺著熱氣騰騰的老秦風酒與青銅酒爵[1]，往右，依次放著濃稠雪白的關中老牛骨湯、金黃的燉肥雞、厚實噴香的大麥餅、油綠清脆的苦菜、油滋肥嫩的烤羊腿和一盅薑汁。

一時間，客廳裡瀰漫著酒肉的醇香，嬴異人食指大動，哈哈笑道：「呂公對異人之恩，天高地厚，日月可證！今日又煩呂公破費，異人不勝惶恐！」

呂不韋端起酒爵，笑道：「哪裡，哪裡，公子潛龍[2]之時，呂某能追隨，實是三生有幸！今寒盡春來，不韋僅以一爵熱酒，為公子壽！」

嬴異人連忙雙手端起酒爵，道：「異人當為呂公賀！」

「飲勝[3]！」「飲勝！」

家老悠聲道：「樂起——舞！」

驟然，樂聲起，屏風後轉出一妖嬈的美人，款款蓮步，一雙桃花眼水汪汪的，澄然如秋水，肩若削成，腰如約素，凌波微步，羅襪生塵。

隨著鏗鏘有力的秦箏彈奏，美人明眸善睞，豔若桃花，搖著皓腕，扭動蠻腰，蓮步輕移，紅唇輕啟，吐氣如蘭道：

北阪有桑，南山稻粱。高谷如函，大河蒼蒼。

北阪有桑，南隰有楊。有車轔轔，遠別我邦。

黑髮老去，烈士相將。西望關山，念我故鄉。

長谷如函，大河蒼蒼。君子去也，我多彷徨。

---

1 是古代飲酒的器皿，有三足，以不同的形狀顯示使用者的身分。

2 比喻聖人處在下位，隱而未顯，也比喻賢才失時不遇。出自《周易》卷一《乾卦》。

3 乾杯、祝酒、敬酒之意。

關山家園，與子共襄。蕭蕭雁羽，訴我衷腸。
子兮子兮，道阻且長。雨雪霏霏，知音何傷。
死生契闊，赤心煌煌……

歌詞悲涼，聲音柔美，音調清越，徐徐展開了一幅秦人在艱難歲月裡，告別親人，南征北戰，九死一生，黑髮變白首，卻仍難返回故鄉的悲壯畫面。

嬴異人兩眼含淚，輕敲著節拍，痴痴地盯著正在歌唱起舞的美人。呂不韋撕著雞腿，狹長的雙眸漸漸瞇起來，微笑地看著這一切。

❋ ❋ ❋

此飯局的客人嬴異人，出生於西元前二八一年。他的父親安國君嬴柱是秦昭襄王的次子，因上有長兄，無緣於王位，因此，安國君恣意妄為，常花天酒地，不幹正事，妻妾甚多，共生了二十幾個兒子。異人便是安國君的第十一子，其生母夏姬只是安國君府中的舞姬，出身貧寒。

嬴異人的少年時期，正是秦昭襄王大展宏圖之時。秦與趙、楚等六大強國連番大戰，勝多敗少。儘管秦國聲威顯赫，仍招架不住諸國的屢次圍攻。所以，秦國的邦交政策是遠交近攻，即拉攏一部分，打擊一部分。

趙國乃是東方六國之中唯一能與秦國在軍事上一較高下的強國。為了拉攏趙國，秦國派質子過去。所謂質子，便是將諸侯王的子孫送到別國當人質。在戰國時代非常流行。

嬴異人在秦昭襄王的眾孫子當中，非常普通，於是被送到趙國邯鄲當人質。在秦都咸陽，嬴異人雖然不得父親寵愛，但到底是王子皇孫，享受著榮華富貴，一旦成為人質，背井離鄉，寄人籬下，滋味當然不好受。

秦國與趙國之間明爭暗鬥，打打殺殺，已是家常便飯。邯鄲官民對嬴異人自然非常不滿，可殺了嬴異人並不能打擊秦國，因為他的地位不高也不得寵，反而有失泱泱大國的風範。但是讓嬴異人在邯鄲吃香的、喝辣的，又對不起戰死在秦軍銳士手中的趙國勇士。於是，趙國朝廷從經濟上制裁嬴異人。

民間傳說，秦異人初入邯鄲時有隨從百餘人，無奈邯鄲負責管理質子的部門每日僅提供他們兩人的吃穿用度。嬴異人只好典當帶來的玉器、服飾、車馬，坐吃山空，隨從或餓死，或逃亡，最後只剩下嬴異人與一個老僕相依為命。

嬴異人亦不敢輕易出門，因為邯鄲市民會對著他的馬車指指點點，甚至扔些爛菜葉子、磚頭等。嬴異人的困苦、鬱悶可想而知。

這便是：「子楚為秦質子於趙。秦數攻趙，趙不甚禮子楚。子楚，秦諸庶孽孫，質於諸侯，車乘進用不饒，居處困，不得意。」

歲月匆匆，七、八年過去了，嬴異人由一個未經世事的膏粱子弟，變成一位性格隱忍、寡言的青年。他改變命運，影響中國歷史的機會終於降臨了。

西元前二六五年，秦昭襄王因長子去世，而改立安國君嬴柱為太子。秦國乃當時華夏大地的第一強國，如此巨大的人事變動自然也引起了各國名士的關注。

一位叫呂不韋的商人，敏銳地意識到這是一次極佳的機會。據說呂不韋是姜子牙的二十三世孫，衛國濮陽人（今河南省滑縣）。作為一位生意人，呂不韋走南闖北，見多識廣，世事洞明，人情練達，積累了大量財富。呂家數代經商，乃是一時之巨賈，可惜古時有「士農工商」之說，國之四民，商人居末。

呂不韋不甘心永遠做一名善賈，他從小就佩服自己的老鄉——同是衛人的商鞅。商鞅以一介布衣之身，入秦輔佐秦孝公變法圖強，內建耕戰體系，外鬥天下諸侯，使秦稱霸至今。呂不韋亦有經世濟民之志。

等待機會是一種十分笨拙的行為。強者是主動抓住機會，而至強者致力創造機會，勇於投機。

呂不韋聽說安國君被秦昭襄王立為太子後，心思便活絡起來了。他冷靜分析：

秦昭襄王已經六十多歲了，壽命不多。加上安國君寵愛的華陽夫人無子，因此，只要得到華陽夫人青睞的王子，便可被立為嫡子！安國君諸子皆在咸陽，只有嬴異人在邯鄲。

呂不韋便到邯鄲偷偷觀察嬴異人。眼前的嬴異人是一位清瘦黝黑的年輕人，一領黑袍綴滿了大小補丁，腳步虛浮。呂不韋暗暗點頭，秦國服飾尚黑，此子困居邯鄲多年，依然穿黑袍，說明不忘本；腳步虛浮，說明三餐不繼，難以果腹；皮膚黝黑，像極秦人的子孫！

想到這兒，呂不韋得意地笑了，道：「嬴異人這小子，如今是一件奇貨。可先籠絡起來，以待高價售出。」這便是成語「奇貨可居」的來歷，意思是指把稀有的貨物儲存起來，等待高價賣出。

呂不韋心中雖有一個大膽的計畫，但是一時無法下定決心去實行，因為付出代價越大，風險越大。家有一老，如有一寶。於是，呂不韋請教經商一世的父親，發生了以下的經典對話：

呂不韋道：「父親，投資耕田可以獲得多少倍的收益？」

呂父攤開一雙手，散開十根手指，道：「十倍。」

呂不韋又問道：「販賣珠寶，可以獲得多少倍的收益？」

呂父伸出一根手指，道：「一百倍！」

呂不韋點點頭，最後問道：「立一位國家的君王，可以獲得多少倍的收益？」

呂父沉默了片刻後，緩緩道：「無數倍。」

呂不韋拍掌道：「好！辛苦耕田勞作，尚不能豐衣足食；擁立君王之功，卻可澤被後世。兒子決定做這筆買賣了！」[4]

呂父看著神采飛揚的兒子，猶豫了片刻，便將家裡財庫的鑰匙遞給了兒子，道：「大丈夫活著，如不能列五鼎而食，那麼死時就受五鼎烹煮的刑罰好了！你不要忘記今天這番話。」

呂不韋接過鑰匙後，躬身一拜，抬起頭後，雙目充滿著堅毅、瘋狂。

作為富有上進心的商賈父子，為了十倍的利益，便敢於違反邦國律令；為了百倍的利益，便敢於冒死一拼；為了無數倍利益，可付出任何代價，呂家也在所不惜。當時，呂父尚在，沒有他的鼎立支持，呂不韋根本不可能傾盡全部家財，做一筆未知的風險投資。

呂不韋趁夜拜訪嬴異人。

呂不韋說：「我能讓閣下變得有權勢。」

異人笑道：「你先自己有權勢，再使我有權勢吧！」

呂不韋說：「你不知道，我的權勢要靠你的權勢來提高。」[5]飽經憂難的嬴異人頗為睿智，他明白自己除了擁有一個秦國王孫的虛名之外，一無所有。因為一無所有，所以他不怕失去，便邀呂不韋進一步深談。

呂不韋對嬴異人推心置腹，道：「令尊被立為太子，他非常寵愛華陽夫人，華陽夫人卻膝下無子。你的兄弟有二十多人，你不受長輩寵愛才長期留在趙國當人質。等令尊繼位，是絕對輪不到你坐太子之位的！」

很實在的一段話，分析了嬴異人現在的處境。嬴異人瞬間激動了，覺得遇見了知己，一位願意設身處地為自己考慮的人！他期待呂不韋繼續說下去。

呂不韋說：「公子，你很窮，又在異國他鄉寄人籬下，沒錢給長輩送禮，結交賓客。我雖然不富裕，但願意拿出千金為你去秦國遊說，討好安國君和華陽夫人，使他們立你為太子！」

說罷，呂不韋淡淡地盯著嬴異人，等他表態。

---

4 原文為：今力田疾作，不得暖衣餘食；今建國立君，澤可以遺世。願往事之。

5 原文為：「子不知也，吾門待子門而大。」門者，門第意思，此處指權勢。

嬴異人記憶中的大秦王國，兵強馬壯，率土幾千里，猛將如雲，謀士如雨，秦國的王可謂是世界上最有權勢的人，他渴望成為大秦的主宰。但誰也不會吃飽了沒事幹，大半夜來找自己聊天，卻沒有所圖，他相信呂不韋，也明白世上沒有免費的午餐。

嬴異人對著呂不韋深深地鞠了一躬後，緊緊握著呂不韋的手，說了一句很經典的許諾：「如果事成了，我和你平分秦國！」[6]

當然，這句話無論是對呂不韋還是嬴異人皆是不可信的，這只是嬴異人表達出的真誠態度。得到嬴異人的許諾後，呂不韋鬥志昂揚，變賣了大部分家產，得一千金；五百金贈予嬴異人，使其有活動資金，結交賓客，另外五百金購買珍貴禮物。結交的賓客多是屬於士的階級，數量龐大，掌握社會輿論話語權，用來搖旗吶喊是不錯的選擇。

吃人家的嘴短，拿人家的手軟，門客們受了嬴異人的好處，自然要幫著宣傳。一時間，質子嬴異人成了仁義愛士的典範。

呂不韋攜帶著名貴禮物，到咸陽後進行公關工作。一介商人不易直接面見處在深宮的華陽夫人。他拿出千百年來屢試不爽的一招，從貴人的身邊人下手。

懷揣著各種珍稀禮品的呂不韋成了華陽夫人姐姐的座上客。

雙方簡單寒暄後，呂不韋開門見山，說明自己的來意，請她轉告妹妹：「以色事人者，色衰而愛弛。今夫人事太子，甚愛而無子，不以此時蚤自結於諸子中賢孝者，舉立以為適而子之，夫在則重尊，夫百歲之後，所子者為王，終不失勢，此所謂一言而萬世之利也。不以繁華時樹本，即色衰愛弛後，雖欲開一語，尚可得乎？今子楚賢，而自知中男也，次不得為適，其母又不得幸，自附夫人，夫人誠以此時拔以為適，夫人則竟世有寵於秦矣。」

這番話有三層意思。第一，分析華陽夫人的現狀。今以美色侍奉君主，年老色衰後，便不會受到寵幸。而且華陽夫人還沒有兒子。

第二，分析問題。有了一個孝順的兒子後，丈夫在世時，自己可以受到尊重；丈夫去世後，也能保留權勢。若不在年輕受寵時為自己留後路，等到失去寵愛後，想與丈夫說一句話，恐怕也會很艱難。

第三，提出對策。子楚仁孝又有才能，生母並不得寵，本無資格成為繼承人。夫人如果能提拔他為繼承人，一定會獲得他的感激，獲得豐厚的回報。而夫人付出

6原文為：必如君策，請得分秦國與君共之。

的代價，只是區區幾句好話。

區區一百多字，堪稱經典的策論文，提出問題，分析問題，解決問題，論證嚴謹，鞭策入裡，句句直擊華陽夫人的要害。「以色事人者，色衰而愛弛」成為千古名言，後世引用不絕。

呂不韋打動了華陽夫人，她派人去邯鄲打聽嬴異人的名聲，果然好評如潮。她非常滿意，意圖收嬴異人為子，便經常對安國君吹枕頭風。

枕頭風有時比颶風更有殺傷力。在邯鄲被遺忘多年的嬴異人，就這樣在安國君的心中占有一席之地。呂不韋在咸陽的投資，收到了第一筆回報——安國君夫婦送了很多禮物給他，並請呂不韋擔任老師。[7]

呂不韋取得了「立國家之主」的初步勝利後，並未從此滿足。他需要進一步加強與嬴異人的關係。正如呂不韋所說，「以色事人者，色衰而愛馳」，那麼以財交者，財盡則友散，唯有以心相交，方能成其久遠。

說句難聽點的話，如果嬴異人成為秦國國王後，過河拆橋，甚至卸磨殺驢，怎麼辦？為了防患於未然，呂不韋必須要與嬴異人「以心相交」。

愛美之心，人皆有之。呂不韋為了贏得嬴異人的友誼，為他準備了秦國的樂器、美酒、美食，還有邯鄲的美人。嬴異人離開故鄉很多年，又正處於血氣方剛的年齡，如何能夠拒絕這些誘惑？

不過，呂不韋有點兒缺德。他獻的美人，是一位邯鄲絕美的舞姬，可是已懷有呂不韋的骨肉。《史記・呂不韋列傳》中記載：「呂不韋取邯鄲諸姬絕好善舞者與居，知有身。」呂不韋在西元前二六〇年的春天，邀請嬴異人到呂府吃飯，發生了本故事開頭的一幕。

※ ※ ※

嬴異人和呂不韋飲酒，看到此女後非常喜歡，遂站起身來向呂不韋祝酒，請求把此女賜給他。借著酒勁，向呂不韋敬了一杯後，表示自己今晚想與美人徹夜長談。[8] 呂不韋很生氣，但念頭一轉，既然已經為嬴異人破費了大量家產，想藉以釣取奇貨，乾脆獻出這個女子。此女隱瞞了自己有孕在身的事實。嬴異人就立此姬為夫人。

---

7 原文為：安國君及夫人因厚餽遺子楚，而請呂不韋傅之。
8 原文為：子楚從不韋飲，見而說之，因起為壽，請之。

西元前二五九年正月，趙姬生了一個男嬰，起名嬴政。窮困潦倒的嬴異人遇到呂不韋後，地位、夫人、兒子、財富均有了，簡直步上了人生顛峰。

在嬴異人幸福生活的時候，秦趙兩國爆發了長平之戰。紙上談兵的趙軍統帥趙括，敗給了殺神白起，四十萬的趙國將士淪為俘虜。白起坑殺四十萬降卒，令天下驚駭！秦昭王又派遣大將王齕進攻邯鄲！

呂不韋生怕趙國朝廷用嬴異人的腦袋祭旗，便帶著異人在夜間逃走。城門校尉不開城門，呂不韋的辦法簡單粗暴，直接用錢砸——「行金六百斤予守者吏，得脫」。

嬴異人匆匆逃回秦國時，將夫人和孩子留在邯鄲。

嬴異人返回秦國後，將華陽夫人當成政治資源。他剛進入咸陽，呂不韋便建議嬴異人換掉黑色衣裳，改穿戴楚人衣冠，見華陽夫人。

華陽夫人見到故國衣冠十分高興，認公子異人為子，並替他更名為「楚」。所以，嬴異人又被史書稱為子楚。因華陽夫人不僅是安國君嬴柱的寵妃，更是楚貴族勢力在秦的代表。讀者如果看過《芈月傳》，就應該知道楚貴族勢力一直是秦國朝廷的重要力量之一。

西元前二五一年，一代雄主秦昭襄王病故，其子安國君繼位，史稱秦孝文王。

在華陽夫人的運作下，加上子楚本就沉穩、堅韌，又有在趙國做質子的資歷，於是被秦孝文王立為太子。值得一提的是，秦昭襄王、秦孝文王、子楚，包括嬴政，連續四代英主，皆在趙國當過質子。也許這便是經歷風雨才能見到彩虹吧。

秦孝文王當了幾天的秦王呢？僅僅三天便去世了。子楚繼位，史稱秦莊襄王。水漲船高，呂不韋獲得了豐厚的回報——「以呂不韋為丞相，封為文信侯，食河南雒陽（今洛陽）十萬戶。」丞相是百官之首，文信侯是爵位，擁有十萬戶的地盤。這讓世人不得不感歎，「立國家之主」果真可贏利無數倍。

緊接著，呂不韋受秦莊襄王的委託，赴邯鄲，以重金打通關係，接回了趙姬母子，嬴政被立為太子。呂不韋在莊襄王的支持下，縱情揮灑自己的才幹，甚至帶兵滅掉了位於鞏邑的東周公，正式終結了周朝八百多年的統治！

秦莊襄王只做了三年皇帝便病逝了，其子嬴政繼位為王，呂不韋為輔政大臣，他的人生邁向顛峰。

只有十三歲的嬴政拜丞相呂不韋為「仲父」，秦朝國政悉仰賴於呂不韋。[9]

---

9 太子政立為王，尊呂不韋為相國，號稱「仲父」。

戰國七雄，秦國第一。呂不韋簡直是天下最有權勢的人。人生如此，夫復何求？可是一位婦人卻非常不滿意，她就是皇太后趙姬。趙姬經常邀請呂不韋去皇宮陪伴。

呂不韋是一個有抱負的男人，不願意沉溺於趙姬的溫柔鄉中，呂不韋為了事業，放棄了愛情，還很貼心地為趙姬準備了一位男寵——「大陰人」嫪毒。終於，他擺脫了趙姬的糾纏。

權勢、地位、財富，呂不韋一樣不缺。他有了更高雅的追求——「著書立說」。呂不韋召集三千門客，編纂了一套巨著，自認包括了天地萬物，以及古往今來的所有事理，書名為《呂氏春秋》。

呂不韋對這套書自詡頗高，將之刊佈在咸陽城門附近，稱若有人能增刪一字，便給予一千金的獎勵。這便是成語「一字千金」的由來。

永遠不要小看女人。趙姬特別能胡搞，她封嫪毒為長信侯，還給嫪毒生了兩個兒子。嫪毒小人得志，公開對外宣稱：「老子是秦王假父（繼父）。」

他甚至滋生野心，想發動政變幹掉嬴政，自己當秦王。

嬴政已經二十一歲了，明斷天啟，雄才偉略，車裂了嫪毒，殺了兩個弟弟。他做出指示，一定要將與嫪毒有關係的人，一查到底！

結果查出是文信侯呂不韋進獻嫪毐於太后，呂不韋本人還與太后保持著不正當的男女關係。嬴政直接免除了呂不韋的職務，將他攆回河南封地！

呂不韋黯然回到封地後，賓客依舊絡繹不絕。嬴政便給呂不韋寫了一封三十個字的書信——「君何功於秦？秦封君河南，食十萬戶。君何親於秦？號稱仲父。其與家屬徙處蜀！」

呂不韋捧著這封書信，萬念俱灰。

君要臣死，臣不得不死。話不必說得太直白。君不見，二十年前，秦昭襄王給白起一把劍，白起便自刎了。呂不韋選擇了飲鴆自殺，落了一個囫圇屍首，結束了自己充滿投機的一生。

《劍橋中國史》稱「呂不韋是中國歷史上達到如此顯赫地位的唯一商人」。

須知，呂不韋的「立國家之主」這條路，是非常有風險的。假如他並未能成功遊說華陽夫人呢？假如嬴異人沒有逃離邯鄲呢？假如秦孝文王不願意立嬴異人為太子呢？假如嬴異人過河拆橋呢？幸運的是，每一步，呂不韋都投機成功。

商人在中國古代的地位是頗為低下的，呂不韋從一介商人，封侯拜相，建功立業，留下「奇貨可居」、「一字千金」等千古佳話，西元前二六〇年春天的那場飯局，至關重要。

每一場飯局均可看成是一場投資，所收穫的無非是感情、財富、權勢、地位等。呂不韋宴請嬴異人後，在後來的歲月裡也的的確確收穫了這些。

他功成名就流芳百世。可是，呂不韋做夢也沒想到，這場飯局間接對中國的歷史發展產生了深遠的影響。

因為呂不韋所贈美女肚子裡的孩子繼承了秦王之位。嬴政，中國歷史上第一位大一統皇帝，統一六國，北修長城，南取百越，書同文，車同軌，修馳道，分郡縣，奠定中國本土的疆域和兩千年政治制度基本格局的千古一帝。

如果從後世影響力來看，呂不韋宴請嬴異人的飯局，堪稱是史上最投機的飯局。

鴻門宴

每一位參與者均是勝利者

咸陽城通往潼關的官道上有一個叫做鴻門的小村落，以此為中心，駐紮著密如蟻群般的四十餘萬大軍。軍營鱗次櫛比，連綿數十里，一面面的旗子在風中飛舞，一隊隊士卒在軍官的率領下，巡邏、操練、餵馬、搬運糧草、修理軍械、加固營寨、生火做飯。

正中央中軍高大的白色帳篷正前方，「項」字帥旗下，百十名披甲精兵面無表情，手持長戈列成兩隊。

帳篷內正舉行一場小型宴會，伴隨著鐵劍破空的聲音，一位矮小彪悍的青年武將與一位圓臉的中年武將相對舞劍。

朝東的主位上，端坐著一位濃眉重瞳、身高八尺、相貌堂堂、威風凜凜的青年武將。只見他一隻手玩弄著酒樽，觀賞著舞劍。

朝南坐的老頭，鬚髮雪白，臉上皺紋密布；他左手撫著一塊玉玦，右手指輕輕敲著桌子，雙眼如欲噴火，盯著中年圓臉武將。

向北坐著的人約莫五十餘歲，高大魁梧，有著高挺的鼻樑，濃密的鬚髮。他端著酒樽，臉上掛著真誠、忐忑的笑容，狹長的雙眸卻輕輕地瞇著。

向西坐著一位清秀瘦弱、面白無鬚、笑容和煦的中年美男。他溫潤的雙眸閃過幾分擔憂、焦急之色。

這場宴會發生在西元前二〇六年十二月中旬。

這一年，大秦帝國的軍隊主力被項羽率軍消滅，劉邦趁機率軍殺到秦朝國都咸陽城下。十月，秦王子嬰投降，大秦帝國宣告滅亡。劉邦認為「且人已降，殺之不祥」，故並未屠戮嬴秦宗室、遺老遺少。

※ ※ ※

咸陽城是當時中國的「第一大都市」，劉邦看著美輪美奐的阿房宮，及無數美人與珍寶，他貪愛酒色的毛病，一下子變得嚴重起來。

劉邦命令大軍駐紮在咸陽城外的霸上，自己則以征服者的姿勢，大搖大擺地住進了阿房宮，每日飲酒作樂，不理民政軍務。有了劉邦的「率先垂範」，手下將士們積極效仿，紛紛湧入咸陽城吃喝玩樂。

成大事者，須有糾錯能力。有時主動，有時被動。

劉邦的連襟樊噲雖是屠狗戶出身，卻頗有見識。他闖入阿房宮，對劉邦怒斥道：「大哥啊，你是想統一天下，還是做土財主？如果沒有這些美女和金銀財寶，秦朝就不會滅亡！大哥請你立刻返回霸上軍營！」

醉醺醺的劉邦，對樊噲破口大罵，將他攆了出去。

謀主張良也看不下去了，對劉邦說道：「因為秦王無道無義，所以您才能攻入這座咸陽城。您既然為天下百姓剷除了禍害，就應布衣素食，保持節儉、愛民的形象，以爭取民心！良藥苦口利於病，忠言逆耳利於行，請沛公別鬧了！」

這句話的潛台詞就是說，你如果那麼快就原形畢露，遲早是第二個秦王！為了得到天下，你必須堅持保持忠厚老實、德高望重的形象。

劉邦幡然醒悟，命人收拾行李，返回霸上軍營，整頓軍紀。將士們看到主公返回軍營了，無奈之下，也成群結隊地溜了回來。

劉邦真不愧是以一介布衣之身，提三尺劍取天下的雄主，虛心納諫，做起而行。他在張良等人的勸說下，張榜安民，廢除嚴苛的秦法，與關中父老豪傑，約法三章，即「殺人者死，傷人及盜抵罪」。並安排士卒四處張貼公告：「余悉除去秦法。諸吏人皆案堵如故。凡吾所以來，為父老除害，非有所侵暴，無恐。」意思是，我廢除了所有的秦法，保留原有的行政機關。我是來救你們的，不要害怕！

關中百姓大喜之下，自發組織，扶老攜幼，趕著牛羊，擔著酒食，浩浩蕩蕩地前來犒勞劉邦的軍隊。

劉邦禁止將士接受關中父老的東西，他表示：「我們糧食多，不要麻煩父老鄉親了！」

史稱：「人又益喜，唯恐沛公不為秦王。」意思是，關中子民更開心了，也更害怕了。害怕什麼呢？害怕劉邦不能成為秦王。沛公，即劉邦。因為劉邦中年時，在沛縣起義，所以時人尊稱他為沛公，即沛縣德高望重的長者。

而此時，項羽統率著四十多萬聯軍，旌旗遮日，刀槍蔽空，逶迤數十里，踏起無數黃塵，朝著關中大地進軍。

項羽趕到函谷關下，驚奇地發現，關上飄揚著一杆杆「劉」字大旗，函谷守軍拒絕項羽入關。

項羽大怒：我在巨鹿與秦軍主力拼死拼活，你劉邦在關中撿便宜！他一聲令下，部將們奮勇當先，攻克了函谷關。

項羽大軍火速入關後，駐紮在新豐鴻門一帶，與霸上的劉邦大軍相隔不過四十里。兩軍態勢敵意甚濃。項軍四十萬，劉軍十萬，局勢一目了然。

大難來時，人心難測。劉邦麾下的左司馬曹無傷決定跳槽。左司馬是一個管理後勤糧草的職位，曹無傷有機會洞悉劉邦集團的戰略意圖。

曹無傷無外乎三種選擇：第一，棄官跑路；第二，兩軍大戰，或死於亂軍之中，或做俘虜，或等劉邦集團僥倖取得勝利後取得高官厚祿（但這種可能性太低）；第三，投靠項羽，有更大的機會升官發財。

辛辛苦苦混到這麼高的職位，任誰也不會輕易放棄。但為劉邦犧牲，曹無傷也不樂意。所以，他選擇第三條路，告訴項羽關於劉邦的真實意圖。

於是，項羽收到一封信：「沛公欲王關中，使子嬰為相，珍寶盡有之。」意思是，劉邦想在關中稱王，讓子嬰（秦朝最後一位統治者）擔任丞相，穩定局勢，且劉邦意圖獨占關中所有的珍寶。

有必要提一下項羽四十萬大軍的組成。在鉅鹿之戰前，項羽本部兵馬是以八千子弟兵為骨幹，招募了五六萬大軍。即使後來連番大戰，傷亡也不大，又招募了一些新兵，嫡系部隊也應該不會超過七八萬人。其餘三十多萬大軍，多是屬於魏、齊、燕、趙、韓等國的諸侯聯軍，只是在名義上服從項羽的指揮。

如果劉邦真想獨霸關中，意圖成為第二個秦王，項羽與諸侯聯軍當然不會同意；那他們只有一種選擇，便是兩軍開戰。以項羽的軍事才能，四倍的優勢兵力，又占據大義，劉邦可以說幾乎毫無勝算。

所以，項羽毫不猶豫地簽發軍令——「旦日饗士卒，為擊破沛公軍！」（明日犒勞士卒，為我擊破劉邦的軍隊。）

項羽的軍中謀士——亞父范增也在旁邊煽風點火，道：「沛公居山東（崤山以東）時，貪於財貨，好美姬。今入關，財物無所取，婦女無所幸，此其志不在小。吾令人望其氣，皆為龍虎，成五彩，此天子氣也。急擊勿失！」

意思是，劉邦過去貪財好色，現在入關後，既不貪圖財寶，也不貪戀美色，由此可見他的志向不在小處！我找人看過他軍營上空的雲彩，呈五彩龍虎之形，這是天子的雲氣。千萬不要錯過機會，抓緊時間消滅他。

局勢，千鈞一髮！

第二日，靜謐的夜色緩緩降臨。一位圓臉中年武將，獨自離開楚營，飛馳劉邦軍營。此公名叫項伯，是項羽的親三叔，擔任楚國左尹，類似於副丞相。

項伯的救命恩人張良在劉邦軍營，他要勸說張良與自己一起離開，以免明日遭受池魚之殃。不久，項伯進入劉邦軍營。他向張良道明來意後，張良胸中已激起萬丈波瀾，但是表情依舊很平靜。張良道：「我答應韓王送沛公至此，逃走不義。兄長，請稍等我片刻。」

項伯一邊想著，張良還是那麼夠義氣，一邊點頭答應。

張良面見劉邦，將事情的經過告訴他。睡眼惺忪的劉邦立即嚇醒，驚問道：「子房，這該怎麼辦？」

張良問道：「是誰勸大王派重兵把守函谷關的？」劉邦道：「有一個小子對我說，守住函谷關便可在關中稱王。我便聽從了。」[1]

當然，這個小子也許就是劉邦本人。

張良翻了翻白眼，道：「大王，咱們的軍隊能抵擋項羽嗎？」[2]

劉邦雙眉緊皺，面色時而猙獰，時而惶恐，雙拳緊緊握住又鬆開，終於長歎一聲，道：「難以抵擋！你說該怎麼辦？」[3]

張良溫潤的雙眸迸射出一縷精光，一字一頓道：「請您過去告訴項伯，您不敢背叛項王。」[4]

張良憑藉著對人性的洞察及對時局的把握，敏銳地意識到破局的關鍵就在項伯身上。

劉邦遲疑道：「你和項伯還有交情嗎？」張良淡淡道：「當年，我和項伯曾結伴而行，項伯殺人後，險些被抓，是我救了他。」劉邦又問道：「你和項伯誰的年齡較大？」張良道：「項伯的年齡比我大。」劉邦擊掌道：「你替我把項伯請來，我要認他做大哥。」

當項伯被張良邀請到中軍大帳時，劉邦已火速安排簡單的酒菜，熱情地邀請項伯坐上主位。項伯推辭，劉邦道：「您是子房的大哥，也是我的大哥！」一番謙讓，項伯坐上主位。

劉邦有意奉承，頻頻向項伯敬酒，加上張良在旁適時說些好聽的言語。項伯很快便放鬆下來，與劉邦結成了兒女親家。酒過三巡，菜過五味，雙方心照不宣地停止飲酒，開始談起正經事。

劉邦道：「天地良心，我入關中後，可沒拿任何一針一線啊。我統計關中官吏和百姓的數量，封存府庫，就是為了等待項將軍。之所以派兵守住函谷關，更是為了防止別的諸侯乘虛而入。我日日夜夜都在盼望項將軍啊，怎麼敢反叛呢！請您轉告項將軍，我劉邦對他的心意日月可鑑。我從來不敢忘記他的恩德！」[5]

名留青史的王侯將相，沒有一個人是傻瓜。項伯自然也不例外。他當然知道劉邦這番話的漏洞——你劉邦如果真心想將關中留給項王，為何不先派人打聲招呼？再者，為何項王入關中後，仍然不遣使者來解釋？

中國人在酒桌上說話，很少撕破臉，說話均留三分餘地。

---

1 原文為：鯫生說我曰：「距關，毋內諸侯，秦地可盡王也。」故聽之。

2 原文為：料大王士卒足以當項王乎？

3 原文為：固不如也！且為之奈何？

4 原文為：請往謂項伯，言沛公不敢背項王也。

5 原文為：吾入關，秋毫不敢有所近，籍吏民，封府庫，而待將軍。所以遣將守關者，備他盜之出入與非常也。日夜望將軍至，豈敢反乎！願伯具言臣之不敢倍德也。

項伯淡淡地道：「你明天不能不早來（必須早點）向項王道歉。」[6]

這句話有兩層意思：第一，這事，包在我項伯身上，我去和項羽解釋一下；第二，僅僅交出關中的土地、錢糧還不夠，你要表現出足夠的誠意，親自到項軍大營中道歉。

人精劉邦自然也聽懂了項伯的潛台詞，只回答了一個字：「好！」

項伯滿意地點了點頭，告辭而去。

❀ ❀ ❀

項伯不會算命並不知道，幾年後劉邦會成為項家的死敵。也許在他心中，劉邦只是一個有點野心，有點運氣，又會做人的老頭罷了。

作為項軍的高層領導之一，他擔憂：一旦項劉兩軍交戰，各國諸侯便會像鉅鹿之戰那般，作壁上觀。那時即使項羽取得了勝利，也難免元氣大傷；反而使眾諸侯漁翁得利！如今，劉邦肯主動低頭，項家可以兵不血刃就得到幾千里的關中之地，何樂而不為呢？

項伯連夜面見項羽，將自己的分析一一道來。項羽被說動了。項伯又打鐵趁熱道：「劉邦願意放棄關中，那可是立了大功！如果我們堅持要消滅他，便是不仁不義了！趁此機會，明天我們好好招待他。」

如果劉邦不願意放棄關中，對項家大軍來說，最佳的選擇便是裹挾眾諸侯來消滅劉邦的軍隊。如今劉邦放棄了，將皮球踢到項羽腳下，項羽便有兩種選擇。

第一，使用軍事手段，堅持消滅劉邦。在劉邦放棄關中的情況下，諸侯們也會開始考量：他們與劉邦無冤無仇，犯不著與他拚命。如此一來，局勢就會演變為項羽七八萬人的嫡系部隊與劉邦的十萬大軍大戰。

兵凶戰危，即使是英勇無敵的項羽也不敢保證一定能大勝劉邦。最大的可能是，劉邦敗亡，項羽元氣大傷，眾諸侯坐收漁翁之利。

第二，使用政治手段，透過談判進一步削弱劉邦的實力，且以此為契機，增強自己的威望與實力。

毫無疑問，第二種選擇，項羽穩賺不賠。所以，面對項伯的建議，「項王許諾」。

次日，晨曦微露，劉邦、張良率樊噲等百餘騎士，一路快馬加鞭，趕赴鴻門的

6 原文為：旦日不可不蚤自來謝項王。

項軍帥帳。

劉邦是中國歷史上第一位布衣開國之君，張良是千古謀聖，他們之所以敢率百餘騎兵，深入虎穴，是因為他們洞悉了項羽軍隊的戰略後，得出了一個結論——項羽不會殺害他們。

此行，有驚無險。

可惜，劉邦、張良忽略了一位七十多歲的老頭子——范增。這位老人將會給劉邦帶來意料之外的「驚喜」，也讓名傳千古的鴻門宴更加精彩。

劉邦拜見項羽後，開門見山地說了兩句水準很高的話：「我與將軍一起奮力攻打秦國，將軍戰於河北，我戰於河南，沒料到自己會先攻入函谷關擊破秦軍，從而在這裡再次見到將軍。現在有小人對您說了一些胡話，導致將軍與我產生隔閡。」[7]

這兩句話裡面隱藏著三層意思：第一，我們曾經是並肩作戰的袍澤，是平等的戰友關係，我並不隸屬於你。第二，關於敏感的關中問題。我劉邦並沒有想到自己能先你一步進入關中。況且恰好是因為你項羽消滅了秦軍主力，我劉邦才得以順利進入關中。第三，關於即將發生的軍事衝突，這個問題更是敏感，劉邦輕飄飄一句，「今者有小人之言，令將軍與臣有郤」便揭過去了。而且劉邦自稱為「臣」，便是承認了項羽的領導地位。

什麼是高超的語言藝術？這便是。

項羽啞口無言。於是，項羽拋出了一個人，推卸責任：「這是你軍中的左司馬曹無傷說的，不然怎麼會到這種地步？」

意思是，我項羽軍中可沒有小人，這都是你劉邦自己的責任。

聞聽此言，劉邦與張良暗暗鬆了一口氣，便知項羽無心殺害他們。

中國自古以來，便是禮儀之邦，劉邦風塵僕僕趕地來了，於情於理，項羽也應當提供一頓午飯才是。項羽、劉邦皆為諸侯，他們的飯局有一個高貴的名字——宴。

雖然，主人未必是真心邀請，客人也不想留下來吃飯，但是，出於禮儀，雙方都必須要坐下來吃一頓飯，喝兩杯酒。項羽若不挽留，是不懂禮數；劉邦若不應允，便是不給項羽面子。

因為這場宴會的地點在鴻門，所以史稱鴻門宴。

---

7 原文為：臣與將軍戮力而攻秦，將軍戰河北，臣戰河南，然不自意能先入關破秦，得復見將軍於此。今者有小人之言，令將軍與臣有郤。

按照飯局的禮儀，項羽作為東家兼楚國上將軍，遂坐在朝東的主位上。項伯是楚國左尹兼任項羽的親叔叔，故坐在項羽下首。范增因是楚國次將軍，又是項羽的亞父，所以向南坐。而劉邦是客人，只能坐在范增的對面，比范增又低一等。至於張良——「西向侍」，即朝西的陪坐，類似於今天飯局上靠門坐著的位子，一個端菜倒酒、喊服務員的角色。

項羽軍隊這般安排座次，意思很明顯：你們看看，殺進關中，滅掉秦國，擁有十萬大軍的劉邦，地位還沒我們軍中的范增高呢。你們其他諸侯最好也老實點！

劉邦、張良皆是心性隱忍之輩，他們不動聲色，賠著笑臉，只希望飯局能早點結束。

我們透過揣摩項羽的言行，便可得出結論，項羽並未意識到劉邦是自己爭奪天下的大敵。

論年齡，西元前二〇六年，項羽只有二十七歲，正是一位風華正茂的青年。劉邦五十一歲，在當時已是高齡，也許今天脫鞋上床，明天便無法起身了。

論出身，項家世代為楚將，項羽乃名將之後，屬於楚國頂尖貴族。劉邦是楚國一位農民的小兒子，起義前，不過是一介泗水亭長。

論戰績，項羽自起兵以來，攻無不克，戰無不勝，鉅鹿之戰破釜沉舟，以絕對劣勢的兵力消滅了秦軍精銳主力。反觀劉邦，攻打一群老弱病殘鎮守的關中，還用盡了全力。

論地位，項羽是諸侯上將軍，劉邦名義上只是楚國一路軍馬的統帥。

論實力，項羽統率四十萬諸侯聯軍，劉邦不過十萬人。

若我們是項羽，會將劉邦視為與自己同級別的對手嗎？

年輕的項羽意識不到劉邦的威脅，但閱人無數的范增卻早已洞察到劉邦絕非池中物，決定將威脅扼殺在搖籃裡。

於是，在飯局上發生了一件頗為有趣的事情，劉邦說著好話奉承著項羽，項伯為自己的親家當捧哏[8]，張良掛著矜持、謙卑的笑容。四人頻頻舉杯，互相客套吹捧。

老范增多次給項羽使眼色，一而再，再而三地舉著玉玦[9]。玦者，決也！范增的意思是，請項羽乾脆，利落地幹掉劉邦吧！

---

8 相聲中的配角，以表情或搭腔方式來配合主角，逗觀眾發笑。

項羽瞥了一眼范增，不再理會。他心想，亞父真是老糊塗了，劉邦都已經同意稱臣了，還有殺他的必要嗎？在飯局上殺了劉邦，雖說易如反掌，但這樣，以後哪還有諸侯敢來參加我的宴會呢？我項羽在諸侯圈子裡還怎麼混啊？

范增至少比項羽大四十歲，二人在年齡上有代溝。此外，頂級貴族出身的項羽與草根出身的范增之間，還有著巨大的階級鴻溝。兩個人之間缺乏默契是可以理解的。

老范增氣炸了，起身走到軍帳外，招來一位身材矮小，卻精幹異常的青年武將，對他說：「項王仁慈，不忍殺劉邦。你現在立刻進去，給項王敬一杯酒。然後，請求舞劍，趁機一劍刺死劉邦。劉邦不死，你們將來都要淪為他的俘虜！」[10]

未請示上級長官便自作主張，刺殺「重要的兄弟」，可見老范增的狠辣、果決、遠謀和不擇手段。

此將名叫項莊，乃是項羽的族弟，以劍術高超聞名軍中。項莊不含糊，二話不說，大步走入帳中，向項羽敬了一杯酒後，道：「軍中無以為樂，請大王允許末將舞劍助興！」

項羽答應了。

項莊抽出鐵劍，左閃右躍，揮舞起來。十幾息後，慢慢向劉邦的位置挪移！這便是「項莊舞劍，意在沛公」！

項伯心中大急，大叫道：「舞劍須有對，我來陪阿莊舞劍吧！」項羽還未答應，項伯已抽出鐵劍，閃到劉邦身前，像老母雞護小雞一般地護著劉邦。

「鏘！」「鏘！」

兩把鐵劍一陣陣撞擊之後，再次分開，發出一陣鏗鏘之聲。

項莊運劍如飛，抖出數朵劍花，直欲向前！項伯雙腿時弓時撲，左臂張開，右手緊緊握著鐵劍，大開大合，舞成一道道劍幕，死死護住劉邦。

范增的鼻子差點氣歪了：項伯你這老小子，湊什麼熱鬧啊。作為東家的項羽有什麼反應呢？他根本沒有任何反應，優哉遊哉地品著小酒，欣賞二人舞劍。項羽也明白，有項伯護著，劉邦這老小子死不了。

劉邦的反應真令人欽佩，一邊忍著心驚肉跳，一邊奉承項羽。

突然，項莊長嘯一聲，一躍而起，鐵劍舞成渾圓之勢，朝著劉邦劈去！

9 中國古代圓形玉佩的一種器形，玉環周邊有一個缺口，即玦。

10 原文為：君王為人不忍。若入前為壽，壽畢，請以劍舞，因擊沛公於坐，殺之。不者，若屬皆且為所虜！

「鏗鏘」一聲，兩劍相交，中年武將項伯滿臉通紅，奮力架住鐵劍！

項羽哂然一笑。范增發出一聲遺憾的歎息。正欲躲避的劉邦身子放鬆下來，長呼一口氣。

張良忍不住站了起來，朝著項羽告罪一聲，匆匆走出營帳。樊噲迎了上來，扯著張良的衣袖，大聲道：「裡面怎麼樣了？」

張良道：「非常緊急！剛才項莊拔劍狂舞，目的是刺殺沛公！」[11] 樊噲叫道：「我這就進去，與大王同生共死！」張良小聲地在樊噲的耳畔吩咐著。

樊噲點頭後，左手持著盾牌，右手提著鐵劍，悍然闖入項羽中軍帥帳。

項羽的親兵們自然上前呵斥、阻攔。樊噲不愧是大漢開國的第一猛將，臂力了得，儘管項羽親兵百戰精銳，仍一個個被樊噲用盾牌直接撞飛在地！這便是：「噲即帶劍擁盾入軍門。交戟之衛士欲止不內，樊噲側其盾以撞，衛士仆地。」

樊噲掀開帷帳，朝西怒視項羽。項羽驚奇地發現，闖進來的這個人眼球外突，眼角開裂，額頭上的青筋高高鼓起，頭髮根根直豎，一副想要咬死自己的樣子。[12]

項羽下意識直起身子，左手握緊了寶劍，他沒有喊衛士將樊噲剁了，而是很有禮貌地問了一句：

「這位客人哪裡來的？」

張良慌忙答道：「這是沛公的司機——樊噲。」

所謂英雄惜英雄，項羽作為天下第一猛將，見了勇猛之士，情難自禁，遂吩咐道：「來人，賜酒！」

樊噲將劍插在地上，接過酒碗，咕嘟咕嘟，一飲而盡！還對項羽道了聲謝。

項羽大感興趣道：「再賞一條豬大腿！」項羽的親兵也許是為了報復樊噲，竟扔給樊噲一條生豬腿！樊噲也不含糊，左手將盾牌置在地上，然後把豬腿放在盾牌上，用劍割著生肉，大口吞咽起來。[13]

舞劍的項伯、項莊也停了下來，目瞪口呆地看著大口吃生豬肉的樊噲。

看到樊噲被噎得臉色發青，項羽不忍了，道：「壯士，再喝口酒嗎？」

樊噲終於等到項羽說話了，道：「我死都不怕，一杯酒有什麼可推辭的？秦王有虎狼一樣的心腸，殺人唯恐不能殺盡，懲罰人唯恐不能用盡酷刑，所以天下

---

11 原文為：甚急！今者項莊拔劍舞，其意常在沛公也。

12 原文為：噲遂入，披帷西向立，瞋目視項王，頭髮上指，目眥盡裂。

13 原文為：項王曰：「賜之彘肩！」則與一生彘肩。樊噲覆其盾於地，加彘肩上，拔劍切而啖之。

人都背叛他。懷王曾和諸將約定：『先打敗秦軍，進入咸陽的人封做王。』現在沛公先打敗秦軍進入咸陽，卻一點東西都不敢動用，封閉了宮室，讓軍隊退回到霸上，等待大王到來。還特意派遣將領把守函谷關，防備其他盜賊進入和發生意外的可能。這樣勞苦功高，沒有得到封侯的賞賜就罷了，您反而聽信小人的讒言，想殺有功的人，這只是滅亡了的秦朝的延伸罷了。我以為大王不應該採取這種做法。」[14]

面對樊噲的滔滔不絕，項羽沒有回答，只是擺擺手道：「坐吧！」

項羽不回答可以理解，因為他知道樊噲在胡扯。中國人很少在酒桌上撕破臉下面；項羽也懶得拆穿。范增乃一代名士，不屑與一位莽夫爭論。

氣氛一時很尷尬。劉邦擔心老范增繼續設謀陷害自己，藉口上廁所，拉著樊噲一起溜出來。

劉邦道：「我想直接跑，可是不打聲招呼，很沒禮貌！」

樊噲脫口而出兩句通俗易懂、文辭簡約的名言：「大行不顧細謹，大禮不辭小讓。如今人方為刀俎，我為魚肉，何辭為？」（意思是，做大事不必顧及小節，講大禮不必計較小的過錯。現在人家好比是菜刀和砧板，我們則好比是魚和肉，告辭幹什麼呢？）

劉邦搖搖頭，又喚出張良，道：「我距離軍營不過四十哩，你估計一下我返回軍營的時間，再替我向項王辭別道歉。」張良想了想道：「大王，來時帶什麼禮物了？」劉邦道：「我帶了一對玉璧，想獻給項王，還帶了一雙玉斗[15]，想送給亞父。正碰上他們發怒，沒敢獻。你替我把它們獻上吧。」[16]張良點頭應允。

於是劉邦跑了——「沛公則置車騎，脫身獨騎，與樊噲、夏侯嬰、靳強、紀信等四人持劍盾步走，從酈山下，道芷陽間行。」

這句話看似普通，心思極為恐怖。

樊噲、夏侯嬰、靳強、紀信四人皆是身經百戰的猛將！劉邦率領一百餘騎兵而來，此時卻獨自一人騎著戰馬離開。因為如果楚軍追殺而來，在狹窄的小路上，這四位持著劍盾的猛將便可多為劉邦爭取逃亡時間。

14 原原文為：臣死且不避，卮酒安足辭！夫秦王有虎狼之心，殺人如不能舉，刑人如恐不勝，天下皆叛之。懷王與諸將約曰：「先破秦入咸陽者王之。」今沛公先破秦入咸陽，毫毛不敢有所近，封閉宮室，還軍霸上，以待大王來。故遣將守關者，備他盜出入與非常也。勞苦而功高如此，未有封侯之賞，而聽細說，欲誅有功之人。此亡秦之續耳，竊為大王不取也！

15 玉製的酒器。

16 原文為：我持白璧一雙，欲獻項王，玉斗一雙，欲與亞父。會其怒，不敢獻。公為我獻之。

張良將玉器獻給項羽與范增後，告辭而去。范增將玉斗扔在地上，拔劍撞之，失望地掃了項羽、項伯一眼，長歎道：「這小子不值得和他共謀大事！奪項王天下的人一定是劉邦。」[17]

劉邦回到漢軍營帳後，二話不說，先誅殺了曹無傷！

不久後，項羽分封天下諸侯，命令劉邦裁軍，只允許保留三萬人，並將劉邦攆到巴蜀之地。

❋ ❋ ❋

我們讀史書，要將自己代入歷史情景中，既要實事求是，也要就事論事。

這場鴻門宴的每一位參與者都有收穫。對項羽來說，能通過政治手段，兵不血刃地就解決劉邦軍營的軍事威脅，得到關中之地，便是最大的勝利。

對劉邦來說，選擇了隱忍，獲得了難得的蟄伏之機，等待潛龍騰飛的機會。

對張良來說，最大的收穫只有一條，就是救了劉邦一命！對項伯來說，更是一箭雙雕，既向張良報了救命之恩，又輔佐項羽和平化解了一場兇險的戰爭。

對范增來說，他身為項羽集團的謀主，必須提前將一切危險掐斷。因此，他也得以在青史上展現自己非凡的戰略眼光、識人之能，以及狠辣和果決。

對樊噲來說，則是得以在主公劉邦面前，展現出自己忠心耿耿、智勇雙全的一面。即使是跑龍套的項莊，也秀了一手好劍法，體現了自己的專業水準、執行能力。

這一切只源於一場小小的飯局——鴻門宴。很多年後，鴻門宴用來泛指不懷好意的飯局。但鴻門宴的意義，大抵是陳述著：面對錯綜複雜的飯局，甚至是人生的時候，每一個人安守本分，必須找準自己的定位，全力以赴做好本分，就會有所收穫。鴻門宴的主角與配角們，難道不是這樣嗎？

---

17 原文為：豎子不足與謀！奪項王天下者，必沛公也。

陳平的飯局

一場飯局離間楚君臣

西元前二〇四年十一月，天寒地凍，草木蕭瑟，三十萬楚軍圍繞著滎陽城，深挖高壘，安營築寨，設置拒馬護欄。楚軍的白色營帳密密麻麻，連綿不絕。滎陽城上一杆杆赤色漢軍大旗挺立在烽火硝煙中，一位位漢軍將士緊握刀槍，宛如磐石，巍然不動。

城內漢軍大營裡，護軍都尉陳平受漢王劉邦的委託，正在接待西楚霸王項羽的使者。

陳平笑容滿面，點頭哈腰地將楚使引入偌大的宴客大廳。楚使大吃一驚，只見大廳內放置著兩張嶄新、寬大的楠木案几。案几上擺著反光發亮的青銅酒具，古色古香，一看便知是珍品。

大廳一側的角落裡，幾名庖廚架起用來烤肉的青銅大鼎和切肉砧板；另一側，十幾名樂師正準備著編鐘、玉磬、笙簫等樂器。

楚使受寵若驚：自己只是無名之輩，漢營如此作為，真是太有禮貌、太客氣了。陳平笑瞇瞇地邀請楚使就座後，高喊道：「食饗貴客！」

一聲磬響，鐘鼓齊鳴，笙簫吹起，大廳內響起了悠揚悅耳的楚樂。幾名庖廚抬著乾淨、新鮮的豬肉、牛肉和羊肉到角落裡，準備現場烹飪。

一位位婀娜多姿的宮裝麗人，端著美酒、涼菜、熟食小心翼翼地擺在主人和客人的食案上後，便留在楚使身旁，用一雙雙柔荑為楚使捶腿，按揉肩膀。

陳平望著一臉舒爽的楚使，笑道：「滎陽女子的身姿綽約，又嫵媚多情，今日便送給貴使了！」

「哎喲！」楚使一聽眼睛亮了，嘴快都笑歪了，大喜道，「陳將軍一番美意，在下便卻之不恭了。呵呵……」

陳平舉起酒爵，笑道：「些許小事，何足掛齒！今日為范亞父壽！」

楚使覺得這句話有些彆扭，仍然舉起酒爵道：「為項王壽！為漢王壽！為亞父壽！」

陳平放下酒爵，問道：「不知范增老將軍遣貴使來此，可有指示？」

楚使慌忙解釋道：「在下並非是奉亞父之命，乃是項王命在下前來與漢王商議和談事宜！」

「什麼！」陳平豁然起身，指著楚使道，「原來你不是范增老將軍的使者！」

楚使吃驚道：「陳將軍，在下確實是奉項王之命，不知陳將軍……」

陳平冷哼一聲，長袖一甩，下令撤去美女、美食、器樂。

范增何許人也？此公乃居巢人（今安徽巢湖），幾乎做了一輩子隱士。直至陳勝、吳廣在大澤鄉起義，天下大亂，范增才收拾起行囊，一把火燒了自家茅屋，出山輔佐明主，為反秦大業貢獻智慧。

那一年，范增已是七十多歲的老人了。

范老先生平時注重養生，不熬夜，不喝酒，身體健壯，腰不酸，腿不疼。孤身一人，跋涉幾百里，他求見自楚地起義的項梁，道：「秦滅六國，咱們楚國最冤！老楚人至今仍懷念入秦和談而命喪咸陽城的楚懷王，所以才有『楚雖三戶，亡秦必楚』的預言。陳勝之所以那麼快失敗滅亡，就是因為沒有立楚國王室為主，未得到楚國父老的支持。現在項將軍您起兵江東，楚豪傑紛紛投奔，正是因為您老項家世代為楚將，老楚人希望您能再建楚國社稷啊！將軍您應該順應民心，扶持楚王的後代為主，招攬楚地豪傑！大業可成。」

好經典的借屍還魂之計！利用無權無勢的楚王後裔為幌子，招攬楚地百姓、豪傑，擴充實力。待大業成功之時，區區一個傀儡楚王，或殺或囚，小菜一碟。

項梁是一位飽經世事的中年人，略為沉思，便看出了范增計策的精妙之處。項梁採納范增之謀，從民間尋來一位放牛小娃，對外宣稱這便是遺落民間的楚懷王嫡孫——熊心。

項家借熊心的名義，統率各路義軍，勢力暴增，成為抗秦主力。項梁投桃報李，將老范增視為軍師。項梁戰死後，范增便跟隨項梁的侄子項羽。項羽對范增非常尊重，稱其為亞父（僅次於父）。

鴻門宴上斬殺劉邦失敗。待項羽分封諸侯時，范增又心生一計，提出將劉邦分封到巴蜀之地為蜀王。所謂「蜀道難，難於上青天」。范增意圖憑著蜀道艱難，鎖死劉邦。

可惜，張良用重金收買了項羽的叔叔項伯，勸說項羽將漢中也加封給劉邦。項羽竟然同意了。這有助於後來劉邦出兵關中，奪取三秦，極為便利。

劉邦正式與項羽對決時，已擁有了巴蜀、漢中、關中之地；又令韓信負責軍事戰爭，蕭何負責內政後勤，張良負責戰略謀劃，陳平負責刺探情報，監視眾將。而輔佐項羽的范增則一人身兼數職，既治國，也分管後勤補給，更要出謀劃策，與劉邦的智囊團鬥智、鬥勇、鬥狠！

范增乃姜桂之性[1]，老而彌堅，擅長將紛雜的事情料理得井井有條。范增生

1 比喻年紀越大性格越耿直。

前，項羽在與劉邦的較量中始終占據上風。後世三國著名軍事家蔣濟曾感歎道：「項羽若聽范增之策，則平步取天下也。」

❈　❈　❈

西元前二〇四年，項羽率領大軍兵臨滎陽城下。滎陽城是當時的軍事重鎮和水陸交通要道。秦滅韓後，設三川郡，把滎陽城作為進攻東方諸國的前沿陣地和橋頭堡。

滎陽乃兵家必爭之地，劉邦親自率軍，死守在滎陽，抵擋項羽大軍西進。

項羽指揮三十萬大軍，切斷了滎陽通往外界的運糧通道，團團包圍著滎陽城。滎陽城高、糧足，劉邦麾下將士悍勇敢戰，一次次打退楚軍的進攻卻驚險萬分。

劉邦派遣使者求和，目的很簡單，就是先把項羽騙走再說；就算項羽不同意，也不損失什麼。不料想項羽頗為心動，故劉邦採納張良計策，策反彭越、英布等諸侯王。這二人正攻打項羽的後方，屢次截斷糧道，令項羽不勝其擾。

項羽打算暫且休戰，重整軍隊，先滅彭越、英布，再調頭收拾劉邦！項伯等人因軍中糧草補給困難，滎陽不易攻下，也欲勸說項羽與劉邦和談。

范增卻勸諫道：「大王，此時很容易便能擊敗漢軍，如果咱們楚軍的糧草已是不濟，那麼漢軍的糧草只會更加匱乏。我們絕對不能與劉邦講和，要一鼓作氣，拿下滎陽，大王難道忘記鴻門宴了嗎？彭越、英布之流不過癬疥之疾[2]，劉邦才是心腹大患！勸大王與劉邦和談者，盡斬之！」

項羽一聽，亞父說的有道理，便下令諸營，輪番攻城。楚漢兩軍在滎陽城下反覆廝殺，戰火連天，雙方均疲憊不堪。

范增篤信楚軍一定能取得最後的勝利，先堅持不住的一定是劉邦。他鼓勵項羽一定要咬牙撐下去，不惜一切代價，攻下滎陽，擒殺劉邦。

楚軍將士久攻滎陽不下，師老兵疲，充滿怨言。滎陽城內的漢軍同樣損失慘重，休說繼續正面堅守下去，恐怕連突圍而出的實力都未具備。

隨著圍城日久，劉邦的日子一天比一天難過。他有兩位謀士。——張良與陳平。前者善出陽謀，擅長戰略規劃，敵人往往在不知不覺間落入彀中；後者則擅長陰謀詭計，出其不意，如同一條潛伏的毒蛇，任何人被咬上一口，不死也要脫層皮。

2 癬、疥是兩種輕度的皮膚病。後來多以「癬疥之疾」比喻危害尚輕的禍患或無關緊要的小毛病。

如今楚漢兩軍打的是堂堂正正的攻堅戰，張良束手無策。

劉邦素知陳平擅出奇謀，心狠手辣，從不說沒把握的話，便主動向陳平問道：「難道我要被項羽困死在這兒了嗎？」

主公問對策了，身為屬下的就不能不拿出一套方案來解決困難。陳平道：「項羽婦人之仁，有勇無謀，少智多疑。麾下忠直能幹的臣子也不過范增、鍾離昧、龍且等寥寥數人。大王，您給臣一些黃金，臣想辦法離間他們君臣。如此必然可以使楚國君臣相互猜疑，甚至自相殘殺。我們便可趁機取勝！」

劉邦問道：「你需要多少黃金？」陳平道：「至少也要黃金一萬斤，才能讓項羽麾下的那些小人，捨生忘死，為我們所用！」

一萬斤黃金在秦末堪稱天文數字；日後劉邦懸賞項羽的首級，也不過一千斤黃金。

劉邦陷入沉思：陳平這些年來對內監察漢軍將士，對外刺探敵情，從未令自己失望過，希望這一次也不例外！

劉邦咬牙道：「幹大事，不能在乎錢財。老子把倉庫裡四萬斤黃金全部給你！不必向老子彙報開支情況。只要能除掉范增那老頭！傾家蕩產，砸鍋賣鐵，老子也在所不惜！」

主公不在乎過程，只在乎結果。令陳平非常滿意。

陳平曾在項羽麾下效勞過一段時日，熟人頗多。劉邦手下很多將士也是老楚人，與楚國軍士原本就是鄉親。陳平拉關係，找熟人，以重金賄賂楚營中見錢眼開的下級軍官。正所謂「人為財死，鳥為食亡」，收了錢的楚軍，開始散布謠言：

「咱們這支軍隊，根本不姓項，而是姓范。范增老將軍的智慧比項王強上十倍呢！」

「龍且、鍾離昧將軍因為沒有封王，對項王一肚子怨言！」

「范老將軍已經與龍且、鍾離昧商議好了，用項王的腦袋與漢王和談！」

「項氏宗族將領全是廢物，主要靠范增將軍等外姓人。」

一時之間，楚營當中，各種謠言滿天飛，傳到項羽的耳朵裡。

不得不說，陳平太了解項羽的弱點了。項羽性格敏感，驕傲且多疑，只相信自己及項家子弟，不相信外人。哪怕是對「亞父」范增和一向忠心耿耿的鍾離昧、龍且等大將也難以做到推心置腹。

「用人不疑，疑人不用」。論用人，項羽遠不如劉邦。

「三人成虎，眾口鑠金」。項羽的耳根子本來就軟，聽到的傳言越來越多，漸漸地也對范增等人產生懷疑，總覺得這群人不對勁。

擁有忠誠的下屬，在秦末亂世，是一件很難的事。

例如，秦始皇生前，丞相李斯、中車府令趙高皆是赤膽忠誠者，將秦始皇奉若神明，小心伺候。可是秦始皇病故後，李斯、趙高密不發喪，拖著秦始皇發臭的屍體，千里迢迢，返回咸陽；篡改遺詔，逼死秦長公子扶蘇、大將蒙恬。尤其是趙高，掌握權勢後，便開始虐殺秦始皇三十多個子女！陳勝揭竿而起時，是何等英雄啊？僅僅數月，便擁兵數十萬。最後，還不是被自己的心腹車夫刺殺了嗎？

想起秦始皇、陳勝的遭遇，項羽心中越發不安。於是派遣本家心腹為使，以和談為名，到滎陽城內見劉邦，順便打探一下漢軍是否真的和楚軍大將勾結。

當楚使入城後，陳平大喜，乙太牢[3]之禮，親自接待。

用祭祀社稷的太牢來接待一位普通使者，算是高規格的接待了。這便是：「項王使者來，為太牢具，舉欲進之。」

於是，發生了本故事開頭的一幕。

❋ ❋ ❋

當楚使看到一個又一個的漢軍士兵將美食、美酒全數搬走時，早已目瞪口呆。尤其是瞧見美女鄙夷的眼神，令他暴怒：「陳將軍，意欲何為？」

陳平道：「項王的使者只配用粗茶淡飯。來人，送幾個窩窩頭來。」楚使大怒，恨不得立即離去。但是身負項羽交代的任務，不得不忍一時之辱，在漢營虛與委蛇。

和談結束後，陳平看著楚使氣呼呼地大步離開、頭也不回的背影，得意地大笑道：「范增老匹夫凶多吉少矣！」

使者回到楚營後，一把鼻涕一把眼淚地將自己的遭遇，對著項羽添油加醋地說了一番。項羽不是白痴，並未全信，可是他卻面臨一項難題。

一是不相信范增會背叛自己。可是萬一范增背叛了自己，突然發難，那麼自己不僅身家性命難保，項氏一族恐怕也會被誅滅，代價實在太大了。

二是相信范增確實背叛了自己。假如使者中了漢軍的離間計呢？自己豈不是失去了唯一的智囊，如同自斷一臂般？

項羽心中犯起了嘀咕：亞父苦勸我不顧一切猛攻滎陽，可是由於我主力大軍在外，田橫重新恢復齊國，九江王英布投靠劉邦，加上彭越攻打我的糧道。如果我沒

3古代帝王祭祀社稷時，牛、羊、豬三牲全備為「太牢」。

有聽從亞父的建議，早早與劉邦在滎陽議和，後方可能不會出現這些危機！莫非亞父真的被劉邦收買了？他一個七十多歲的人難道還想烈土封王？

項羽苦思冥想後，決定以靜制動，觀察一段時間，再做決定。他將范增手中的權力收回，交給項家子弟。[4]

在此期間，項羽暫緩了對劉邦的攻勢。范增屢次向項羽進言，要加大對滎陽的進攻力度，項羽總愛搭不理。

范增人老成精，很快便明白了，項羽懷疑自己的忠心。自古君疑臣，則臣必死。范增心如死灰：「老夫已經七十多歲了，軍中勞苦，今天脫鞋上床，都不知道明天還能不能爬起來！老夫嘔心瀝血，日思夜想，所做的一切全是為了項家的千秋霸業！老夫無兒無女，這麼多年來，一直將你項羽看成是我自己的親兒子啊！所以才願意為你殫精竭慮，你竟然懷疑我！真是豎子不足與謀！」

范增很難過，他的高傲使他不屑向項羽解釋。他給項羽寫了一封辭職信：「天下事大定矣，君王自為之，願賜骸骨，歸卒伍。」意思是，天下事大局已定，項王您自己看著辦吧！希望您饒了我這把老骨頭，讓我回鄉為民吧。

其實，范增心中還是希望項羽能夠挽留他，可是項羽卻在辭職報告上寫了一個大大的「准」字！

范增盯著這個龍飛鳳舞的「准」字，萬念俱灰，彷彿失去了所有的力氣。他吐了一口老血，暈倒在地。清醒後，帶著一名老僕孤零零地返回彭城。在途中，范增後背生的毒瘡潰爛，秦末一代奇士在身心雙重巨痛中，黯然死去。

范增死後，項羽軍隊失去了第一智囊者，屢次做出錯誤的戰略部署，昏招迭出，一步步在楚漢相爭中，居於下風。

西元前二〇二年，項羽兵敗身亡。隨後，劉邦統一天下，建國漢。

多年後，劉邦在酒後對左右道：「項羽只有一個范增還不好好用，這就是為什麼他會被我消滅的原因啊！」[5]

後人有詩歎曰：「智士寧為暗主謀，范公曾不讀兵書。平生心力為誰盡，一事無成空背疽。」

---

4 原文為：「項王疑范增與漢有私，稍奪之權。」稍不是稍微，而是漸漸的，指過程緩慢而有序。

5 原文為：項羽有一范增而不能用，此其所以為我擒也。

陳平僅用一場飯局搞定范增，看似簡單，實際上反映了陳平對人性的把握已經到了登峰造極的地步。

蘇東坡在《范增論》中說得很清楚：「物必先腐也，而後蟲生之；人必先疑也，而後讒入之。陳平雖智，安能間無疑之主哉？」意思是說，食物必定先腐爛了，然後才會生蛆蟲；人必定先有了懷疑之心，然後讒言才聽得進去。陳平雖說智慧過人，又怎麼可能離間沒有疑心的君主呢？

首先，項羽不能成為「無疑之主」。

一、秦末亂世，背叛君王另謀高就是很常見的事。陳平、韓信本在項羽麾下，因為不受重用，便選擇投靠劉邦。張良是韓王麾下的大司徒，號稱「五世相韓」，卻成了劉邦的謀士。英布是項羽的心腹愛將，跟隨項羽南征北戰，出生入死，被項羽封為九江王，卻投降了劉邦，攻打項羽的大後方。

戰亂年代，人與人之間的情誼靠不住。有這些例子在先，再加上軍中謠言四起，無風不起浪，項羽如何能相信范增對自己一定忠心耿耿呢？採取斷然措施，削去范增的權力，也情有可原。

二、項羽是一位非常自負的人，並沒有深刻地意識到如范增這種智謀之士對自己的重要意義。他自信憑藉著自己的武力與韜略，足以平定天下，不需要有人對自己指指點點。

司馬遷評價項羽：「自矜功伐，奮其私智而不師古，謂霸王之業，欲以力征經營天下，五年卒亡其國，身死東城，尚不覺寤而不自責，過矣。」意思是，項羽盲目迷信武力，逞個人能力而不效法古代霸主。他認為霸王之業，就是憑著武力來謀奪天下。僅僅五年時間便亡國，自己也慘死在東城，仍不醒悟，又不自我批評，真是大錯特錯。

其次，范增雖足智多謀，性格卻過分剛強。鴻門宴上，范增能準確判斷出身處弱勢的劉邦將會奪取天下，僅憑此，他便是當之無愧的智謀之士。在未得到君主允許的情況下，范增竟然屢次對劉邦下黑手，可見范增的殺伐決斷，狠辣果決！如果項羽在鴻門宴上聽從范增的建議，就沒有後來的楚漢相爭了。

然而當項羽疑心時，范增卻選擇負氣出走，並不與君王坦誠溝通，可見他性格倔強、剛強的一面。假如白髮蒼蒼的范增對項羽曉之以情、動之以理，高傲的項羽難道還會懷疑七十多歲的亞父可能背叛自己嗎？

說到底，不得不佩服劉邦的大氣與陳平對人性的洞悉。劉邦將四萬斤黃金交予屬下，不問過程，這是何等的胸襟氣魄？萬一陳平貪汙，把錢卷跑了，怎麼辦呢？

如果陳平計畫失敗，四萬斤黃金豈不打水漂了？

陳平用重金收買楚國下層軍官，散布謠言，多疑的項羽果然中計了，派遣使者來打探情況。

陳平可以說，的的確確是智謀之士，化腐朽為神奇，開發了飯局的新作用，將飯局當作施展離間計的舞臺。雖然陳平一生參加了無數次的飯局，可是滎陽太牢宴，應該是他一生中最得意的一場了。

利用一頓豐盛的酒菜，和窩窩頭的強烈對比，刺激楚使，使其為己所用；又利用了項羽的多疑、范增的剛強，使楚君臣分道揚鑣。

失去了兩鬢如霜的范增，項羽如同斷了一臂。這為項羽日後敗亡，漢朝的建立，埋下了巨大的隱患。正是：「漢用陳平計，離間楚君臣。」

未央宮宴

別問皇帝要筷子

西元前一四三年的一天，垂垂老矣的漢景帝劉啟在未央宮側殿宴請條侯周亞夫。

偌大的側殿只有他們兩個人坐著，負責傳膳的侍從在旁站著。面色慈祥的漢景帝瞅著腰杆挺得筆直、威武不凡的周亞夫，淡淡道：「用膳吧！」

跪坐在下首的周亞夫向主位拱手道：「諾！」他將目光放到食案上後，驚奇地發現，食案上只有一鼎煮熟的牛肉——一整塊頭顱大小的牛肉，還有淺淺的湯水。

周亞夫睜大了眼睛，輕咦一聲，肉為什麼不切開？食案上怎麼沒有擺放筷子？難道讓老夫用手抓著吃嗎？在天子面前，成何體統！他扭頭對旁邊的侍從道：「給老夫拿一雙筷子來！」

侍從面無表情，眼觀鼻，鼻觀心，完全不搭理周亞夫。周亞夫勃然大怒，區區下人，焉敢無視自己。

坐在上首的漢景帝笑了，還笑得非常燦爛、和藹，他輕聲道：「請你吃飯還不滿足嗎？」

周亞夫瞬間滿臉通紅，慌忙起身，邁著小步走到大殿中央，跪在地上，兩手扶地，向著漢景帝深深埋下了頭顱。

※ ※ ※

欲知後事如何，我們先將時間暫時拉回到十五年前，也就是西元前一五八年。那時，漢景帝的父親漢文帝已登基二十二年，大漢朝內有各地諸侯王對中央政權虎視眈眈，外有匈奴為禍邊境。

匈奴三萬鐵騎攻打雲中郡，漢文帝深恐他們直取大漢都城長安，便火速下令宗室重臣劉禮率領一支軍隊駐紮在霸上，祝茲侯徐厲領軍守在棘門，河內太守周亞夫率軍駐守細柳。當時漢都長安城南面為秦嶺，是一座天然的屏障。霸上、棘門、細柳，分別位在長安城的東、北、西三面。

任何一處軍營被匈奴攻破，後果均不堪設想。漢文帝是漢朝，甚至是中國歷史上最賢明的君主之一，不會將身家性命與王朝安危全部寄託在將士們的自覺上，他決定親自到三大營視察，美其名曰：犒勞慰問。

漢文帝坐在馬車上，帶著百十名騎馬的侍衛，飛馳到霸上、棘門兩大軍營。兩處守門將士遙遠地就看見天子旌旗、鑾駕，立刻大開營門，熱烈歡迎漢文帝蒞臨！

劉禮、徐厲兩位主將則是等到漢文帝驅車至帥帳後，才在手下將領的簇擁之下，慌慌張張地迎駕。

漢文帝認真聽取了劉、徐兩位主將對軍營人員、裝備、布置的介紹，視察各處軍營，詳細詢問了他們所遇到的困難後，鼓勵劉、徐二將認真盡責，率領全營將士堅守崗位，不畏艱險，勇於殺敵報國。

劉、徐等將軍紛紛表示，全營將士一定會與敵人戰至最後一刻。待漢文帝鑾駕離開軍營，劉、徐等將軍率領全營將士目送。很多樸實的戰士更是流下激動的淚水，久久不願散開。

以上內容，出自長安城的官方邸報，即「上自勞軍。至霸上及棘門軍，直馳入，將以下騎送迎。」

實際上漢文帝坐在馳往細柳營的馬車上時，面色陰沉。他在心中哀歎，高祖皇帝平秦滅楚的百戰精銳，怎麼會變成這樣？漢文帝在位期間的五位丞相，周勃、陳平、灌嬰、張蒼、申屠嘉，皆是身經百戰的開國名將，被他們耳濡目染了二十多年，知道真正的精銳必須殺氣騰騰，令行禁止，嚴守崗位。霸上、棘門兩處軍營與開國時的精銳相比，簡直不值一提！

當漢文帝一行到細柳營寨前時，已感到一陣陣驚人的殺氣。只見一隊隊將士身披重甲，手持鋒利的刀、劍、長矛，面容肅穆地盯著漢文帝的車隊。不只如此，竟還有一隊弓箭手拉圓了強弓，箭頭瞄準漢著文帝一行人！

漢文帝的侍從官縱馬到軍營大門時，一位守門都尉舉起右臂道：「準備！」

守門將士的長矛重盾被重重地頓在地上。軋軋的機括聲響起，又有幾百把弩箭全部上弦，鋒利的箭尖對準了侍從官。

侍從官也不含糊，喝道：「放肆，陛下鑾駕在此。爾等還不退下！」都尉手按環首刀[1]，大喝道：「周將軍有令，軍中只聽將令，不聽皇帝詔令。」

漢文帝不怒反喜，立刻命侍從官持符節通報周亞夫。周亞夫驗過符節後，下令搬開鹿角，打開寨門，迎接漢文帝。漢文帝的車夫早就不耐煩了，想和進入前面兩個軍營那般縱馬飛馳。一位軍中校尉對車夫道：「周將軍有令，軍營之中禁止車馬疾行。」

聞聽此言，漢文帝命車夫控制韁繩，緩慢前行。

到了中軍大帳前，周亞夫一身戎裝，身披重甲，手握寶劍，率領幾十名披甲握刀的悍將迎接漢文帝。

周亞夫並未跪拜，只是揖了一禮，道：「介胄之士不拜，請陛下允許臣下以軍中之禮拜見。」

1 又稱漢刀、環頭刀，是漢民族在西漢中期發展出的一種以雙手持用為主的短兵器。

已經老邁的漢文帝目光看著英姿勃勃的細柳營將士，龍顏大悅，他彎腰扶著車前的橫木向將士們還了一個軍禮。

勞軍結束後，漢文帝欣喜對著左右侍從道：「這才是真正的將軍，霸上、棘門的軍隊簡直一無是處。如果匈奴來襲，恐怕連他們的將軍也會被俘虜。至於周亞夫，誰能偷襲得了呢？」[2]

一個月後，匈奴搶掠一番走了，長安的危機解除了。漢文帝便任命周亞夫統率京城的所有駐軍。

兩年後，漢文帝在彌留之際，吩咐太子，也就是即將繼位的漢景帝劉啟：「如國家有戰事，可任命周亞夫統率大軍。」

❋ ❋ ❋

漢文帝之所以如此器重周亞夫，除了他的軍事才能外，還有一個重要的因素，便是周亞夫的父親周勃。周勃是鄉村吹鼓手出身，跟隨劉邦自沛縣起兵，南征北戰，立功無數。大漢建國後，官拜太尉（全國軍事長官）；漢高祖劉邦死前，留下遺言：「能安漢室者，必周勃也。」

劉邦病故後，呂后掌權。呂后死後，周勃、陳平等人蕩平諸呂，迎接代王劉恒為帝，也就是漢文帝。周家不僅對漢文帝有大恩，更是大漢開國元勳中的扛鼎人物。周勃戎馬一生，在軍隊中有多少門生故舊呢？這些強大的人脈自然被其子周亞夫繼承。

漢景帝繼位後，便封周亞夫為車騎將軍，職位僅次於大將軍及驃騎將軍。

當時漢朝的政權分為三大派系：一是以漢景帝、外戚勢力、地方郡守等人為代表的皇權派。二是開國功臣派。漢朝開國以來，從蕭何、曹參開始，歷任丞相皆是開國元勳，在朝廷形成了很大的勢力。三是諸侯王派。漢景帝時期，各地諸侯王全是劉邦的子侄後代，這些人在漢初時，對鞏固皇權、維護中央集權的統治發揮了重要的作用。至漢朝建立五十年後，已經形成尾大不掉[3]、割據自立的局面。

西漢就像一塊還未做大的蛋糕：地方諸侯每多吃一口，朝廷便會少一口。鑒於此，大夫晁錯建議漢景帝削藩。藩，是指各地的藩王。劉邦建國之後分封了大量異姓諸侯，如楚王韓信、梁王彭越、淮南王英布等。但是劉邦在十幾年內，經過一系

2原文為：嗟乎，此真將軍矣！曩者霸上、棘門軍，若兒戲耳，其將固可襲而虜也。至於亞夫，可得而犯邪？
3尾巴過大就不易擺動。比喻下屬的勢力強大，在上者難以駕馭。

列戰爭，陸續消滅了所有的異姓諸侯王。

在劉邦之前，周朝實行封建制度；幾百年後，血緣關係越來越淡，實力強者為王，周天子淪為傀儡。秦朝則實行郡縣制，各地起義時，秦朝宗室手中無兵，無力抵抗，被項羽屠戮一空。不僅如此，秦始皇的三十多個子女全部慘死在權臣趙高的手中。於是，劉邦將封建制與郡縣制結合，大漢中央政府掌管大部分的郡縣，關西部分膏腴之地則分封給自己的子侄們。

大漢開國五十年後，藩王們的軍隊和人口不斷增加，野心逐漸開始膨脹，經常不搭理中央。漢景帝決定採納晁錯的建議，逐漸消除藩王封地，減少他們的軍隊數量，收回他們的鑄幣權等。

各地諸侯王不開心了，明明大家都是高祖皇帝的子孫，憑什麼只有你劉啟這一脈吃到肉，卻不給我們一口湯喝？西元前一五四年，由吳王劉濞、楚王劉戊、趙王劉遂、濟南王劉辟光、淄川王劉賢、膠西王劉昂、膠東王劉雄渠七位諸侯王組成聯軍二十餘萬，又聯合北方匈奴，以「誅晁錯，清君側」之名攻打朝廷，史稱「七國之亂」。

漢景帝也不含糊，立刻在長安東市腰斬建議削藩的晁錯。意思是，你們諸侯王不是要「誅晁錯，清君側」嗎？我把晁錯殺了，你們還能打什麼旗號？這一舉動暫時穩住了那些沒有造反的藩王。

當然劉濞等人不會退兵，反而氣勢洶洶，繼續攻打朝廷。聞戰鼓，思良將。漢景帝任命周亞夫擔任太尉，統率大漢能調動的人馬前去平叛。因為匈奴在北方邊境，所以無法調動大漢邊軍；直正周亞夫直屬的軍隊不超過四萬人。當周亞夫臨危受命的時候，吳王劉濞等人正指揮著軍馬日夜猛攻梁國。梁國位於山東南部、河南東部，正是吳楚聯軍攻打關中之路的攔路虎[4]。梁王劉理是漢景帝劉啟的親弟弟。

「打虎親兄弟，上陣父子兵」，劉理自然支持自己的親大哥，打算與叔叔、堂兄弟們拼個你死我活！劉理戰鬥熱情高昂，每天提著寶劍，親自在城門上督戰。

漢景帝詢問掌管帥印的周亞夫如何救援處在危機之中的梁國。周亞夫提出自己的規劃：「吳楚等地的兵馬彪悍無比，不能正面對敵。不如放棄梁國，截斷他們的糧道。那樣我們就贏了。」[5]

4 比喻阻礙前進的人或事物。
5 原文為：楚兵剽輕，難與爭鋒。願以梁委之，絕其糧道，乃可制。

周亞夫的意思很明確，就算梁國被攻破，梁王被砍頭，漢軍大不了繼續堅守函谷關。這是打算將漢景帝的親弟弟當作肉盾，用來消耗敵軍的戰鬥力呀。

要兄弟還是要江山？漢景帝毫不猶豫地同意了周亞夫的方案。

周亞夫帶領大軍駐紮到距離梁都睢陽只有百里之遙的滎陽，在那深挖高壘，堅守不出。叛軍日夜猛攻睢陽，梁國危急，劉理屢次遣使向周亞夫求救，周亞夫置之不理。無奈之下，劉理只得向大哥漢景帝求助，漢景帝派人督促周亞夫與叛軍決戰。

周亞夫置若罔聞，派出精銳搗毀吳楚軍後方的屯糧大營，截殺叛軍運糧隊。劉濞等勃然大怒，帶著主力轉換目標——找周亞夫拚命。

周亞夫仍是堅守不出。叛軍斷糧數日，軍心大亂，只好引軍撤退。周亞夫果斷全軍出擊，一舉消滅了叛軍主力。這便是：「吳兵既餓，乃引而去。太尉出精兵追逐，大破之。凡相攻守三月，而吳楚破平。於是諸將乃以太尉計謀為是。」

浩浩蕩蕩的七國之亂，僅僅三個月便被周亞夫解決了。不得不說，這是中國軍事史上的一個奇蹟。七國之亂的平定，標誌著漢朝中央集權的進一步加強，也是皇權與開國武將聯手打敗地方諸侯的一場戰役。

之後，等老丞相退休後，周亞夫擔任了大漢丞相，同時也放棄軍權。

周家父子兩代人擔任漢朝太尉、丞相，均有救漢室江山於危機存亡的大功。一時間，周亞夫聲望無二。沒想到接下來，漢朝中央政府的主要矛盾由朝廷與各地諸侯王的鬥爭轉化成皇權派與開國功臣派之間的鬥爭。

七國之亂時，周亞夫對梁王的見死不救，使梁王對其恨之入骨；周亞夫身為大漢武將勳貴派的領袖，根本對梁王的威脅視而不見。除此之外，周亞夫亦得罪了梁王與漢景帝的母親竇太后。這位竇太后是漢文帝的皇后，以城府高深著於史冊。於是，她為周亞夫設計了一個完美無缺的陷阱。

竇太后對漢景帝建議，封王皇后的哥哥王信為侯。漢景帝點點頭，因為這建議有利於家庭和諧。

然漢景帝卻仍道：「這個問題要慎重研究，需要和丞相商議。」硬將這顆皮球踢給了丞相周亞夫。封自己小舅子為侯沒什麼大不了的，也能增加外戚的勢力，但是自己以賢君自詡，總不能被臣子們說閒話吧。

竇太后得意地笑了，她深知兒子和周亞夫的性格。

丞相周亞夫生性耿直，直接懟漢景帝：「高祖皇帝當年召集諸將，斬白馬為盟，留下誓約——非劉氏不得封王，非有功不得封侯。否則，天下共擊之。如果封王信為侯，便是違背了先祖立下的盟約。」[6]自己爺爺留下的政治綱領，漢景帝當然一清二楚。「你周亞夫為何說得如此直接，豈不是讓我下不來台？」漢景帝沉默不語。

周亞夫一番話不僅讓漢景帝不開心，更得罪了外戚。外戚集團在西漢是依附於皇權的強大政治勢力。

周亞夫大概忘記了，他少年時期，呂后掌權要封她的兄弟子侄為王，父親周勃和陳平叔叔是怎麼回答的？——「高祖平定天下分封自己的子弟為王，今呂后坐天下，想要封自己的兄弟子侄為王，我們當然舉雙手贊成。」[7]

呂后死後沒幾天，周勃、陳平便迫不及待地發動政變，將呂氏族人趕盡殺絕，全族老幼一個不留！這便是老一輩開國功臣的鬥爭智慧，該妥協時一定要妥協，該出手時絕不留情。周亞夫繼承了父親的軍事韜略，甚至青出於藍，可惜的是他並未習得父親的政治智慧。

不久之後，五位匈奴將領打算投降漢朝。漢景帝大喜，欲分封五人為侯。周亞夫站出來反對，他道：「如果將背叛國家的人封侯，日後該如何處置不守節的大臣呢？」

對周亞夫而言，一是因為他是一名性格耿直的軍人，不容忍背叛；二是因為他身為功臣派的領袖後人，必須維護高祖劉邦定下的封侯制度，也是維護自身集團的利益。

聞聽此言，漢景帝氣炸了，韓信、陳平全是從楚國跳槽到高祖麾下的，張良本是韓王的屬下；沒有他們哪來今天的大漢朝？難道投降來的匈奴將領，沒有像韓信、陳平、張良之人嗎？如今匈奴勢力強大，鼓勵他們投降，對大漢百利而無一害。

漢景帝當著滿朝文武的面前，懶得解釋，直接反駁周亞夫：「丞相的話，不能採用。」遂分封五位匈奴將領為大漢列侯。

周亞夫大概覺得很沒面子，便給漢景帝寫了一份「辭職報告」，大意是自己生病了，請求提前退休，回家養老。漢景帝看了周亞夫的報告，御筆親批了兩個字「准奏」。

6 原文為：高皇帝曰：「非劉氏不得王，非有功不得侯。不如約，天下共擊之。」今信雖皇后兄，無功，侯之，非約也。

7 原文為：高帝定天下，王子弟；今太后稱制，欲王昆弟諸呂，無所不可。

漢景帝患有嚴重的肺癆，在西元前一四三年時，他僅四十六歲，無奈身體已非常不好，日夜咳嗽。他已經悄悄諮詢過御醫，自己僅剩兩三年的壽命。所以，漢景帝在人生最後兩年，一直竭力為太子劉徹培養班底，掃清障礙，甚至派遣酷吏逼死自己的廢太子劉榮，也就是自己的大兒子。

周亞夫此時才四十四歲，身體康健。為了漢室江山，到底應該要將周亞夫當成「班底」還是「障礙」呢？這對漢景帝來說，需要好好思考才行。

周家父子對漢室皆有力挽狂瀾的大恩，周亞夫又是本朝第一軍事大家，殺了，未免可惜；如果留著，周家父子均擔任過太尉、丞相，門生如雲似雨，勢力龐大，年輕的太子真能鎮住他嗎？

經過苦思冥想，漢景帝決定設宴，請周亞夫吃飯，也就是設一個飯局來考驗他。自古以來，飯局的作用除了可以吃飽肚子、培養感情、談事情等外，還可以考驗一個人的心志。

賦閒在家的周亞夫收到漢景帝的邀請，心情相當愉快。他雖然失去了官職，但是他條侯的爵位還在，依舊是大漢貴族，當然不缺一頓飯吃。

周亞夫自己在心中想道：陛下哪裡是請我吃飯，分明是為了重新重用我。陛下還是離不開我啊！論帶兵打仗，滿朝文武，誰能比得上我？陛下龍體有恙，日後輔佐太子，內鎮諸侯，外禦匈奴，捨我其誰？儘管在朝堂上鬧了點不愉快，總都是為了國家，不是為了自己。

當日，周亞夫早早地起身，洗了一個熱水澡，換上一身新衣裳，又將頭髮梳得整整齊齊，一絲不苟，戴了一頂帥氣的頭冠，他喜滋滋地坐上馬車，趕往未央宮側殿赴宴。在過去的歲月裡，周亞夫曾在未央宮吃過很多次飯，輕車熟路[8]。但是，他做夢也想不到，這是他最後一次來到此處吃飯了。

漢景帝對周亞夫嚴守貴族禮儀頗為滿意，凝視著周亞夫剛毅的側臉，一幕幕往事浮上心頭：你周家雖為我們劉家屢立奇功，可是你父親周勃只是區區一名鄉間的喪事吹鼓手而已，何等卑賤！如果不是幸遇高祖，周家焉能成為王侯勳貴、鐘鳴鼎食之家？你周亞夫也就是一介勳貴子弟罷了，如果不是先帝與我，你能功成名就嗎？可是你知足了嗎？

想到這兒，漢景帝擺擺手，道：「用膳吧！」

8 駕駛輕便的車子，行駛在熟悉的路上。比喻熟悉某事，做起事來很省力。

侍從們敲奏起樂器，叮噹！叮叮！叮叮噹！

清脆悅耳的編鐘聲響起，周亞夫低頭看向自己的食桌，只見桌上擺著一鼎熱氣騰騰的牛肉，白乎乎的油湯裡有一整塊頭顱大小的牛肉。鼎鑊兩側，既無餐刀，也無筷子！

周亞夫大怒，心想侍從太隨便了，竟然沒給我準備餐具，難道看我賦閒在家，就敢如此怠慢我？周亞夫扭頭對侍從道：「給老夫拿一雙筷子來！」侍從低著頭，裝作沒聽見。

漢景帝皺著眉頭道：「亞夫，你大呼小叫的，幹什麼呢？」

周亞夫指著侍從，叫道：「陛下，他們欺負臣，不給臣筷子！」

漢景帝笑了，且笑得非常和藹，道：「請你吃飯還不知足嗎？」你的一切都是我賜予的，凡是我不想給你的，你想要也不行！

周亞夫瞬間臉色漲紅，明白此時漢景帝是故意的。

周亞夫大步走到大殿中央，解下頭冠放在地上，兩手扶地，衝著漢景帝深深地磕下了頭。可是他胸中怒火焚燒，心道：「陛下，你這是幹什麼？故意羞辱臣嗎？」

漢景帝瞧著跪在地上的周亞夫，面無表情，抬手道：「起！」

周亞夫明白漢景帝是在羞辱自己，這頓飯不吃也罷，他豁然起身，向漢景帝告罪一聲，趨步直接離開了！

漢景帝顫巍巍地站了起來，凝視著周亞夫大步離開的背影，雙目殺機逼人，一字一頓道：「這不是一個能輔佐少主的人！」[9]

惜字如金的司馬遷在《史記》中用了四個字描述漢景帝的反應——「以目送之」，可見其內心的波瀾。按照漢景帝的邏輯，飯局猶如朝堂，飯局的位置是官職地位，食物是皇帝賜予臣子的權力，筷子同樣是漢景帝的權力，周亞夫向漢景帝的侍從要筷子，便是主動向皇帝要權力。

漢景帝心道，自己請周亞夫吃飯，他向自己要筷子，明日輔佐太子就會向太子要兵馬，要更多的權力，甚至問鼎皇位！

話說，周亞夫回到家裡後，明白自己失去了皇帝的信任，越想越氣，便病倒了。西漢時期，活過四十歲便算長壽，貴族們流行提前準備喪事。周亞夫的兒子買了五百甲冑，留著給周亞夫陪葬用。

---

9 原文為：此怏怏者非少主臣也。

得知這個消息後，漢景帝便將周亞夫關進了監獄，命令廷尉，也就是漢朝主管司法的最高官員親自審問周亞夫。於是，發生了以下很經典的對話。

廷尉問道：「君侯，你想造反嗎？」

周亞夫道：「我家買的甲冑都是些陪葬品，一拳砸下去便碎了，怎麼能說我是造反？」[10]

廷尉道：「你就算活著不造反，死後也會在地下造反！」[11]

廷尉如此胡攪蠻纏，周亞夫痛苦地閉上了眼睛。他明白了：沒有皇帝的授意，廷尉不敢明目張膽地威脅自己。

周亞夫在獄中的遭遇，司馬遷的說法是「吏侵之益急」，結果是，周亞夫「因不食五日，嘔血而死」。

也許，周亞夫在嘔血而亡之前，想起了出身卑微卻充滿智慧的父親，想起了細柳營，想起了平定七國之亂——雄兵列陣，強敵在側，旌旗十萬，刀光劍影，鼓角爭鳴。

為什麼周亞夫選擇絕食自殺呢？因為這是一種體面的死法。漢代刑法對肉體極為殘忍，在周亞夫那個時代，近有晁錯被腰斬於東市，遠有呂后將梁王彭越剁成肉醬，將韓信虐殺在未央宮中。所謂「吏侵之益急」，難以想像，周亞夫遭受了怎樣的肉體折磨。

未央宮側殿，周亞夫主動要了一雙筷子，漢景帝便認定他「非少主臣也」，而痛下殺手。周亞夫的死代表著西漢開國功臣集團被皇權徹底打垮。漢景帝後來任命非開國功臣之後的衛綰為相，標誌著自漢代開國以來，丞相皆出自開國功臣一脈的局面被終結了。

《史記・絳侯周勃世家》中提到「條侯果餓死。死後，景帝乃封王信為蓋侯」。王信便是王皇后的兄弟、漢景帝的大舅子。漢景帝漸漸重用外戚勢力取代開國功臣，使其成為西漢重要的政治勢力。

漢景帝死後，漢武帝繼位，繼續重用外戚，進一步削弱開國功臣與地方諸侯的權力，鞏固皇權，加強中央集權，終於打造出一個龐大的大漢帝國。漢朝成為當時世界上最強大的國家。凡事有利必有弊，西漢末年，在漢哀帝早亡、皇權衰落的情況下，外戚王氏家族的王莽成功篡位。

10 原文為：臣所買器，乃葬器也，何謂反邪？
11 原文為：君侯縱不反地上，即欲反地下耳。

必須提及的是，周亞夫在漢景帝飯局上的遭遇，讓一代代名將引以為鑒。他們深知伴君如伴虎的道理，絕不向皇帝開口要「筷子」，如唐代李靖、明代徐達等，當他們立下蓋世功勳，仍對皇權深深敬畏，低調謙遜，絕不越雷池一步，皆可得善終。

酒泉晚宴

共飲酒泉，馬踏匈奴

西元前一二一年秋季的一天晚上，一輪金黃色的圓月掛在碧藍的夜空上，下面是蒼茫無際的草原和連綿不絕的祁連山脈。山脈的東北方向有一條蜿蜒的泉河靜靜流淌著，在月光下，銀光閃閃

不遠處，一支數萬人的騎兵隊伍，將士紅袍黑甲，馬蹄錚錚，兵甲鏗鏘，如同一道龐大的洪流，在一杆「霍」字帥旗的指引下，沿著河西走廊前進。

帥旗下，揚鞭縱馬，呼喝指揮的是一位濃眉大眼、英武非凡的青年將軍。他便是大漢的驃騎將軍、冠軍侯霍去病。幾名斥候[1]打馬到霍去病跟前，大聲道：「稟驃騎將軍，前方便是金泉。泉水充沛，甘冽可口，足夠三軍人馬飲用。」

霍將軍道：「斥候營偵查附近百里。傳令各部，士不卸甲，馬不解鞍，各營交替掩護，輪番到金泉取水。」左右傳令兵轟然道：「諾！」

一隊隊的傳令兵，逆著紅色洪流大聲呼喊：「驃騎將軍有令，士不卸甲，馬不解鞍，各營交替掩護，輪番取水，不得有誤！」「驃騎將軍有令，士不卸甲，馬不解鞍，各營交替掩護，輪番取水，不得有誤！」

紅色洪流漸漸駐留，除了戰馬的嘶叫聲外，幾無嘈雜。將士們一個個臉上掛滿喜悅之色，摘下頭盔，輪番到河邊舀水喝。

淡淡的月光下，霍去病帶著幾個親兵，縱馬巡視金河，只見水草豐茂，泉水清冽。將士們排列有序，在泉邊飲水、餵馬。

霍去病道：「傳令，各營宰殺牛羊，準備篝火。將陛下賞賜給我的幾十車美食全部取出來，分賜給有功將士。今夜我要舉行篝火晚宴，犒賞將士們！把陛下賜我的一壇御酒拿來。」

左右親兵一邊興奮地道「諾」，一邊縱馬傳令。

不一會兒，霍去病跳下戰馬，接過御酒，站在泉河邊，心裡澎湃洶湧。

他高舉著御酒，對著三軍將士大喊道：「將士們，這壇酒是高祖皇帝生前存放在酒窖中的，陛下將它賞賜給我時，對我說，『去病啊，如果踏平祁連山脈，便用這壇酒慶功！』我們連番苦戰，收拾了河西走廊的幾十萬匈奴，這壇美酒便與全軍將士們一起飲用！」

1負責偵察之人。

一壇美酒如何讓全軍將士飲用呢？我們姑且放下，先談談西漢初年的匈奴之禍。

西元前二〇一年，匈奴進擾漢地，漢高祖劉邦統率三十萬開國之師北伐匈奴。可惜，在白登山被四十萬匈奴騎兵團團圍住。劉邦用陳平計與匈奴和談，才得以僥倖逃回長安。

那時，漢朝國力疲弱，皇帝座車的馬匹，連四匹顏色相同的都湊不齊，而一國丞相只能乘座著牛車。

劉邦、呂后、文帝、景帝唯有選擇忍辱負重，與匈奴和親十餘次，陪嫁金銀財寶無數。即使漢朝如此忍讓，爾後六十多年，匈奴大軍仍不斷進犯漢朝邊境二十餘次，殺掠軍民數十萬人，搶走牛羊數百萬頭。

匈奴之禍是西漢王朝建國以來難以承受之重。

漢朝經過文景之治，與民休養生息，漸漸恢復元氣。到漢武帝繼位時，史稱：「京師之錢累巨萬，貫朽而不可校。太倉之粟陳陳相因，充溢露積於外，至腐敗不可食。」意思是，府庫裡大量銅錢的多年不用，以至於穿錢的繩子爛了，散錢多到無法計算。國家的糧倉儲糧豐富，陳米過多，已經腐爛。

打仗即是燒錢，但現在的漢朝已具備了與匈奴決戰的經濟實力。年輕的漢武帝雄心勃勃，立志血洗幾十年的仇恨，磨刀霍霍向匈奴。漢朝軍民期盼著能有一位絕世名將，率領漢家兒郎，馬踏匈奴，重振漢朝國威。

西元前一四一年二月的某一天，平陽公主府的女僕衛少兒私通小吏霍仲孺。十個月後，衛少兒生下一名男嬰。

霍仲孺不承認男嬰是自己的孩子，這個嬰兒只能以一個奴僕私生子的身分來到人世。孰料，幸運女神很快地便降臨這個家庭，使男嬰一家人的命運發生了翻天覆地的變化。同時，使漢匈之間的攻守易形。

西元前一三九年春季，十八歲的漢武帝劉徹看望姐姐平陽公主後，臨幸了男嬰的小姨，同樣是平陽公主府中的奴僕衛子夫。幾個月後，衛子夫懷孕了，漢武帝大喜，封衛子夫為皇妃，對其寵愛有加。隨著衛子夫的尊崇日隆，男嬰的舅舅衛青從軍，衛氏一家逐步顯赫。

關於這個嬰兒的名字，還有一個有趣的小故事。一日，衛少兒帶著嬰兒入宮探望妹妹衛子夫時，恰逢漢武帝臥床感冒，嬰兒的一聲大哭將休息中的漢武帝驚起，流了一身大汗，病氣盡散。

漢武帝欣喜之下，賜小外甥名曰：「去病。」因著衛家的關係，霍去病得以常常出入皇宮。小小年紀的霍去病因為厚重寡言，敢作敢當，深得漢武帝的喜愛。

漢武帝便讓霍去病領侍中，進入羽林軍歷練。

當時，匈奴時常到漢朝邊境作亂，燒殺擄掠，無惡不作。雄才大略的漢武帝一直致力於打擊匈奴，開疆擴土。在這樣的時代背景下，西元前一三〇年，騎奴出身的衛青拜車騎將軍，出上谷直搗龍城，斬敵七百，名揚天下。

霍去病從小就跟隨衛青學習騎馬射箭。衛青相當疼愛這位與自己同樣是私生子的外甥，閒暇時會結合自己的實戰經歷為霍去病講解兵書戰策。這些生動的講解讓霍去病大開眼界，養成了不死讀書，從實際出發的習慣。

漢武帝想將霍去病當成自己的徒弟來培養。希望將來能像他舅舅一樣，為自己征伐匈奴，保境安民。霍去病少年時，漢武帝本想親自傳授他孫子兵法。

不料霍去病對漢武帝說：「顧方略何如耳？不至學古兵法。」意思是，打仗應該隨機應變，古代兵法已經不適合了。漢武帝哈哈大笑道：「這話也就你這小子敢說。」

西元前一二三年春季，漢朝再次發動一場對匈奴的反擊戰，史稱漠南之戰。以衛青為大將軍總督十萬大軍，率領李廣、蘇建、趙信等大將，分領六路，浩浩蕩蕩地從定襄出發，出擊匈奴。

未滿十八歲的霍去病請求隨軍出征，漢武帝欣然許之，並封他為驃姚校尉，統率八百精銳騎兵。漠南之戰打了兩次。第一次漢軍大勝，霍去病受到老將們的照顧，僅是擔任輔攻，沒有機會獨當一面。

到了夏季，戰事不順，大將趙信投敵。蘇建的先鋒軍全軍覆沒，他孤身一人逃回。第二次漠南之戰，即將以失敗告終。

年少熱血的霍去病一而再，再而三地請求大將軍衛青，允許自己出擊匈奴。衛青不厭其煩，打發霍去病率人前去隨便抓幾個斥候交代一下，並叮囑他一定不能遠離大軍，務必要小心！

霍去病喜滋滋地率領八百騎兵衝出大營。初生之犢不畏虎，憑著一腔血勇，輕裝簡行，長途奔襲，在大漠裡跑了幾百里，尋找匈奴蹤跡。

這是霍去病第一次獨立領軍作戰，僅有八百騎兵，別說是匈奴主力了，就算是在路上撞到幾千人的匈奴偏師，後果也極為令人堪憂。而且他孤軍在外，沒有補給，沒有援軍。

匈奴人是游牧部落，全民皆兵，在茫茫草原上逐水草而居。平時是牧民，戰時便是精銳騎兵。霍去病在戰前做足了功課，特地向出使西域的張騫虛心請教匈奴的風土人情、軍政設置。八百騎兵中亦有很多從匈奴處逃跑回來的漢奴，他們也挺熟悉匈奴的部落分布、生活習慣。

機會垂青於有準備的人。霍去病奇蹟般地跑到了匈奴大後方，一場大戰，斬殺了匈奴大單于叔祖父若侯產，俘虜了大單于叔父羅姑比及國相，並斬獲匈奴首級二千零二十八顆。

當霍去病帶著勝利的果實返回大營時，漢軍情緒激動沸騰。因為這是漢匈作戰以來，所取得的最大戰果。衛青很欣慰，他親眼見證了一顆將星冉冉升起。

漢武帝龍顏大悅，立即下詔，封霍去病為冠軍侯，意指霍去病功蓋諸軍。我們將體育比賽的第一名稱為冠軍，便是出自此。

這一戰對霍去病的意義，是他獨創的長途奔襲戰首戰告捷。長途奔襲作戰，將是霍去病未來屢戰屢勝的不二法門，而這也成為幾百萬匈奴人永遠的夢魘。

漢武帝愛煞了這位年少英勇的小外甥，親自為他修建了一座寬敞華宅，意思是說，去病長大了，該蓋房子，娶媳婦了。

整日待在軍營的霍去病，連看都未看一眼。派人回話漢武帝：「匈奴未滅，何以家為？」

這一宣言，千載之後讀起來，依舊擲地有聲。

※ ※ ※

西元一二一年春天，這對每一個大漢子民來說是極為重要的一年，也是霍去病彪炳史冊的一年。

漢武帝將目光放在河西走廊。河西走廊東起烏鞘嶺，西至玉門關，東西長約一千公里，地形狹長且直，形如走廊，又因地處黃河之西，被稱為「河西走廊」。漢初，這裡本是大月氏國的地盤。匈奴人打跑了大月氏後，將河西走廊分給了渾邪王部、休屠王部和盧侯王等。

如果漢朝能夠奪取河西走廊，至少有四大好處。

一、可重新打通絲綢之路，在經濟上與西域諸國互通貿易，拉動國內經濟增長，甚至可聯絡西域諸國夾擊匈奴。

二、可解除匈奴人從西線威脅漢朝本土的可能性，大大增加漢朝本土的安全性。

三、河西走廊中部有個總面積達三百多萬畝的大草原，足夠飼養幾十萬匹戰馬。冷兵器時代擁有數量龐大的戰馬，才能使被動挨打轉化為主動出擊並有能力防禦。

四、如果能消滅盤踞在河西走廊的渾邪王部、休屠王部等，不亞於砍斷匈奴的右臂。

漢武帝對河西走廊志在必得，他做了一個堪稱大膽的決定，任命年僅十九歲的霍去病為驃騎將軍，統率一萬名精銳騎兵從烏鞘嶺沿著河西走廊去探路，摸清匈奴的虛實。

因為漢朝對河西走廊的了解，早期僅透過張騫出使西域，途中經過河西走廊時了解一番，但內容並不多。有趣的是，漢武帝根本也沒指望，這次霍去病率領的區區一萬騎兵能取得什麼戰果，畢竟河西走廊的匈奴數量龐大。

這是霍去病第一次統率騎兵軍團作戰。他帶著張騫畫的地圖，慨然領命。

霍去病指揮騎兵，在千里大漠中狂飆突進；六天之內，趁著匈奴尚未來得及集結，一口氣掃蕩了五個匈奴小王部落。在皋蘭山，更遇到集結在一起的匈奴盧侯王、折蘭王兩部騎兵。

狹路相逢勇者勝。匈奴慘敗。盧侯王、折蘭王直接被陣斬，漢軍斬獲首級八千九百六十顆。頗為可惜的是，匈奴休屠王部和渾邪王部僥倖逃走。霍去病一直殺到河西走廊的最西邊，才意猶未盡地返回漢境。

年輕的霍去病還將匈奴族的聖物搶了，運回長安給漢武帝當禮物。如果說，漠南之戰可能存在僥倖的成分，河西一戰就是真正體現霍去病勇武韜略之戰。兩軍爭鋒，正面拼殺，不可能僥倖。漢朝少年郎視霍去病為偶像，匈奴再次銘記了這位英武的少年將軍。

漢武帝從霍去病身上看到徹底收復河西走廊的希望。夏季一到，漢武帝便給霍去病東拼西湊地湊了四萬騎兵。不僅如此，漢武帝還恐霍去病勢單力薄，而興致勃勃地為霍去病配了三位猛將。

第一位是老將李廣。唐代王昌齡有詩云：「秦時明月漢時關，萬里長征人未還。但使龍城飛將在，不教胡馬度陰山。」李廣乃漢初一代名將，身經百戰，多次重創匈奴，人送外號「飛將軍」。

第二位是老將公孫敖。此公出身微末，靠著自己的本事，成為一代名將，與匈奴交手了幾十年。其當時的名氣還在李廣之上。

第三位張騫。眾所周知，此公在後世被譽為「東方的哥倫布」、「絲綢之路的開拓者」、「第一個睜開眼睛看世界的中國人」等。

可以說，除了衛青之外，漢武帝將朝中最厲害的三位猛人，全部配給了霍去病。漢武帝命令老將公孫敖率領一支精兵，支援霍去病，李廣與張騫各領一支軍馬出右北平，攻擊匈奴。

四支軍馬雄赳赳，氣昂昂，皆欲收復河西，建立不世之功。結果卻頗為尷尬。

「東方的哥倫布」遲到了。「飛將軍」急功近利，孤軍深入，遇到了匈奴左賢王主力，淪為俘虜。「東方哥倫布」聽到李廣全軍覆沒的消息，長歎一聲，無功而返。更不可思議的是老將公孫敖竟然迷路了，到了約定時間，還未抵達與霍去病約定會合的地點。

猛人組合宣告全軍覆沒。

❀ ❀ ❀

到了約定時間，霍去病等不到公孫敖。他皺著眉頭，果斷傳出將令：「全軍出擊！」

第二次河西大戰，霍去病孤軍深入，不帶糧草，取食於敵，揮灑自己的千里大迂迴戰略。迂迴，乃是進攻部隊避開敵人的整個防禦體系，向敵之翼側或後方實施遠距離機動而成的合圍態勢作戰行動。

經過河西一戰的洗禮，霍去病的騎兵戰術越發爐火純青。四萬漢家騎兵誓死追隨年輕的統帥！

霍去病率軍從居延出發，縱橫幾千里，一路殺至祁連山下，擊潰匈奴一個又一個的部落。取匈奴將士首級四萬餘顆，俘虜五個匈奴王及王母、王子、相國、將軍等一百二十多個。

曾經對漢人為所欲為的匈奴不得不唱哀歌：「亡我祁連山，使我六畜不蕃息；失我焉支山，使我婦女無顏色。」一到了秋季，盤踞在河西走廊的渾邪王、休屠王陷入深深的糾結中。既害怕因為多次戰敗受到匈奴大單于的殺害，又害怕再遭霍去病攻打。

兩人商議後，索性直接投降漢朝。這是華夏歷史上，第一次匈奴部族的大規模投降。漢武帝高度重視，任命最能打的霍去病接管匈奴。

誰知半道上休屠王後悔了，渾邪王便把他殺害。休屠王部下反叛，渾邪王根本壓不住這情勢。

前來接受投降的霍去病，遠遠看到匈奴大亂，便率兵直入渾邪王帥帳，喝令渾邪王立即安排手下下戰馬，扔掉兵器！

渾邪王慌忙答應。霍去病下令：「目之所及，凡匈奴騎馬持兵刃者，盡誅之。」

漢軍轟然領命，大呼酣戰[3]，斬殺匈奴八千人。終於，無人敢逃。

---

3 持久激烈地戰鬥或競技。

這便是：「驃騎（霍去病）既渡河，與渾邪王眾相望。渾邪王裨將見漢軍而多欲不降者，頗遁去。驃騎乃馳入，得與渾邪王相見，斬其欲亡者八千人，遂獨遣渾邪王乘傳先詣行在所，盡將其眾渡河，降者數萬，號稱十萬。」

霍去病指揮的三場河西大戰，使得匈奴元氣大傷，失去了對漢朝廷的進攻威脅。匈奴單于被迫後撤，將大部分的民眾北遷，僅在漠南留下少數作戰部隊。這是匈奴帝國的一次戰略後撤。

漢朝取得河西走廊，打通了西漢與西域之間的通道，獲得了養馬基地，開通了光耀後世的絲綢之路。

❀ ❀ ❀

大戰勝利後，霍去病班師回朝，路過金泉，決定慰勞將士，遂發生了本故事開頭的一幕。

當三軍將士聽說霍去病要將一壇美酒與大家共用時，露出不解之色。霍去病道：「軍中禁止飲酒。可是沒慶功酒，只吃肉有意思嗎？」將士們哄然大笑。

只見霍去病打開酒罈，沿著金泉大步走著，將一罎美酒倒入其中，琥珀色的酒漿與清澈的泉水融為一體，濃濃的酒香四溢。

霍去病大聲道：「將士們，我們與匈奴人仇深似海。匈奴人殺死我們父母兄弟，侮辱我們姐妹，燒我們的家園，搶我們的財物。我們浴血奮戰，九死一生，終於一次又一次打敗匈奴，報仇雪恨！今晚，飽餐一頓，共飲酒泉，慶祝我們馬踏匈奴！」

三軍將士紛紛高呼，霍去病蹲下身子，伸手捧起泉水，咕嘟咕嘟地喝了兩口，道：「這泉水比御酒還香，你們也嘗嘗！快點喝，要不然酒味就散了！」

將士們發出善意的哄笑。

月光下，處處篝火，百勝歸來的大漢將士啃著肥滋滋的烤羊肉，喝著混著御酒的泉水，心情舒暢。

不知誰輕聲哼唱道：「豈曰無衣？與子同袍。王於興師，修我戈矛。與子同仇！」

歌聲漸漸感染了全軍，霍去病與將士們引吭高歌道：「豈曰無衣？與子同澤。王於興師，修我矛戟。與子偕作！豈曰無衣？與子同裳。王於興師，修我甲兵。與子偕行。」

霍去病指揮的三次河西大戰，使漢朝得到了河西走廊，漢武帝在河西地區設立了四個郡，為絲綢之路奠立了基礎。

第一個郡名曰：武威。取義大漢耀武揚威。

第二個郡名曰：張掖。取義大漢張開臂膀，擁抱西域。

第三個郡名曰：敦煌。取義為大漢昌盛、繁榮。

第四個郡名曰：酒泉。即昔日的金泉舊地，漢武帝聽說霍去病將御酒倒入金泉的事後，特意下旨，改金泉為酒泉，並在酒泉設立酒泉郡，以彰顯霍去病的功勳。

霍去病的故事還沒有結束。

西元前一一九年春季，休養兩年後，漢武帝準備以舉國之兵與匈奴決戰，這就是歷史上稱的漠北大戰。漢武帝調集了十萬騎兵，隨軍戰馬十四萬匹，步卒五十萬人。

衛青和霍去病各自統帥五萬大軍，分東西兩路向漠北進發，這是漢朝規模最大的一次遠征。

漢武帝下令，霍去病可以優先挑選作戰隊員。戰前發生了一件烏龍的事：漢軍原計劃由霍去病出定襄，直攻匈奴大單于，後從俘虜口中得知匈奴大單于在東面。於是漢武帝改變計畫，令霍去病出代郡，衛青出定襄，兵分兩路北進。由此可見，在漢武帝的心中，外甥比舅舅更能打。

衛青大軍出塞一千餘里，涉過大沙漠，與匈奴大單于主力相遇。殲敵約一萬九千人，大單于跑路。衛青穩重，不願意孤軍深入，乃撤回漢境。

另一邊，霍去病大膽地放棄了舉國之力所預備的物資，堅持取食於敵。他率五萬大軍深入大漠兩千里，不要援軍、不要補給，勇往直前。終於，撞上匈奴左賢王部。

沒有廢話，直接開打。一場大戰，漢軍殲敵七萬零四百人，俘虜匈奴屯頭王、韓王等三人及將軍、相國、當戶、都尉八十三人。霍去病乘勝追殺至狼居胥山，並舉行了祭天封禮，在姑衍山舉行了祭地禪禮。從此以後，封狼居胥成為中國武將的最高追求。緊接著，霍去病領兵繼續追殺匈奴殘部，直至瀚海（今俄羅斯貝加爾湖）。

從此以後，「匈奴遠遁，而漠南無王庭」。困擾中原王朝數百年的匈奴之禍，終於得到解決。衛、霍班師回朝後，舉國振奮，漢武帝加封霍去病為大司馬。西元前一一七年，年僅二十四歲的大漢軍神霍去病隕落。

兩千多年了，酒泉至今挺立在河西走廊的要道上，仍是一代名城。每一位經過酒泉這座城市的人，均會想起說過「匈奴未滅，何以家為」這句話的霍去病，想起那一場痛飲酒泉的晚宴。

酒泉晚宴不僅彰顯漢家男兒銳勇敢戰、蕩盡殘賊的氣魄，更突顯了霍去病的處世智慧。試問，無酒不成飯局，軍中禁止飲酒，何以他敢在晚宴上慰勞百戰餘生的猛士？

霍去病更將漢武帝賜給他的一壇美酒倒入泉水之中，與將士們共飲。將士們喝的不是泉水，而是同甘共苦的精神，是樸實坦蕩的情懷。當將士們飲著甘甜的泉水時，可感受到他們與主將的心是連在一起的！

軍中將士自然喜歡這樣的主將，願意跟隨他，保家衛國，建功立業。

無論歲月更迭，「共飲酒泉，馬踏匈奴」這句豪言，迴盪在河西走廊間，彰顯著漢家兒郎的烈烈武功。

煮酒論英雄

天下英雄惟使君與操耳

西元一九九年六月的一天，在大漢大司空曹操府邸的後花園中，一座古樸典雅的涼亭下，兩位中年男人正在飲酒談話。

在一張由上等梧桐木製作的桌几上，正煮著一鼎熱氣騰騰的青梅酒，旁邊還擺著一盤青梅和幾道鮮嫩的時令蔬菜。兩個中年男人相對跪坐在編織考究的蒲團上，開懷暢飲，談興正濃。

上首的男人身穿一襲蜀錦黑袍，坐北朝南。身材雖然矮小，皮膚黝黑，但是腰杆挺得筆直，狹長雙眸在開合間，隱隱有一股吞天噬地的氣勢。

坐在對面的男人，一襲破舊的青色長衫，年齡應不足四十歲，皮膚白皙，頭髮烏黑，額頭寬闊，長眉入鬢，一雙光華隱現、大異常人的雙眼，還有一對寬長渾厚的大耳朵。他肩寬腿厚，腰細臂長，動作天成，神態悠閒自得，再加上笑容和煦謙卑，給人一種親近感。

原本晴朗的天空，突然陰雲漸布，黑雲吞吐之勢，猶如龍形。兩個中年男人喝酒聊天，不知不覺，飲了七八樽酒，上首的男人右手舉著酒樽，面帶微笑，左手緩緩抬起，食指指向對面男人，又自指胸口，輕聲道：「天下英雄，惟使君與操耳！本初之徒，不足數也！」

適逢一陣巨雷炸響，坐在下首的男人身軀一震，面色蒼白，額頭沁出冷汗，手中的筷子與勺子「啪啪啪」落到地上。

這場飯局坐在上首的男人叫曹操，坐在下首的叫劉備。曹操為什麼要在宴請劉備吃飯喝酒時，說出這句「天下英雄，惟使君與操耳」呢？

時間回溯到數月之前，大漢司徒府邸的會議室裡，曹操與麾下文武正在開會，討論是否誅殺劉備。

❋ ❋ ❋

此時，縱觀天下局勢，黃巾起義已經被平定了十幾年，漢朝皇權衰落，各地軍閥混戰。

天下九州的實際統治權落到袁紹、曹操等幾大軍事集團手中。實力最強大的軍閥自然是袁紹，他剛擊敗盤踞在幽州的公孫瓚，統一了冀州、幽州、青州、並州，奪取了黃河以北的大片土地。

其次是曹操。曹操集團「挾天子以令諸侯」於許昌，透過不斷的兼併戰爭，勢力東到兗州、豫州、徐州，西達關中，北至黃河，南至淮河、漢水以北，形成與袁紹集團沿黃河下游南北對峙的局面。

將中國地圖沿著順時針方向旋轉。西北方向的涼州落在馬騰、韓遂的西涼軍事集團手中，往下依次是占據漢中的張魯軍事集團、占據益州的劉璋軍事集團、占據荊州的劉表軍事集團、盤踞在南陽的張繡軍事集團、在長江以南的孫策軍事集團及占領小半個揚州的袁術軍事集團等。

會議前一個月，曹操攻下了徐州，擒殺呂布，帶著劉備回到許昌。會議開始後，謀士程昱開門見山地道：「劉備是世上少有的英雄，不如早點除掉吧。」[1]話音剛落，便得到很多人的附議。

曹操將目光看向自己的心腹謀士、鬼才郭嘉。

郭嘉道：「劉備有雄才大略而且很得軍心。張飛、關羽都有萬夫不當之勇，可為劉備效死盡忠。猜想劉備是不會久居人下的，他的圖謀很不好說。古人說：『一日縱敵，數世之患。』還是早點安排比較好。」[2]

郭嘉接著又道：「您披堅執銳，為了百姓，除暴安良，平定戰亂，依仗誠心招納俊傑，唯恐俊傑們不敢相信。劉備素有英雄之名，現在他窮困潦倒，我們若藉機殺了他，不利於您的名聲。天下智能之士會懷疑你的用心，重新變換主公，您與誰來安定天下呢？殺了劉備一個人，令天下人失望，實在危險，明公不可不察。」[3]

曹操做出總結：決不能因為殺一個劉備，讓天下人對我失望。

那麼，寄人籬下，無地盤、軍隊的劉備，為什麼會被曹操集團稱為英雄呢？有必要簡單介紹一下劉備。

劉備出身落敗皇族，幼年喪父，少年時以織蓆販履為生，奉養寡母。成年後，在同宗的資助下，入洛陽大儒盧植門下學習數年。及黃巾之亂，他結交關羽、張飛等豪俠，毅然投身政府軍，屢經血戰，以軍功授安喜校尉。後來，因受不了上級勒索，鞭打督郵後，遂投奔遼東公孫瓚。公孫瓚表奏劉備為平原縣令。劉備任職期間，外禦流寇，內施仁政，英名漸漸遠播。

當黃巾餘寇攻打北海郡時，劉備率領縣兵，毅然相救。當曹操親率十萬大軍攻打徐州時，諸侯們坐觀成敗，劉備率領兩千多人，千里救徐州。徐州牧陶謙年邁，欲讓徐州給劉備。劉備堅持不答應。陶謙死後，徐州文武世族推舉劉備為首，領徐州牧；他又收留了無家可歸的呂布。曹操假天子詔書，命劉備攻打袁術；呂布則趁

---

1 原文為：劉備，世之英雄，不如早除之。

2 原文為：備有雄才而甚得眾心。張飛、關羽者，皆萬人之敵也，為之死用。嘉觀之，備終不為人下，其謀未可測也。古人有言：「一日縱敵，數世之患。」宜早為之所。

3 原文為：然公提劍起義兵，為百姓除暴，推誠仗信以招俊傑，猶懼其未也。今備有英雄名，以窮歸己而害之，是以害賢為名也，則智士將自疑，回心擇主，公誰與定天下乎？夫除一人之患以沮四海之望，安危之機也，不可不察。

機偷襲徐州。劉備無家可歸，暫依呂布。

呂布欲殺劉備，劉備投奔曹操。曹操攻下徐州，消滅呂布後，帶著劉備返回許昌。

這便是劉備，以微寒之身，縱橫天下十幾年，在身無尺寸之地的情況下，獲得勇武、仁義之名，令天下豪傑不敢輕視。即便落魄至極，生死不過在曹操一念之間，曹操、郭嘉、程昱等智謀之士亦不敢輕視他。

❋❋❋

那麼，曹操是如何對待劉備的呢？

客觀來說，曹操對劉備極好，劉備剛投奔曹操的時候，曹操表奏劉備為豫州牧。[4]

「表先主為左將軍」（左將軍是中央軍隊的高級將領，原則上可以統率中央禁軍與地方邊軍）。此時，劉備的官職全稱是漢左將軍、宜城亭侯領豫州牧。宜城亭侯是爵位，同樣也是曹操借天子的名義冊封的。

之後，攻打呂布，奪回妻女。《三國志．先主傳》中記載：「曹公自出東征，助先主圍布於下邳，生擒布。先主復得妻子，從曹公還許。」

當年劉備雖然幫助陶謙抵抗曹操，可是曹操不計前嫌幫助劉備。儘管未將徐州歸還劉備，也是可以理解的。因為曹操是從呂布手中奪得徐州，而且以天子的名義接管。

曹操與劉備外出時同坐一輛馬車，坐時則同坐一張蓆子。[5]無論古今中外，下屬外出時能與領導坐同一輛車子，開會時與領導坐在一起，均能說明領導對此下屬器重到了極致。

至於劉備如何對關羽、張飛呢？史稱：「食則同器，寢則同床。如玄德在稠人廣坐，關、張侍立，終日不倦。」意思是說，三兄弟吃飯時用一副鍋碗，睡覺時睡一張床。如果劉備外出見客，關羽、張飛就站在旁邊。

沒有「坐則同席」。為什麼也沒有「出則同輿」呢？因為劉、關、張比較窮，馬車畢竟是奢侈品。由此可見，不論曹操對劉備有多少真情實意，至少在形式上，不比劉備對關羽、張飛差。

4 原文為：曹公厚遇之，以為豫州牧。
5 原文為：禮之愈重，出則同輿，坐則同席。

曹操進行這項投資的目的很明顯，是想收服劉備為己所用。東漢末年什麼最重要？當然是人才。曹操有志於統一天下，結束亂世，自然離不開人才的輔佐。白手起家且成為一方諸侯的劉備當然是當世一流的人才，曹操麾下文武，除了曹氏、夏侯氏的宗族勢力之外，大多是從別處跳槽來的。

曹魏開國，戰功彪炳的「五子良將」，只有樂進是曹操自己招募來的。張遼曾是呂布部將，被俘後投靠曹操；徐晃曾是軍閥楊奉部將，張郃曾是袁紹心腹，于禁則是軍閥鮑信愛將。曹操卻仍對他們委以重任。

此外，荀彧被曹操譽為「吾之張良、蕭何」，郭嘉被譽為「吾之陳平」，而這兩位仁兄則是從袁紹那裡跳槽過來的。賈詡後來成為曹操、曹丕的謀士，官拜魏國太尉，他曾是軍閥張繡的謀士，多次將曹操折騰得灰頭土臉的。曹操卻仍對他們言聽計從，給他們建功立業的平台。

曹操麾下之所以謀士如雲，名將如雨，皆是因為曹操求賢若渴，胸襟似海。曹操並非穿越者，他並不知道劉備未來會成為自己一生的死敵。所以，他費盡心機，意圖收服劉備。

面對曹操的拉攏，劉備有什麼反應呢？史書並無記載。《三國演義》中的劉備種菜，不過是杜撰。根據史實，劉備隱藏了自己的雄心壯志，韜光養晦，騙取曹操的信任之後，溜之大吉。

《三國志・先主傳》中記載：「袁術欲經徐州北就袁紹，曹公遣先主督朱靈、路招要擊術。未至，術病死。先主未出時，獻帝舅車騎將軍董承辭受帝衣帶中密詔，當誅曹公。先主未發。」

意思是，袁術意圖經過徐州，北上投奔哥哥袁紹。曹操派遣劉備總督朱靈、路招兩路人馬攻打袁術。尚未交戰，袁術便病死了。劉備沒有出發之前，漢獻帝的舅舅車騎將軍董承給劉備看了漢獻帝衣帶詔，密邀劉備一起誅殺曹操。

所謂「獻帝舅車騎將軍董承辭受帝衣帶中密詔」，便是歷史上著名的「衣帶詔事件」。衣帶詔是藏在衣帶裡的皇帝命令。傀儡皇帝漢獻帝受不了曹操的專權跋扈，劃破了食指、中指，書寫了一份號召大漢忠臣義士誅殺曹操的血詔於衣帶裡，賜予自己的舅舅車騎將軍董承，請他負責聯絡忠臣義士，殺曹操，挽救漢室江山。

董承聯絡了劉備。劉備可以：一答應他。曹操權傾朝野，發動兵變成功的可能性幾乎是零，只可能靠著刺殺；此外，曹操出行，皆有勇猛甲士護衛，同樣很難成功。一旦事情洩露，劉備必死無疑。二是拒絕他。可是劉備自稱漢室宗親，素有忠義之命，如果拒絕董承，甚至向曹操舉報，那麼心懷漢室的忠義之輩便會對劉備敬而遠之。

因此，劉備既沒答應也沒拒絕，而是對董承道：「這件事太重要了。讓我慎重考慮一下。」這便是「先主未發」，意思就是劉備暫時沒有答應。

如此一來，不論董承成功或失敗，劉備都不需要承擔告密責任。再者，劉備沒有參與這次行動，即使董承等人出賣他，劉備最多也只是知情不報。

做人如此滴水不漏的劉備，終於初步取得曹操的信任。曹操令劉備總督兩路軍馬出征，實質上是對他的考驗。

如果劉備順利完成任務，並返回許都，代表劉備是真心歸附。如果劉備趁機逃跑，便可趁他羽翼未豐之時，名正言順地消滅他。

曹操如是打算。

在派遣劉備出征之前，曹操邀請他到司徒府吃飯、喝酒、聊天。

這飯局可不單純，曹操的目的有三個：第一，透過喝酒聊天，進一步加強、鞏固與劉備的感情；第二，酒後吐真言，試探一下劉備是否真心效忠自己；第三，作為偉大的詩人、文學家，曹操想向劉備抒發一番自己的雄心壯志。

說白了，曹操擺這場飯局更多的是為了能駕馭劉備，讓其為己所用。

在青梅成熟季節，曹操用青梅煮酒，與劉備共飲，探討天下英雄。所以，這場飯局又被後人稱為「青梅煮酒論英雄」。

劉備被引到司徒府後花園的涼亭，心情略微放鬆。心想，如果曹操打算因衣帶詔事件而殺害自己，就不會將自己帶到家裡的後花園；能夠在東家的後院吃飯，足以表示親近之意。

西元一九九年六月的一天。天氣灰濛濛的，大雨好像即將降臨，曹操與劉備喝著小酒，吃著小菜，酒過半酣。天上的烏雲越來越厚，不斷變化，猶如龍形。曹操與劉備開始較量起來。

看上去醉醺醺的曹操雙目明亮，開始拋出話題：「您知道龍的變化嗎？」[6]

劉備一聽，瞬間警惕。龍在中國傳統文化中代表權勢、高貴，又是成功或者傑出人物的標誌，亦能代表皇權。

劉備道：「我不是很了解。」

第一回合，劉備尚不知曹操的目的，選擇了堅守不出。

曹操看著劉備恭謹的樣子，慷慨激昂道：「龍能大能小，能升能隱；大則興雲吐霧，小則隱介藏形；升則飛騰於宇宙之間，隱則潛伏於波濤之內。方今春深，龍

---

6 原文為：「使君知龍之變化否？」使君是能使百姓過上幸福生活的君子，此處是對劉備的美稱。

乘時變化，猶人得志而縱橫四海。龍之為物，可比世之英雄。玄德久歷四方，必知當世英雄。請試指言之。」

聽著曹操說了一大堆的話，歷經磨難的劉備，心中明白長官酒喝多了，表達欲強烈。身為下屬的自己，萬萬不能搶了他的台詞。

劉備試探著回答：「我劉備就是一個普通人怎麼會認識英雄呢？」第二回合，劉備將皮球踢了回去。

曹操不肯接劉備的皮球，又踢給他，道：「別謙虛了，快說。」

劉備：「因為您的厚愛，我才僥倖身在朝堂，天下英雄人物我真的不認識。」[7]

曹操不耐煩了，說了一句重話：「你身為朝堂重臣，即使不認識天下軍閥，也不至於連他們的名聲都沒聽過吧。如果你說沒聽過，未免太不老實了。」

第三回合，曹操咄咄逼人，劉備以退為進，僅承認自己聽說過諸侯的名聲，並沒有與他們交往。下面提及的英雄人物全是他道聽塗說來的。

劉備道：「淮南的袁術兵糧充足，可以稱為英雄吧？」

劉備拋出的第一個英雄是袁術。因袁術曾將劉備打得全軍覆沒。劉備先說仇人，既體現了他氣度恢宏的格局，也顯示了他的機智。

曹操笑道：「袁術是墳墓裡的枯骨頭，我早晚能擒住他。」

劉備道：「河北的袁紹世代官居高位，現在占據冀州，有很多能幹的部下，這可以稱得上英雄吧？」[8] 第二個英雄，劉備說了北面的袁紹。

曹操笑道：「袁紹就是一個虛張聲勢，喜歡權謀卻無膽識的廢物。」[9]

劉備道：「劉表名稱八俊，威鎮九州，是個英雄。」劉備又提了南面的荊州集團的統帥劉表。

曹操道：「劉表虛有其表，不是英雄。」

劉備道：「孫策血氣方剛，是江東的領袖，算是英雄吧？」這一次，劉備說了江東軍事集團的青年領袖孫策。

曹操道：「孫策只不過是一個靠著老子名聲的官二代而已，不是英雄。」

劉備道：「益州的劉璋可以稱為英雄嗎？」

曹操道：「劉璋就是一條看門狗而已，如何稱得上英雄？」[10]

7 原文為：備叨恩庇，得仕於朝。天下英雄，實有未知。
8 原文為：河北袁紹，四世三公，門多故吏；今虎踞冀州之地，部下能事者極多，可為英雄？
9 原文為：袁紹色厲膽薄，好謀無斷；幹大事而惜身，見小利而忘命；非英雄也。
10 原文為：劉璋雖系宗室，乃守戶之犬耳，何足為英雄！

劉備問道：「那像張繡、張魯、韓遂等人呢？」曹操鼓掌大笑道：「這些都是碌碌無為的小人，不值一提。」[11]

劉備道：「除了這些，其他的實在不知道有誰了。」

第四回合，劉備歷數天下諸侯，唯獨沒有提曹操，明顯是將自誇的機會留給曹操。

值得一提的是，劉備誇人方式十分有技巧。從當時的實際情況來說，袁術已經淪為喪家之犬了，何來的兵精糧足？袁紹以一渤海太守為起點，統一了中國黃河以北的廣袤土地；劉表趁著董卓當權時，得到一個荊州牧的空名，單槍匹馬，說服荊襄世族支持自己；孫策以三千人，征服江東六郡，又豈止血氣方剛？

劉備揣摩曹操的心理後，對這些軍閥明褒實貶。

曹操將天下軍閥黑了一番後，開始吹牛，道：「夫英雄者！胸懷大志，腹有良謀，有包藏宇宙之機，吞吐天地之志者也。」

曹操認為，所謂英雄有四個要素：第一是胸懷大志，第二是腹有韜略，第三是善於抓住時機，第四是能建功立業。

曹操自然是符合這四個要素的。少年時的曹操不畏權貴，勤政愛民，為大漢朝不懈奮鬥。曹操滿腹韜略，少有人可比。善於抓住時機，更是曹操厲害的地方。此時，已經統一中原的曹操當然可謂建功立業了。

如果是普通人，早就迫不及待地巴結拍馬屁了。可是劉備依舊沉住氣，誠懇地問道：「那誰能稱得上英雄呢？」

劉備本以為曹操會拍著自己的胸脯說：「當然是我！」

誰知，曹操手指劉備，後自指，道：「天下英雄，只有你劉備與我曹操！袁紹這些人都不足掛齒。」[12]

劉備感到一股涼氣從脊梁骨直沖而上，心念急轉：這天下雖大，怕也難容兩位英雄，曹操想當英雄，一定會殺了我啊！難道曹操看出了我的雄心壯志？

正巧，天邊閃過一聲巨雷。劉備膽戰心驚，手中的筷子與勺子均落到地上。時間只過了幾秒鐘，劉備從容地彎腰，撿起了筷子與勺子，道：「我被雷聲嚇壞了！」

曹操笑著問道：「大丈夫也怕打雷嗎？」

---

11 原文為：此等碌碌小人，何足掛齒！

12 原文為：今天下英雄，惟使君與操耳！本初等輩不足慮。

劉備抹了一把冷汗道：「聖人也怕雷聲，我怎麼能不害怕。」

第五回合，曹操試探劉備的反應，劉備借助雷聲掩飾了自己的失態。二人心照不宣地結束了飯局，不再提英雄的事。

❋ ❋ ❋

飯局上，曹操霸氣逼人，對天下英雄指指點點；劉備為了獲得曹操的信任，小心翼翼地接話，將出風頭、指點江山、自誇的機會，全部讓給了眼前的大人物。

曹操在酒後，悄悄對某個剛被收服的下屬說，只有咱們兩個可算是英雄，其餘全是廢物。首先，是對這位下屬的認可，其次也是抬高下屬的身價，令下屬感恩戴德。

當劉備的筷子與勺子同時落在地上時，曹操錯認劉備是受寵若驚，被自己的人格魅力、胸襟氣度所折服。中年曹操一直認為自己是大漢忠臣、能臣，從不認為自己是亂臣賊子。他意圖收服對漢室忠心又有能力的劉備，輔佐自己、興復漢室，可是極正常的現象。

所以，曹操給了劉備領軍出征的機會。

於是，劉備一去不回頭。

歲月不居，二十年內，袁術被曹操逼死，孫策被刺殺，袁紹被曹操氣死，劉表被曹操嚇死，張魯、張繡投降了曹操，劉璋被劉備解決。

曹操、劉備青梅煮酒時，談論過的人物全部灰飛煙滅。

❈ ❈ ❈

西元二一九年，漢中。

曹操、劉備兩位意氣風發的中年人早已兩鬢斑白、垂垂老矣，他們成了實力相當的諸侯，均是一方雄主，麾下擁有無數精兵強將；他們站在時代顛峰，進行宿命對決。

兩人遙望對方軍帳，耳畔響起青梅煮酒論英雄時的那句話：「今天下英雄，惟使君與操耳！」

漢中之戰，曹操敗走，同年，劉備進位漢中王。次年，曹操病故。其子曹丕篡漢登基，立國號為魏，尊曹操為魏武帝。西元二二一年，劉備在成都稱帝，立國號為「漢」。西元二二三年四月，劉備病故，謚號昭烈帝，廟號烈祖。

群英會

同學聚會最好的樣子

西元二〇八年，深秋的一天。

江東軍營帥帳內鼓瑟齊鳴，帳內瀰漫著酒香、肉香。江東大都督周瑜身穿一襲便服，正在款待遠道而來的同窗好友蔣幹。寬闊的帥帳內，素土夯實的地面上，擺著十幾張食案。案上擺著水果與酒食。

周瑜坐在居中朝北主位，蔣幹坐在西向位，下首有江東文士作陪，東向依次是老將程普、魯肅等人，再往下是江東文士、將軍。

周瑜與蔣幹本是少年時的同窗好友，經年不見，格外親熱。

坐在主位的周瑜舉起一杯酒，微笑地對蔣幹道：「子翼，你我學業結束後近二十年沒見。今日相逢當不醉不歸。飲勝！」

蔣幹瞧著雄姿英發、神采飛揚的周瑜，端起酒杯道：「公謹英名遠播，名冠九州，真令我等故人不勝羨嘆！飲勝！」二人將杯中酒一飲而盡。

坐在右上首的老將程普，從食案上拿起酒杯，問道：「子翼先生，遠來江東，所為何事？不知是不是受曹孟德之命？」

帳內熱切的氣氛，似乎正因為這句話略微冷淡。蔣幹捋著鬍鬚，淡然一笑道：「蔣某此來，一來與公謹經年不見甚是想念，二來久聞江東英傑大名，特來拜會。實與曹公無關！」

程普嘿嘿笑道：「但願如公所言，老夫先乾為敬！」說完仰頭便乾了一杯。

蔣幹一手舉杯，一手頗為瀟灑地舉袖遮擋，道：「老將軍，請！」

魯肅道：「大都督摯友遠來，今日當痛快飲酒，不談俗事。來來來！我等共敬子翼先生一杯！」

周瑜看著眾人笑道：「今日群英薈萃，這次宴會便叫群英會吧。」

❋　❋　❋

飯局的東家周瑜，字公謹，出生於東漢靈帝熹平四年（西元一七五年）。

少年時曾居洛陽，跟很多士族子弟一同跟隨大儒做學問。在學堂裡，他結識了蔣幹、顧雍等同窗，共同學習儒家六經等學問。

同窗的家庭背景、志向、性格本不相同，只因求學同一位老師，在同一片環境下學習，才有了數年的交集。畢業後，大家吃一頓飯，互道珍重後，便各奔東西，追求各自的夢想，尋找各自人生路上的知己。

歷史的長河浩蕩向前，總會將一些傑出的人推至風口浪尖。周瑜尚未成名時便是人中豪傑，現在的我們僅僅從史書的隻言片語中，便可略窺一二。

周瑜出身官宦世家。堂祖父與堂叔皆曾官拜漢朝太尉（軍隊總司令），父親周異曾任洛陽令（首都市長）。

周瑜身姿挺拔，相貌堂堂，而且還精通音律。史書說：「瑜少精意於音樂，雖三爵之後，其有闕誤，瑜必知之，知之必顧。」這句話的意思是周瑜年少時就精通音律。即使是酒喝多了，當有人彈奏音樂時，只是節奏略不和諧，他也能聽得出來。然後，他會瞅一眼彈奏音樂的人。這便是「曲有誤，周郎顧」。

西元一八四年，爆發黃巾之亂，大漢朝九州震盪。爾後，黃巾被平，地方軍閥開始厲兵秣馬，對大漢朝廷愛搭不理。

在大漢朝京城中，宦官集團、外戚集團、士大夫集團三股主要的政治力量明爭暗鬥，甚至浴血廝殺——「城頭變幻大王旗，你方唱罷我登臺」。

等到西涼軍閥董卓入京時，宦官集團與外戚集團幾乎同歸於盡，士大夫集團亦元氣大傷。皇權失去了保護力量，君子不立於危牆之下，面對如此這般亂哄哄的朝堂，周瑜的父親周異決定辭去公職，舉族搬回故鄉——廬江舒縣。

西元一九〇年，關東諸侯興兵討伐董卓。在平定黃巾之亂時，戰功赫赫的孫堅也率兵加入了討董聯軍。出發前，更將家人安置在廬江舒縣。

在此期間，孫堅長子孫策與十六歲的周瑜一見如故，頓生相見恨晚之意。論年齡，兩人同年出生，孫策僅比周瑜早出生幾個月，而且二人皆是名門子弟。一個是性格剛毅、英武非凡的未來江東小霸王；另一個是性格儒雅、雄姿英發的未來江東美周郎。二人惺惺相惜，周瑜為人大氣，竟將自家一份大宅送給孫家居住。

二人互訪時，均先入後堂拜訪對方的母親。這便是成語「升堂拜母」的由來。與蔣幹等因時而聚的同窗相比，孫策才是周瑜選擇的知己。

天下一直在戰亂中，軍閥不斷互相攻擊，搶人、搶糧、搶地盤。一年後，孫堅於攻打荊州時陣亡。孫策繼承了父親的舊部，他依附於另一位大諸侯袁術，舉家遷到江都（今江蘇省揚州市）。孫策、周瑜揮淚作別。

❋ ❋ ❋

歲月不居，西元一九五年，孫策在袁術麾下蟄伏數年後，向袁術請令，率領兩千人馬，攻取江東一帶。大軍開拔[1]前，孫策給周瑜寫了一封信，邀請他出山。

周瑜變賣家產，集合三千家丁、部下，拉著軍需輜重[2]，助孫策一臂之力。

---

1 軍隊拔營離開原駐地，遷駐他處。

2 行李。

孫策拉著周瑜的手，激動無比，道：「好兄弟，有了你，事就能成了。」周家在廬江是名門望族，以周瑜的才幹韜略，如果自己出來打天下，必定能打下一番基業，可他卻甘心帶著全部家當來幫助孫策。由此可見，在「義」與「利」面前，周瑜毫不猶豫地選擇了前者。

在掃平江東大小軍閥的戰鬥中，周瑜的軍事才華日臻純熟。

當孫策攻下橫江、當利、秣陵、曲阿等處時，麾下已經擁有幾萬人馬。他對周瑜說道：「用我現在的人馬攻打吳地，平定山越已經夠了。兄弟，你替我鎮守丹陽吧。」[3]

丹陽在今安徽宣城一帶，正是孫策軍馬的後路所在。孫策考慮到大軍的後路需要一位令他信任又能力超凡的人鎮守。周瑜正好合適。聽到兄弟這樣安排，周瑜二話不說，立刻返回丹陽，為兄弟看管大後方，使孫策能一往無前，攻略江東。

當然，也有另一種推測。親兄弟也要明算帳。

從名義上講，孫策與周瑜是合夥關係，二人身分平等。從實力上來說，孫策在攻打江東之初，只有兩千人馬，而周瑜卻有三千；且無論是能力、人格魅力、家世背景等方面，周瑜絲毫不在孫策之下。孫策需要更多的軍功來提高自己的威望。暫時支開周瑜，可讓孫策占據絕對優勢，確定君臣名分後，再來收復周瑜，未嘗不是一種理智的選擇。

在周瑜返回丹陽途中，袁術已派自己堂弟鎮守在丹陽。周瑜只好回家休息。袁術聽說了周瑜的才幹，想將周瑜調到身邊重用，但周瑜看出袁術不是一個幹大事的人，便以自己年幼無知、能力有限為託詞，委婉地拒絕了袁術。

周瑜那時還很年輕，只有二十一歲。周瑜的聰明之處，在於他並未徹底拒絕袁術。他請求袁術任命自己為居巢長，令自己有機會學習民政，將來為袁大將軍效勞……如是云云。袁術同意了。

居巢位於今安徽巢湖一帶，居巢長類似於縣令的職務。然而周瑜為什麼選擇居巢呢？因為此處靠近長江，隨時可以再次投奔孫策。

周瑜在居巢認識了一位有趣的人。有次周瑜帶著幾百兵丁到居巢後，因缺糧便向當地一位土豪借銀兩。這位土豪家裡有兩大倉米，每倉有三千斛。聽說周縣長要借糧食，便指著其中一個糧倉道：「直接拿去！」這便是成語「指囷相贈」的由來，意指慷慨地幫助朋友。

3 原文為：吾以此眾取吳會平山越已足。卿還鎮丹楊。

周瑜被他的大氣震驚了，從此，與他成為一生的好友。在別人危難的時候，予以幫助，自然容易獲得對方的真心相待。這位土豪叫魯肅。

周瑜耐心地等待，孫策終於平定了江東大部分地盤，人稱他為「小霸王」。此時的孫策已經是一方實力雄厚的諸侯，在軍中、民間擁有了絕對的威望。周瑜毫不猶豫地率領全族老小渡過長江，投奔孫策。

孫策聽說周瑜歸來，大喜。他親自率領麾下文武，出城幾十里去迎接他。孫策對周瑜好到無話可說，先封為建威中郎將，又送兩千名士兵、五十匹戰馬。江東不產戰馬，一匹戰馬的價格遠比十名士兵珍貴。

孫策又給周瑜在城中的黃金地段蓋了一處大宅子；知道周瑜喜歡音樂，甚至還送給周瑜一個樂隊。孫策對周瑜的賞賜，是同期很多人無法超越的。

孫策意猶未盡，更直接在城裡的布告欄上張貼公文：「周公瑾英俊異才，與孤有總角之好、骨肉之分。如前在丹楊，發眾及船糧以濟大事，論德酬功，此未足以報者也。」公文的意思是，周瑜是英俊瀟灑的當世奇才，和我是親如骨肉的好兄弟。之前在丹陽，周瑜傾家蕩產，給我人馬、錢糧、船隻，幫我做事。論友情與功勞，不管我怎樣報答都難以償還。

那一年，周瑜與孫策均是二十四歲，江東人稱他們為「周郎」、「孫郎[4]」。

這兩個人不僅長得帥，行為也帥。二人聯手攻城掠地——「以瑜恩信著於廬江，出備牛渚，後領春谷長。頃之，策欲取荊州，以瑜為中護軍[5]，領江夏太守，從攻皖，拔之。」

周瑜也沒有令人失望，攻下了合肥一帶。當時江東有一對美麗的姐妹——大喬與小喬。孫策娶了大喬，周瑜娶了小喬。

周瑜真的是官場、情場、戰場，場場得意。

❋ ❋ ❋

可惜，幸福的時光總是短暫的。建安五年（西元二〇〇年），東吳基業的開創者孫策被刺殺身亡。彌留之際，安排孫權繼位，政務由老臣張昭輔佐，軍務以周瑜為首。此時，周瑜還在江夏前線與黃祖廝殺，聞此噩耗，慌忙趕回吳郡。

在江東之外，有荊州劉表虎視眈眈；北方則有袁紹與曹操的生死大戰，無論誰

4 郎就是年輕的小夥子、帥哥。
5 中護軍是孫家中軍的統帥，江夏太守是民政「一把手」，軍政大權一把抓。

取得了勝利，都不會放過江東之地。不只如此，此時的江東內部也不安穩。

據《三國志・吳志・吳主傳》中記載：「是時，惟有會稽、吳郡、丹楊、豫章、廬陵，然深險之地猶未盡從，而天下英豪布在州郡，賓旅寄寓之士以安危去就為意，未有君臣之固。」

孫權那時僅十九歲，江東地盤還不是很大，內部並未完全臣服，士族隨時準備換新老闆。如此危機重重的時刻，周瑜強忍悲痛，做了四件鞏固江東政權的大事。

一、從前線帶領精兵返回吳郡，擔任中護軍。身經百戰、威名赫赫的周瑜為孫權坐鎮中樞，有異心之徒也不敢輕舉妄動。周瑜與張昭共同管理軍政。

二、以侍奉主公的禮儀對待孫權。孫權雖然在實際上繼承了孫策留下的地盤，但是從名分上來說，只是一個普通的將軍，再加上年幼，沒什麼威望，江東文武大多沒把孫權當回事，見孫權的禮儀非常隨便。名不正則言不順，言不順則事不成。周瑜以身作則，以臣子對待君王的禮儀侍奉孫權。有了周瑜的率先示範，大家也只好跟著來。

三、推薦賢才。周瑜深知魯肅的人品才幹，熱情邀請他到江東效勞。魯肅欣然從之。孫權與魯肅也是一見如故，被魯肅的學識、眼光深深震驚了。當天兩人便同榻而眠。魯肅成為傑出的外交家、戰略家，後來成為東吳政權的擎天之柱。

四、拒絕向曹操送子為質。西元二〇二年，曹操統一北方後，讓孫權把兒子送來作為人質。孫權舉棋不定，便召集群臣會商。大臣們眾說紛紜。周瑜立場堅定，堅決反對：「將軍現在繼承父兄的餘威、舊業，統禦六郡，兵精糧足，戰士們士氣旺盛。人心安定，士風強勁，所向無敵。為什麼還要送質於人呢？人質到曹操手中，我們就不得不與曹操相呼應，也就必然受制於他。」

「南北必有一戰，不必送兒子當人質。」

孫權情不自禁地誇讚周瑜：「公瑾雄烈，膽略兼人。」又是數年過去，周瑜率領軍馬南征北討，逐漸平定內部，江東的勢力蒸蒸日上。

❈ ❈ ❈

曹操漸漸掃平北方，擁兵百萬，挾天子以令諸侯。他將目光投到了南方——盤踞在荊州的劉表、劉備，以及江東的孫氏政權。

西元二〇八年七月，曹操晉陞丞相後，親率二十餘萬精銳南下，他的目標天下人都知道，那就是掃平劉表、劉備、孫權等南方諸侯，一統天下。

曹操大軍轟隆隆南下時，荊州牧劉表病故。新的繼承人劉琮二話不說，果斷投降。曹操幾乎兵不血刃，就得了荊州之地。劉備勢單力薄，唯有南逃。曹操得到荊州的地盤、軍隊、人口、錢糧後，志得意滿，於是給孫權寫了一封信，語氣還挺幽默：「最近，我奉天子之命，討伐叛逆，軍旗向南，劉琮降服。我統領水陸軍八十萬人，將要與將軍在吳地一道打獵。」

八十萬人自然是吹牛。曹操在對江東動武之前，先實行了心理戰，效果非常好。江東人心惶惶。孫權面色陰沉，召開會議，將這封信傳給江東文武。一時之間，張昭、薛綜等重臣用各種理由勸說孫權投降。

張昭最為積極，道：「曹公豺虎也，然託名漢相，挾天子以征四方，動以朝廷為辭，今日拒之，事更不順。且將軍大勢，可以拒操者，長江也。今操得荊州，奄有其地，劉表治水軍，蒙衝鬥艦，乃以千數，操悉浮以沿江，兼有步兵，水陸俱下，此為長江之險，已與我共之矣。而勢力眾寡，又不可論。愚謂大計不如迎之。」

這番話聽起來冠冕堂皇，有兩層意思：第一層，曹操的性子比虎狼還要兇殘，又是大漢丞相，挾持天子以征戰，以天子的名義發號命令。你孫權一個小小的臣子，抵抗曹操，名不正言不順。

第二層，曹操與我們一樣占有長江天險，有數以千計的蒙衝[6]戰船，加上步兵的優勢，我們細胳膊扭不過曹操大腿。所以，乾脆投降算了。

周瑜聽不下去了，在孫權的會議室裡，闡述了以下幾點：

「操雖託名漢相，其實漢賊也。」——在政治上，否定曹操。

「將軍以神武雄才，兼仗父兄之烈，割據江東，地方數千里，兵精足用，英雄樂業。當橫行天下，為漢家除殘去穢。」——分析抗曹的內因：主公英明神武、家族光榮、地盤幾千里、兵精糧足、人才眾多。應當橫行天下，為漢家江山掃除曹操這樣的汙穢之輩。

「今使北土已安，操無內憂，能曠日持久，來爭疆場，又能與我較勝負於船楫間乎？今北土既未平安，加馬超、韓遂尚在關西，為操後患。且舍鞍馬，仗舟楫，與吳越爭衡，本非中國所長。又今盛寒，馬無槁草。驅中國士眾遠涉江湖之間，不習水土，必生疾病。此數四者，用兵之患也，而操皆冒行之。」——曹軍遠途跋涉，疲憊不堪；天氣寒冷，戰馬缺草吃；北方人慣習陸戰不擅水戰，水土不服；馬超、韓遂尚在關西，為曹操的後患。

「將軍擒操，宜在今日。瑜請得精兵三萬人，進住夏口，保為將軍破之。」——

6 是中國古代的某戰船的稱呼，亦是漢朝水軍的主力船型之一。

現在是活捉曹操的好機會，我帶三萬人馬為你消滅他。

「況操自送死，而可迎之耶？」——況且是曹操自己來送死，我們何不成全他。好一個「操自送死」，當時天下九州，曹操已經占據了七州。戰績上，天下梟雄除了劉備之外，曾與曹操過招的幾乎全被除掉。兵力上，曹操雄兵百萬，良將千員。政治上，曹操挾天子以令諸侯。

江東大部分重臣都想方設法地要投降，周瑜卻說：「你們別怕，曹操是來送死的！」

群英目瞪口呆地盯著雄姿英發、侃侃而談的周瑜。孫權熱血沸騰，豁然起身，鏗鏘一聲，抽出寶劍，大叫道：「曹操這老賊想要謀朝篡位也不是一兩天了，他忌憚的只有袁紹、袁術、呂布、劉表和我而已。如今他們全被消滅了，只有我還在。我和曹老賊勢不兩立！公謹說得好，甚合我意，你簡直是老天賜給我的！」[7]

孫權又道：「我在後方為你準備糧草資助，你先上，如果打不過曹操，我親自上！」[8]

周瑜向著孫權抱拳一禮，大步離開，返回軍營，點將出發。周瑜統率數萬精銳，將與曹操指揮的幾十萬水陸大軍過招。兩軍在赤壁對峙。

北岸大營中的曹操，在謀士的建議下，決定派遣使者勸說周瑜投降。

曹操的想法不難猜測。他認為若能說服周瑜投降，就能兵不血刃地解決江東集團。即使周瑜不降，哪怕只能離間周瑜與孫權的關係，削弱一下東吳大軍的抵抗決心也不錯。

曹操聽說九江名士蔣幹與周瑜在少年時期曾是同窗好友，便命蔣幹為使。蔣幹，字子翼，在江淮一帶非常有名氣，史稱：「幹有儀容，以才辯見稱，獨步江、淮之間，莫與為對。」意思是說，蔣幹長得帥，能言善辯，是江淮一帶口才最好的人。

蔣幹接到曹操的命令後，長歎一聲，便穿戴著葛巾布袍，帶著兩名童僕，駕著一葉扁舟，渡過長江，去見周瑜。[9]

7 原文為：老賊欲廢漢自立久矣，所忌二袁、呂布、劉表與孤耳。今數雄已滅，唯孤尚存。孤與老賊，勢不兩立。君言當伐，甚與孤合，此天以君授孤也。

8 原文為：卿能辨之者誠決，邂逅不如意，便還就孤，孤當與孟德決之。

9 原文為：乃布衣葛巾，自托私行詣瑜。

蔣幹頗有名士風采。他受曹操的委託勸降周瑜，可是並未選擇著官服，也未帶儀仗、隨從，或是以朝廷或曹丞相使者的身分，僅僅是以私人身分，孤身一人遠赴敵營。自古以來，兩國交戰，不斷來使，但並沒有說不斷敵營故人。

當周瑜聽說多年未見的老同學要來見自己時，便明白這是曹操的意思。眼下他有兩條路走：一是拒絕見蔣幹，或者殺了蔣幹。但這樣會弱化己方士氣，又顯得缺乏氣度、胸襟。二是見蔣幹。即使義正詞嚴地拒絕蔣幹，也會傳出閒言碎語。何況，江東士族抵抗曹操的決心很弱，老資格的武將程普等人並不服年輕的周瑜，如果他們利用此事大做文章，實不利於抗曹大業。

周瑜選擇第三種方式，邀請帳下文武參加自己與蔣幹的同學聚會。一切談話光明正大，順便犒勞一下手下。

於是，便發生了本故事開頭的一幕。酒足飯飽後，周瑜拉著蔣幹，在江東群英的簇擁下，一同參觀軍營。周瑜大聲道：「大丈夫處世，遇知己之主，外托君臣之義，內結骨肉之恩，言行計從，禍福共之。假使蘇張更生，酈叟復出，猶撫其背而折其辭，豈足下幼生所能移乎？」

江東群英聽到大都督慷慨激昂的話後，心中欽佩不已，胸中充滿豪情，有助周瑜在江東軍營的威望大增。

蔣幹聽聞此言，只是笑笑，沒有說話。他心想，你周郎習文練武後，征戰沙場，名震天下，連曹丞相都對你頗為忌憚。我蔣幹雖然只是一介書生，在曹丞相麾下足可混碗飯吃，並非有求於你，何必囉哩囉嗦，讓你輕視。

這便是兩位老同學的默契。周瑜明白蔣幹奉曹操之命，身不由己。大家都是混飯吃的，老同學一場，我熱情招待你便是，勸降的話，免開尊口。

蔣幹明白周瑜的處境，需要在眾人面前表現抗曹決心。所以，他並未說「識時務者為俊傑」、「曹丞相乃天命所歸」之類的話。

周瑜拱手送別蔣幹時，道：「子翼，有空的時候，常來江東。」

蔣幹深深地看了周瑜一眼，拱手道：「公謹，願你一展胸中所學。願我們的友誼天長地久。」

「子翼，珍重！」

「公謹，保重！」

等蔣幹的小船遠遠駛去，再也看不見時，周瑜長歎一聲，返回大營。他明白，也許這輩子再也見不到這位老同學了。

蔣幹返回曹營後，對曹操道：「周瑜氣度寬宏，情致高雅，不是一些話就能離間的。」

既然外交手段無法解決周瑜，曹操唯有透過軍事手段了。赤壁大戰中，曹操中了周瑜的火攻計、詐降計，全軍大敗。赤壁的一把大火燒毀了曹操一統天下的夢想，成全了周瑜的蓋世英明，也奠立了後來三國鼎立的基礎。

千百年後，羅貫中以周瑜與蔣幹的這場同學聚會為原型，在《三國演義》中描寫了一個極為精彩的篇幅——「群英會蔣幹盜書」。說的是，赤壁之戰前，蔣幹主動為曹操當說客，企圖說服周瑜反叛孫權。周瑜忌憚蔡瑁和張允幫助曹軍訓練水軍，便將計就計，擺下「群英會」，裝成酒後熟睡，誘使蔣幹盜走張、蔡二人的「投降書」，以反間計除去了張、蔡。

❀ ❀ ❀

小說雖然精彩，卻拉低了周瑜、蔣幹、曹操的智力水準。在群英會這場飯局上，周瑜帶著屬下，光明正大地宴請敵軍使者，坦言自己的胸懷抱負、人生志向。另外，也告訴將士們，曹操企圖招降我，說明他忌憚我們江東英傑，不願意與我們兵戎相見，藉此鼓舞將士們的自信與鬥志。

蔣幹的表現，根本和《三國演義》中怯弱、愚蠢的腐儒不同，而是充滿了名士氣度。知事不可為，便在飯局上坦然飲酒吃菜，談笑自若，絕口不提招降的事。

群英會是一場記載於正史的同學聚會。我們可以從史書中看出周瑜、蔣幹兩位名士對同學聚會的態度，不炫耀、不討論工作，不牽扯利益，不耗費過多時間，還有少喝酒。

因為十幾年不見，大家圈子不同，朋友不同，生活環境不同，想法、觀念未必一致，除了回憶幾句往事外，也沒有什麼好談的。周瑜的知己好友過去是孫策，如今是魯肅、孫權，從來就不是蔣幹。蔣幹的朋友是江淮一帶的文士，與周瑜也沒有什麼交集。與其將時間浪費在過去的同學身上，不如將寶貴的時間投入事業中。

群英會後，周瑜火燒赤壁、攻打南郡，忙得一塌糊塗；蔣幹繼續當自己的江淮名士。各自生活，各自安好。從這個意義上來說，群英會大概便是同學聚會最好的模樣——沒有忘記曾經的友誼，相聚一笑，寒暄幾句，共飲兩杯，各奔東西，足矣。

單刀赴會

飯局只是戰局的延續

西元二一五年深秋的一天，秋風蕭瑟，萬物寂寥。長江中下游南岸一個叫益陽的小地方，長著一片片密密麻麻的蘆葦叢，看上去一片金黃。可令人奇怪的是，在瓦藍的天空之下，蘆葦叢之上，卻盤旋著一大群鳥兒，不肯下落歸巢。

蘆葦叢中央，有一座古樸、大氣的涼亭。涼亭裡，擺著兩張食案，南北相對。涼亭外，幾十位氣勢精悍、身穿便服、掛著腰刀的壯漢，簇擁著一位文士打扮的中年人，一起眺望北方。

這位文士便是江東大都督魯肅。魯肅中等身材，相貌忠厚，目光柔和、深邃，給人一種如沐春風的感覺。他左右兩側緊握著刀把的彪形大漢，分別是江表虎臣周泰、潘璋。

周泰問道：「大都督，關羽真敢單刀赴會嗎？」

魯肅負手而立，淡淡道：「我與雲長相交多年。他性格高傲，從不失信於人。既然許諾，必然會來。」

潘璋道：「此人性格狂妄自大，早晚必被我生擒！」

魯肅瞥了潘璋一眼，道：「我料雲長不過是砧上魚肉，不必妄動干戈。傳令呂蒙、甘甯在蘆葦叢中小心隱藏，沒有我的命令，不准輕舉妄動！」

周泰、潘璋拱手道：「諾！」

不久，百十騎奔騰而來，塵煙四起。一位騎士扛著一杆大旗，在風中招展，顯出一個偌大「關」字。一匹高大紅駒上的大將，身穿一襲青袍，身高九尺，赤面長鬚，丹鳳眼、臥蠶眉，相貌堂堂，貌如天神。他便是替劉備鎮守荊州的漢壽亭侯關雲長。

魯肅凝目盯著關羽，抬手道：「準備酒食，迎接關羽。」關羽擺手，下馬，命騎兵隊伍留下，帶著幾名將軍，挎著腰刀，大步走向魯肅。

魯肅哈哈大笑，走上去迎接道：「君侯，別來無恙！」關羽抱拳道：「子敬，多日不見！關某甚是想念。」

二人攜手，步入涼亭，共敘往事，談興頗濃。魯肅掛著和煦的微笑，只是向關羽殷勤敬酒；關羽品著美酒，吃著佳餚，談笑自若。

酒至半酣，菜過五味，略帶醉意的魯肅瞅了一眼狼藉的杯盤，突然向關羽問道：「君侯，劉使君借江東的荊州何時歸還啊？」

話音剛落，關羽面無表情，仰頭又喝了一杯酒。魯肅、關羽麾下的武將下意識地握緊了刀把，緊盯著對方的一舉一動。

魯肅提到的「劉使君」是指劉備。「劉使君」是對劉備的美稱、敬稱。至於「借荊州」的事，要從西元二〇八年的赤壁之戰談起。曹操統一北方後，統率三十萬大軍南下。目的很明顯，便是掃蕩荊州劉表、劉備，以及江東的孫權等南方諸侯。

曹操大軍尚未至荊州，劉表便驚嚇而死，其子劉綜果斷投降曹操，這就坑慘了劉備。在抗曹前線的劉備倉皇南逃；荊襄百姓十餘萬人唯恐曹操屠城，便呼朋喚友，扶老攜幼，跟隨劉備逃跑。

曹軍虎豹騎兵追殺至當陽長坂坡。劉備在此又迎來人生的一場慘敗，全軍覆沒。劉備僅帶著諸葛亮等數十名心腹殺出重圍，兩個女兒也做了曹軍的俘虜。如果不是張飛智斷長坂橋，趙雲拼死救阿斗，劉備父子幾乎性命難保。

一直逃到夏口，一行人才穩住陣腳。此處有劉表大兒子劉琦的一萬多人馬，想當然「暫時」歸劉備指揮。打算觀望的江東孫氏政權，驚訝地發現荊州那麼快就淪落到曹操手中！孫權急忙派遣魯肅過江，聯繫劉備。

諸葛亮「受任於敗軍之際，奉命於危難之間」，隨著魯肅過江東，與孫權結成「孫劉聯盟」，共抗曹操。在赤壁，孫劉聯軍的總指揮周瑜，用「苦肉計」、「詐降計」、「火燒計」一舉打垮曹操的水軍。之後，劉備親率大軍，偷襲曹操的陸軍。曹操敗回南郡。

史書稱赤壁之戰奠立了天下三分的基礎。為什麼呢？因為赤壁之戰後，曹操失去了統一天下的最佳機會，江東政權的實力與地位大增，劉備則趁機崛起！

兵家必爭的荊州七郡被劉備、曹操、孫權三家瓜分。曹操占據荊州北部最大的南陽郡、南郡。孫權在得到江北的江夏郡後，開始攻打南郡。

劉備趁著曹操舔傷口、孫權攻打南郡時，以劉琦的名義，說服了大部分荊州世族支持自己，趁機攻占荊州南部四個郡，即長沙郡、零陵郡、桂陽郡、武陵郡。不只，劉琦便英年早逝。

漂泊半生的英雄劉備，身為大漢左將軍、豫州牧、宜城亭侯、劉表族弟、大漢皇叔，又得到了荊州世族的支持，終於統領了荊州四郡，擁有一塊穩定的基業。赤壁之戰最大的受益者是劉備。

南郡的位置比較尷尬，緊挨著曹操掌控的南陽郡。曹操南下時，孫權只能獨自對抗曹操，因為劉備所占領的四郡之地皆不與曹操接壤。

諸葛亮曾經為劉備提出的《隆中對》戰略，明確提出：「荊州北據漢、沔，利盡南海，東連吳會，西通巴、蜀，此用武之國，而其主不能守，此殆天所以資將軍，將軍豈有意乎？益州險塞，沃野千里，天府之土，高祖因之以成帝業。」

先取荊州，再取益州，是劉備集團的戰略藍圖。如果無法得到南郡，不利於攻打益州，劉備勢力將無法發展。所以劉備對南郡志在必得。

可是，江東集團早前為了拿下南郡拼了老命，與曹軍第一大將曹仁糾纏近一年，連大都督周瑜都身中流矢。

益州是塊肥肉，江東對益州亦垂涎三尺。孫權曾打算派周瑜負責對益州的作戰，可惜周瑜在征討途中，箭瘡突發病故。東吳失去了最偉大的統帥，繼任者魯肅雖然足智多謀，但強在外交與戰略，兩軍臨陣指揮非其所長。江東虎將雖多，卻皆是將才，罕有帥才。

為了實現《隆中對》的戰略，劉備親自前往江東與孫權商議。孫權不僅沒有理會，還採納了呂範等人的建議，打算軟禁劉備。江東新任大都督魯肅力勸孫權借荊州於劉備。魯肅對孫權道：「將軍雖神武命世，然曹公威力實重，初臨荊州，恩信未洽，宜以借備，使撫安之。多操之敵，而自為樹黨，計之上也。」

魯肅的意思是讓劉備來分擔曹操的壓力。如果曹操南下，南郡首當其衝！江東集團便可將重點放在濡須、合肥一帶，既可避免兩面受敵，又與劉備形成其犄角之援。否則，曹操南下，劉備樂得躲在後面，隔岸觀火，也太不像話了。

江東集團既無力吞併劉備，也無力獨自對抗實力最強大的曹操，「借南郡給劉備」確實是非常具有戰略眼光的決定。劉備得到南郡後，改南郡治所江陵城為荊州城。這便是「劉備借荊州」的來歷。

為了進一步鞏固孫劉聯盟，孫權甚至將年方二八的妹妹許配給了年過五十的劉備，孫劉兩家成了和和氣氣的一家人。當然劉備也付出了代價，將夏口等地割讓給了孫權。所以，與其說是「借荊州」，不如說是「換荊州」。

從此以後，劉備便擁有了荊州五郡之地，即南郡、長沙郡、零陵郡、桂陽郡、武陵郡。他麾下文有諸葛亮、龐統、馬良、廖立、蔣琬等荊州才俊，武有關羽、張飛、趙雲、黃忠、魏延等沙場猛將，終於成為一方勢力強大的諸侯。

❋　❋　❋

遠在許都，正揮筆疾書的曹操，聽說劉備得到荊州五郡之地，還迎娶了孫權的妹妹後，嚇得將毛筆落在地上。這便是：「曹公聞權以土地業備，方作書，落筆於地。」

曹操為何如此忌憚劉備呢？因為劉備無論實力多麼弱小，始終敢於與曹操正面對決，宛如打不死的小強。從徐州到河北、汝南、許昌、官渡、新野、赤壁，出身卑微、勢單力薄的劉備被曹操在半個中國版圖上從東攆到西，從北追到南！

且劉備具備仁者無敵的氣勢、堅韌不拔的梟雄本性，一旦擁有基業與王佐之才的輔佐，便如潛龍騰飛，勢不可當！

四川盆地群山圍繞，通往外界的路主要有兩條：一條出漢中入關中，另一條順江而下至荊州。若想進入，得將從南郡溯江而上，便可直達益州。

劉備借到南郡以後，便與益州的劉璋開始接觸。大家是同宗兄弟，又是鄰居，彼此問候一下也是應該的。

益州牧劉璋早已被漢中張魯欺負慘了，遂邀請好鄰居兼能打的同宗大哥劉備助拳。

西元二一一年十二月，劉備以龐統為軍師，黃忠、魏延為大將，率三萬大軍入川。「蜜月期」過後，劉備立馬撕毀盟約，向成都方向進軍，經歷三年的艱苦奮戰，連軍師龐統都隕落了，劉備終於奪得益州。

建安二十年，即西元二一五年，孫權知道劉備已奪得益州後，心中憤恨不平。這兩年，江東與曹操打了很多仗，輸多勝少，反觀劉備卻實力倍增。

孫權便派遣使者討要荊州。但早已吃進嘴裡的肉，任誰也不會輕易吐出來。何況荊州是否屬於孫權，原就是一筆糊塗賬。劉備對使者說的話，頗有幽默感：「請你替我轉告我小舅子，待我拿下涼州後，再送他荊州。」[1]

打開中國地圖便可知，古代的涼州在如今的甘肅省西北部、河西走廊東端。劉備若想得到涼州，必須先拿下張魯占據的漢中，還有曹操占據的隴右之地。傻子都知道，劉備根本就是在開玩笑。

孫權大怒，破口大罵自己的妹夫劉備：「這奸詐、狡猾的狐狸竟然敢騙我！」此時，曹操正在攻打漢中張魯，一時半刻不會攻打江東。孫權面臨兩個選擇：一是忍氣吞聲，放棄索要荊州；二是對劉備開戰，用武力奪取荊州。如果選擇一，孫權一無所獲；如果選擇二，至少還有奪取荊州的機會。

孫權以傾國之兵偷襲劉備一方。關羽一直將重兵屯在北線防禦曹操，沒想到主公的小舅子突然在南線發難，一時間，長沙、桂陽二郡均被孫權奪取。

關羽勃然大怒，一邊整軍備戰，一邊快馬飛報劉備。劉備也不含糊，令諸葛亮守成都，自己親率五萬大軍回荊州公安城與孫權對峙。關羽率領三萬精銳，兵臨益陽。

1 原文為：須得涼州，當與荊州相與。

縱觀劉備兄弟自起兵以來，大多是以寡擊眾，以弱攻強，屢敗屢戰！如今劉備擁有益州與三分之一的荊州之地，麾下有王佐之才的諸葛亮，戰術大師法正，武有關羽等「五虎上將」。在荊州前線至少有八萬大軍，益州老巢尚有十幾萬人馬，還真不怕與孫權一戰！

孫權帶著江東虎將們，親臨陸口督戰，派遣魯肅率領一萬人屯守益陽，牽制關羽。

孫劉大軍分兩處對峙，戰爭一觸即發！戲劇性的是孫劉的細作幾乎同時傳來消息，盤踞漢中幾十年的張魯竟然投降曹操了。

聽此消息，劉備、關羽等人大驚，他們做夢也想不到張魯竟然那麼快就頂不住了。一旦與孫權開戰，曹操如果拿下了巴蜀之地，劉備集團該何去何從？如果領軍回益州，孫權肆意攻打荊州時，又該如何是好？

在劉備進退兩難之際，得此消息的魯肅卻哈哈大笑。魯肅在《三國演義》中被貶化成一位老實無能的書生形象，然而真實的他乃是一代儒將、王佐之才，與周瑜、呂蒙、陸遜共列江東四大都督。他出身於地主豪強階級，從小便喜歡讀書學習，可以說既是「富二代」，又是「學霸」。

縱觀魯肅一生，雖然沒有消滅多少敵人，也沒有攻下什麼堅城，但是他用自己傑出的戰略眼光，制定江東集團幾十年的發展規劃，多次促進孫劉連盟。在魯肅執掌江東大軍的七八年間，他在長江沿線構建了一條系統化的堅固防線，有力地保障了東吳本土的安全。魏蜀吳三國時期，吳國能撐到最後滅亡，魯肅貢獻非凡。

魯肅洞悉了劉備此時的處境後，決定通過外交手段，兵不血刃地奪取荊州一部分土地，以增強東吳實力。

一日，魯肅派人給關羽送了一封信，表示自己略備薄酒，想邀請關羽吃飯，地點在益陽城外蘆葦叢長亭。

關羽是劉備集團的「二號人物」，他的態度在一定程度上可以代表劉備。關羽雖然能打仗，文化程度卻有限，博學多才的魯肅自信能在談判桌上碾壓他！即使魯肅與關羽談判失敗，孫劉兩位主公尚未赤膊上陣，事情仍有緩衝餘地。

魯肅麾下周泰、甘寧等人不解，紛紛提出意見：「我軍兵勢正銳，何不與劉軍決一死戰？」

「關羽若敢來，我們便俘虜他！」

「劉備的老巢都快被曹操掀了，正是除掉他的最好時機！」

魯肅笑著解釋道：「劉備如果被曹操擊敗，並不符合江東的利益。我們的目標只是奪回荊州三郡。這事如果能在飯局上談妥，就不應該在戰場上。」

不過，魯肅忌憚關羽的勇武之名，依舊做了充分的準備。他命令呂蒙、甘寧領五千精兵藏在蘆葦叢中，弓上弦，刀出鞘。

如果關羽率大軍前來，就算談判不順利，至少也能自衛。又命猛將周泰、潘璋挑選幾十名軍中高手，保衛自己，預防關羽突然暴起傷人。關羽是成名二十多年的猛將，如果江東大都督魯肅被關羽在酒桌上生擒作為人質，可就有好戲看了。

當關羽收到魯肅的信時，便當場表態，一定準時赴宴。關羽為什麼會立即答應呢？

第一、劉備集團無力同時對抗曹操、孫權。曹操既攻下了漢中，兵臨益州，劉備與孫權的和談便迫在眉睫。

第二、關羽信任魯肅的人品，兩人相交多年，相信他不會擺下鴻門宴。

第三、關羽對自己的勇武非常自信。想當初關羽曾在萬軍之中，匹馬縱橫，如入無人之境，便斬殺河北第一上將顏良。

於是便發生了本故事開頭的一幕。這便是：「肅邀羽相見，各駐兵馬百步上，但請將軍單刀赴會。」

魯肅見關羽默然無聲，便開口道：「我們主公誠心誠意把荊州借給你們，是因為你們軍隊打了敗仗，沒有地盤可以修整。現在你們得了益州，竟然沒有將土地歸還的意思！我們只要回三個郡，你們又不答應。」[2]

魯肅直接道出了底線，只要三個郡，無意奪取整個荊州。

關羽道：「赤壁之戰，我們也是拼了老命，憑什麼荊州全是江東的？你們吃肉，卻不給我們留點湯喝嗎？」[3]

魯肅借著酒勁，開始唾液橫飛，說話越發難聽：

「你瞎扯，我和劉使君在長坂坡會面時，你們只有幾百名殘兵敗將。可以說是士氣低落，勢窮力竭，智竭計窮，更打算逃往天涯海角！你能想到你會有今天嗎？我主公可憐你們無立錐之地，將荊州的土地和人才大方地贈送給你們，救劉使君於危難之間。而劉使君卻自私自利、虛情假意、忘恩負義，辜負我們江東高尚的友誼。

現在劉使君得了西川，還妄想繼續占領荊州，此事就算是一般人都會感到不好意思了，何況他這樣英明遠播的天下英雄？

2 原文為：國家區區本以土地借卿家者，卿家軍敗遠來，無以為資故也。今已得益州，既無奉還之意，但求三郡，又不從命。

3 原文為：左將軍身在行間，寢不脫介，戮力破魏，豈得徒勞，無一塊壤，而足下來欲收地邪？

我聽說為貪圖利益而不顧道義的人都沒有好下場！我們這些人承擔著拯救天下的使命，怎麼能不堅守道義呢？你們恃強凌弱，搶我們的荊州，注定一無所有！」[4]

關羽被罵得青筋暴跳、面紅耳赤。周泰、潘璋等人對魯肅佩服得五體投地，他們緊握著刀把，死死地盯著關羽，生怕關羽惱羞成怒，暴起傷人！

魯肅這番話雖然聽起來大義凜然，充滿排山倒海的氣勢，實際上是在瞎說。首先，荊州屬於漢室地盤，劉備從曹操手中搶過來，有何不可？其次，孫劉聯盟不過是互相利用，劉備如果真的那麼孱弱，早就被江東吞得連渣都不剩了！最後，明明是孫權先挑釁，偷襲劉備的荊州，而非劉備搶孫權的地盤。

如果換成諸葛亮，或者劉備在此，或許還能與魯肅舌戰幾百回合。關羽不過是讀過幾本兵書的一介武夫，還是一條老實的漢子。唇槍舌戰，非其所長。

按現在的話說，也就是學霸魯肅欺負關羽沒文化。

關羽麾下的一位將領跳出來說道：「夫土地者，惟德所在耳，何常之有？」意思就是，天下土地，唯有德者居之，怎麼可能一直是你們的？

魯肅罵得正來勁呢！看著關羽一聲不吭，才意猶未盡地住嘴。這時聽到有人敢反駁自己，瞬間鬥志昂揚，瞬圓了眼睛，對著那員武將，嘰哩咕嚕，一陣痛罵！

關羽一向疼愛將士，自己受委屈沒關係，以大局為重，咬牙忍忍就過了，可是現在，手下兄弟被人痛罵，這個怎麼樣都忍不了！

我和你魯肅是多年的好朋友，你竟然為了搶地盤，吃相那麼難看！關羽握著刀把猛然地站了起來！周泰、潘璋上前一步，挺身護住了魯肅，道：「關將軍想做什麼？」

關羽目視手下將軍，示意他退下，道：「這是國家大事，你知道什麼！」這位將軍衝著魯肅冷哼一聲，拂袖而去。

魯肅道：「雲長，在下不勝酒力。常言道，酒後吐真言，我對你說的可都是肺腑之言啊。請你轉告劉使君，我們江東的態度。」

這頓飯再吃也沒什麼意思，關羽便向魯肅告辭，帶著一肚子氣返回大營。魯肅見關羽啞口無言，並未表示不還荊州，所以也未強行留下關羽。

關羽向劉備彙報魯肅的態度後，劉備再次選擇隱忍，他擔心著益州局勢，實在

4原文為：肅聞貪而棄義，必為禍階。吾子屬當重任，曾不能明道處分，以義輔時，而負恃弱眾以圖力爭，師曲為老，將何獲濟？

沒有心情再派遣使者與孫權反覆爭論糾纏，只期盼迅速與江東修和。

孫劉兩家，分別以魯肅、關羽為代表，簽訂協定，平分荊州。以湘水為界，以西的江夏郡、長沙郡、桂陽郡屬於孫權，而荊州的南郡、零陵郡、武陵郡屬於劉備。這就是三國史上著名的湘水劃界。

地盤雖然劃分了，但是孫劉的友誼卻已破裂。關羽對江東鄙視萬分，言必稱「江東鼠輩」。這也為接下來的孫劉連番大戰埋下了伏筆。

孫家在周瑜去世後，幾十年來，很少主動與對手正面血拼，劉勝則聯魏，魏強則聯劉。今日與蜀漢聯盟，明日便向曹魏稱臣。一旦時機來臨，便趁火打劫，背棄盟約；偷襲蜀漢或曹魏，不過是家常便飯之事。

劉備返回益州後，便召全部兵馬與曹操爭奪漢中。孫權趁著曹操主力正與劉備生死大戰時，撿了個便宜——統帥十萬大軍，攻打合肥一線。可惜，在逍遙津被魏將張遼擊敗。這便是後世流傳的「張遼八百破十萬」。

劉備經過艱苦卓絕的努力，在漢中打退曹操，進位漢中王，勢力達到顛峰。如此一來，孫權心中更不平衡了。同年，關羽北伐中原，水淹七軍，威震天下，一時間，漢室中興有望。

劉備實力過強，孫權趁著關羽主力北上時，背棄盟約，再次偷襲荊州，與曹魏夾擊關羽。

關羽寡不敵眾，全軍覆沒，敗走麥城後，被武將潘璋生擒。關羽父子不願投降，遂被孫權下令斬殺。孫劉聯盟再次破裂。

爾後，三家紛爭不休，曹、劉、孫依次稱帝，正式建立魏蜀吳三國。三足鼎立五十餘年。

❋ ❋ ❋

千百年後，魯肅與關羽的那場宴會，被稱為孫劉聯盟第一次兵戎相見後的談判。

論武力，一個關羽打十個魯肅綽綽有餘。飯局是戰局的延續：戰場上形勢不利，飯桌上即使強如關羽，也只能忍氣吞聲。劉備無力兩邊開戰，為了追求最大利益，必須與孫權和談。只要南郡緊握在手，哪怕割讓半個荊州給孫權，也在所不惜。

對孫權而言，自曹操奪取益州之後，若曹一路順流而下取南郡，從襄陽南下奪荊州，便能徹底消滅劉備，到時江東便無法獨自對抗。因此與劉備和談，敲詐三個郡，對江東來說，增強實力才是最佳選擇啊。還可趁曹劉在漢中血戰時，攻打實力薄弱的曹魏合肥一線。何樂而不為啊？

這場飯局中，孫、劉都是受益者，最慘的是曹操。

這次飯局真正的主角是東家魯肅，他口若懸河、滔滔不絕，怒斥客人關羽。客觀地說，魯肅頗不安好心；關羽冒險單刀赴會，雖然是為了和談，卻也是因為相信魯肅這個朋友。

魯肅卻趁火打劫，仗著學識淵博，歪曲事實，欺負文化程度比較低的關羽。

公道自在人心。千百年來，民間一直致力於為單刀赴會的關羽打抱不平。明末小說家羅貫中在《三國演義》中寫了一個精彩的篇幅叫「關雲長單刀赴會」，刻畫出關羽的勇武、忠義、機智、膽識，卻盡顯魯肅等江東鼠輩的懦弱、膽怯、外強中乾。

電視劇《三國演義》中有一首歌叫《江上行》，謳歌關羽在單刀赴會時的壯志豪情，歌詞大氣古樸，打動人心：

「好江風，將這輕舟催送，波翻浪湧，添幾分壯志豪情。龍潭虎穴何足懼，劍戟叢中久鏖兵。非是俺藐群雄，一部春秋銘記。義不負心泰山重，忠不顧死何言輕。桃園金蘭誓，弟兄山海盟。早把這七尺身軀青龍偃月，付與蒼生。」

實際上，關羽面見魯肅是從陸地騎馬前去，而非自江上坐船。單刀赴會本是一場談判的飯局，卻演變成一句成語，讚揚赴會者的智略和膽識。雖然小說、成語、歌詞皆與單刀赴會的歷史真相不符，但卻順應民心民意，得到無數群眾的喜愛。

單刀赴會的真相告訴我們飯局只是戰局的延續，你在飯局的地位由你實際所處的局勢所決定。若是局勢不利，縱然你神勇無敵，也會折辱於對方之手。

濡須塢宴

一道傷疤痛飲一碗酒

西元二一七年的深秋，天已暮，寒風獵獵。濡須塢——孫軍大營的中軍帳內卻燈火通明，歡聲笑語連天。原來是江東之主孫權正在宴請諸將。孫權坐在居中主位，下首兩側列坐著呂蒙、甘甯、周泰、朱然、徐盛、丁奉、蔣欽等聞名青史的江表虎臣[1]。再往下，列坐著數十名統軍校尉、行軍司馬等中等軍官。

孫權與江表虎臣每人面前放了一張食案，中層軍官兩三人共用一張食案。食案上擺滿了美酒、美食。大帳中酒香、肉香瀰漫。當孫權與將軍們互相敬酒之後，孫權道：「我今天與諸位一醉方休。請諸位開懷痛飲！奏鼓樂，上歌舞！」

鼓樂響起，十幾名江東健兒披著頭髮，短衣葛裙，赤裸雙足，手持短劍，在大帳中央起舞高歌：「丈夫處世兮立功名，立功名兮慰平生，慰平生兮吾將醉，吾將醉兮發狂吟……」

將軍們端起大碗，互相敬酒，碗來即乾，痛快淋漓。

「呂將軍，我敬你一杯！」

「甘將軍請！」

「周將軍，乾！」

「乾！徐將軍請！」

酒宴漸漸達到高潮，面色頗為抑鬱的朱然、徐盛對視一眼，端起酒碗，衝著周泰站了起來。徐盛道：「恭喜周將軍高升平虜將軍！」朱然道：「在濡須塢軍營中，我等均是周將軍下屬，日後請周將軍多多關照！」

周泰不敢輕忽，慌忙站了起來，道：「我不才，是主公照顧，我才能居現在這個位置，實際上我跟二位差得遠哪！二位請！」

三人舉碗共飲。

孫權看到此景站了起來，給侍衛使了一個眼色。侍衛會意，立刻號令舞隊撤出，樂隊停奏。帳內喧嘩聲漸漸落下，眾將不解地望著孫權。

孫權也不解釋，大步走到周泰身邊，說了一句令將軍們臉色大驚的話：「幼平（周泰表字），脫衣服！」

❋ ❋ ❋

孫權為什麼在大庭廣眾之下、酒酣耳熱之際，讓年近五十歲的周泰脫衣服呢？

1 是指三國時代孫吳麾下的十二位將領的合稱。

帶著這個問題，我們將時間暫時拉到二十年前，也就是西元一九七年的一個夜晚，那晚的寒風同樣冷冽！

幾千名山賊高舉著火把，揮舞著刀槍，湧向宣城，偷襲沒有防備的孫軍。

此時，孫策率領主力軍前去平定六縣山賊，留守在宣城的孫權手中不足一千人。孫權當時年僅十六歲，無領軍經驗，面對幾千名山賊的偷襲，毫無防備，驚慌失措，全軍潰敗。

當時的孫權還不是那個「坐斷東南戰未休」的東吳大帝，他嚇得渾身哆嗦，剛爬上戰馬，就聽見賊兵就已經攻破了他的指揮部，與親兵廝殺了起來。喊殺聲、馬嘶聲、兵器交擊聲、怒吼聲、慘叫聲，聲聲不絕於耳；刀光、劍光、火光、血光、慘澹的月光、賊人兇狠的目光、孫家軍將士驚慌的目光，一一映入孫權眼中。

賊兵兇悍，孫權的親兵節節敗退。一個強壯的賊人衝到孫權的馬前，高舉大刀，猶如一道閃電劈向孫權！孫權畢竟弓馬嫻熟，面臨死亡的威脅也不含糊，一個倒地翻滾，落在地上。刀劈在馬鞍上，戰馬疼痛，亂蹦了起來，孫軍將士眼見少將軍即將被砍殺，一個個不知所措！

這便是：「權始得上馬，而賊鋒刃已交於左右，或斫中馬鞍，眾莫能自定。」

歷史上每一位開國之君創業之初落入險境時，總會有英雄挺身而出，救君主於危難之際。此時，也不例外。一名虎背熊腰、肌肉發達的壯漢，赤裸上身，揮舞著一杆長矛，步戰開路，捅死數人，挺身護在孫權身前。

孫權也提著劍，站了起來，道：「幼平，小心！」

周泰尚未來得及答覆，一個賊兵高舉一杆大刀衝著周泰批頭便是一刀。周泰不退反進，猛跨一步，怒喝一聲，持矛刺向賊兵的胸膛。

如果賊兵繼續劈殺周泰，周泰的長矛便會刺穿他的胸膛，兩人只會同歸於盡。關鍵時刻，賊兵慫了，慌忙閃避，周泰的長矛刺穿了他的肩膀，在賊兵的慘叫聲中，周泰長矛一抽，便將他甩飛！

周泰扭頭剛欲開口，瞳孔猛然收縮，眼見一點寒鋒射向背後的孫權，來不及舞矛擋隔了，周泰下意識抬起右臂，用胳膊擋住射向孫權的一箭！「撲哧」一聲，箭貫穿上臂！

周泰悶哼一聲，用左手拔出箭杆，濺出鮮血。他對孫權道：「少將軍，局勢如此，唯有拼死一戰。」孫權沉吟道：「賊眾我寡，況且他們鋒芒正銳！怎麼辦？」

周泰烏黑的眸子裡流露出像大山一樣的沉穩、像磐石一般的堅毅，斬釘截鐵地說道：「摧敵鋒於正銳，挽狂瀾於既倒，是將軍的使命，我一刻都不敢忘記！少將軍，請暫且躲避，我捨命一戰！」

此時，戰馬的哀鳴聲、鐵蹄踏破人頭的悶響聲、傷兵臨死前的慘叫聲、戰場的兵刃交擊的脆響聲，聲聲不絕於耳。

孫權胸中熱血噴發，高舉寶劍大叫道：「我寧死不願辱沒父兄威名！眾將士聽令，殺退賊兵，重重有賞！」

周泰舞矛大叫道：「少將軍有令，殺退賊兵，重重有賞！」

周邊殘存的孫家親兵也大叫道：「殺退賊兵，重重有賞！」

本已潰退的孫軍將士聽到這一聲聲呼喊後，鼓起了血性之勇，向周泰、孫權靠攏。很快地，在周泰大聲呼喊下，漸漸組成了一個以他本人為箭頭的衝鋒陣形。

只見周泰怒吼連連，長矛忽刺忽掃，殺死一個又一個的賊兵。縱然屢屢受傷，也只進不退。孫權在他身後，大聲鼓舞士氣，孫軍將士人人奮勇，賊兵終於招架不住了，倉皇潰敗。

賊兵潰散之後，滿身鮮血的周泰昏倒在地，軍醫為他清理傷口，發現他身上有十二處創傷。周泰重傷昏迷了很長時間才甦醒過來。世人公認，此役若無周泰，孫權也許就沒命了。三國歷史便要大幅改寫了。

史稱：「惟泰奮激，投身衛權，膽氣倍人，左右由泰並能就戰。賊既解散，身被十二創，良久乃蘇。是日無泰，權幾危殆。」

❋ ❋ ❋

西元一九六年，當孫策帶著幾千人攻略江東時，曾在當地募兵。有一位水賊，姓周名泰，表字幼平，帶著幾個兄弟投奔他。做水賊必須面臨著被剿滅的風險，還不如投靠一位有前途的軍閥，博一番封妻蔭子的功業。周泰在攻打曲阿、會稽等地方勢力時，作戰英勇，悍不畏死，屢立戰功，很快便得到孫策的賞識。

孫策便封周泰為行軍司馬。從一介水賊晉陞到行軍司馬，對周泰來說可是華麗的蛻變呢。

史書雖沒有介紹周泰的家族，孫權卻勸說過周泰「勿以寒門自退也」，意思是不要因為出身貧窮而看不起自己。加上周泰年輕時便做了水賊，便可知周泰絕非士族豪門出身，而是庶族寒門出身。

俗話說：「是金子總會發光。」一人只要做好自己，總會有伯樂不期而至。

孫權對勇武敢戰的周泰極為欣賞，於是向哥哥孫策討要周泰。彼時，年僅十五歲的孫權便愛猛士，足可見孫權未來的成就絕非僥倖。

孫策一向疼愛弟弟，便將周泰撥到孫權麾下。正是：「權愛其為人，請以自給。」孫權的這一行為，也救了自己一命。

當孫策聽到宣城之戰的消息，心中慶幸不已。他對二弟孫權感情極深，一直傾心將孫權當成接班人來培養，若是失去孫權，這是他所不能承受的。

戰後論功行賞，封了周泰兼職春谷長，也就是縣長。西元一九七年，大漢皇權衰落，各地軍閥混戰，孫策剛剛崛起，也不過是一個小小的折衝校尉兼會稽太守而已。

周瑜二十一歲時擔任居巢縣長，十五歲的孫權被任命為陽羨縣長，皆是因為他們出身於士族豪門。無數草根，捨身忘死，奮鬥終生，人生事業的終點也不過是周瑜、孫權之輩的起點罷了。宣城之戰後，周泰能成為一縣之長，靠的是拼命。

從此之後，一直到西元二一七年的第二次魏吳濡須會戰，整整二十年裡，周泰幾乎參與了江東孫氏集團的所有大型戰役。宣城之戰幾個月後，周泰統率本部人馬，跟隨孫策，攻打宛城、江夏等地，因立下不少戰功，被加封為宜春縣長。

西元二〇三年、西元二〇七年、西元二〇八年，周泰追隨孫權，三次攻打荊州重地——江夏城，斬殺了江夏黃祖，多次建立戰功。

西元二〇八年，赤壁之戰爆發，周泰等江東將領在大都督周瑜的指揮下，披堅執銳，取得勝利，奠立了天下三分的基礎。西元二〇九年，南郡之戰，周泰繼續跟隨周瑜，與曹魏大將曹仁大戰。此戰之後，周泰第一次被周瑜任命獨當一方。[2]

從史書流水帳般的紀錄中，我們可以看出周泰活躍在江東集團對外戰爭一線。

然而史書微言大義，比如南郡大戰，只記載了六個字「攻曹仁與南郡」[3]。所以，找不到周泰在戰場上的所作所為也不難理解。

西元二一一年，孫權決定將都城從京口（鎮江）遷到秣陵（南京），並改名為建業。他下令興建石頭城，這就是南京又名石頭城的來歷。

孫權將目光放在廬江郡一個叫濡須的小地方，即今長江以南，安徽省蕪湖市無為縣以北之地。當時曹魏勢力抵達居巢，含山、無為歸吳國控制。曹操要渡江伐吳，必定要從巢湖經濡須水口入江。孫權明瞭，如果濡須不保，長江岸防便會洞門大開，魏軍隨時可直逼都城建業。

建安十七年（西元二一二年），孫權一面遷都秣陵，一面派兵在東關修築濡須塢。濡須塢修築在濡須山上，形似偃月，是呂蒙建議修建的。

曹魏對濡須之地也是志在必得，與江東集團進行了長達近半個世紀的濡須爭奪戰。

2原文為：後與周瑜、程普拒曹公於赤壁，攻曹仁於南郡。荊州平定，將兵屯岑。
3南郡之戰中，曹魏宗室第一上將曹仁對戰江東第一名將周瑜，雙方高招迭出，血戰近一年，傷亡數萬人，連周瑜都被流箭射中左肋而隕落。

西元二一七年，孫權在濡須塢擊退曹操，宣布一條令眾將士譁然的命令，留守周泰為平虜將軍、濡須都督，且擔任北線對魏作戰的指揮官。

眾將大多心中不服，尤其是留守在此處的朱然、徐盛兩位大將，對周泰極盡冷嘲熱諷。朱然是江東四大家族最優秀的子弟之一，少年時陪孫權一起讀書學習。從軍以來，屢立戰功；徐盛同樣也是士族子弟，不僅與孫權關係良好，更是智勇雙全的一代名將，尤其在討伐江夏之戰中，以數百人對戰數千人，仍大勝。

這兩位仁兄不論關係人脈、戰功資歷，甚至兵法韜略，史書公認不在周泰之下。若論出身，更是遠在周泰之上。

東漢末年，國家政權掌握在士族門閥手中，寒門子弟一直飽受歧視。那麼，孫權為什麼反提拔周泰擔任位置如此重要的濡須都督呢？原因有以下幾條：

周泰不僅是江東公認的猛將，沙場經驗非常豐富，是孫權侍衛長出身，更是孫權的心腹。周泰的忠誠、能力、戰功足可擔任濡須都督。

周泰出身寒門，多虧孫策、孫權的提拔賞識才有今天。他如果背叛孫家，將受人唾棄。所以，兵凶戰危之際，周泰絕對會死戰到底。反之，朱然、徐盛等人則不然，面臨絕境，他們大不了投降曹操。因為士族勢力龐大，無論江東姓孫還是姓曹，士族永遠居統治階級。

孫家屬於江東的征服者，或者可說是「外來戶」。江東四大家族，張、朱、陸、顧，掌控著江東大部分的土地、人口、輿論，對江東的政治、軍事、經濟、外交有著決定性的作用。

孫權身為一代雄主，自然不甘心做傀儡，所以他一邊與四大家族聯姻，一邊又提拔大量非江東本地人才與寒門將領，如魯肅、呂蒙、蔣欽、甘甯、周泰等，來平衡江東士族的勢力。

孫權安排周泰擔任濡須都督，固然可以平衡江東士族的力量，卻也引起了士族將領的反彈。所以，史書稱：「時朱然、徐盛等皆在所部，並不伏也。」意思是，朱然、徐盛等人並不認為周泰有資格擔任自己的上司。

濡須前線之戰略地位非同小可。如果留守的主要將領們之間出現矛盾，可能會被曹魏乘虛而入，這可不是鬧著玩的。

孫權留在濡須前線的細作，稟報了這一局面後，使他不敢掉以輕心。將軍們不服自己的人事安排，孫權該用什麼辦法來解決呢？

一般情況下，孫權應請朱然、徐盛等人好好談談，好好聊聊周泰勞苦功高，應該要顧全大局才是之類的話。可是這樣做，將軍們也許會口服心不服，甚至造成周泰沒有能力管理好下屬的印象，更顯得身為主公的孫權用人不當。更重要的是，絕對不能讓下屬們覺得孫權對周泰有所偏頗，因為徐盛等人和周泰一樣「皆江表之虎臣，孫氏之所厚待也」。

如果孫權安排其他人與朱然、徐盛等人談話呢？

第一，要找一名地位恰當的中間人，能讓朱然等人願意給面子。第二，要具備說服別人的口才，話說重了，被勸說者沒面子；話說輕了，達不到效果。第三，無論勸說者的地位、口才如何，朱然、徐盛不服周泰的心皆會被人當面提起，誰敢擔保朱然、徐盛不會惱羞成怒。

如果孫權想讓朱然、徐盛等人對周泰心服口服，就必須幫助周泰樹立威望，且體現出自己用人唯才、公正無私，讓士族與寒門將領全部滿意才行。

這真是一個相當棘手的問題，可是並未難倒江東優秀的領導人孫權。

❖ ❖ ❖

孫權的辦法是帶著幾位大將請濡須塢的高階、中階將領吃飯。

主公請吃飯，大家必須賞臉。軍中生活艱苦，將軍們能吃頓好的，品嘗美酒，又能與主公、上級、同僚一起培養感情，何樂而不為呢？

於是，發生了本故事開頭的一幕。這便是：「權特為泰案行至濡須塢，因會諸將，大為酣樂。」

酒會達到高潮，孫權竟讓周泰脫衣服。周泰是一個老實人，別說主公要求他脫衣服了，就是上刀山，下火海，也從來不皺一下眉頭。當下，周泰二話不說，解開腰帶，脫掉長衫，又解開裏衣，在眾人的驚呼聲中露出肌肉發達卻遍布瘡傷的上半身！肌肉雄壯，挺如磚頭，腹肌六塊，曲線分明；傷瘡密布，猶如刻畫，或深或淺，觸目驚心！

孫權的雙目溼潤了，他撫摸著周泰的傷疤動情道：「幼平，辛苦了！」周泰忙拱手道：「這是末將分內之事。」孫權指著一道周泰小腹上一處大如拳頭的槍瘡問道：「幼平，此處傷口，何故？」

周泰道：「此乃宣城之戰，被賊長槍所戳！」

孫權想起二十年前那個夜晚，親自端起一碗酒，遞給周泰道：「壯哉，請將軍飲勝！」

周泰慌忙接過酒碗，咕嘟咕嘟，一口乾掉！眾將軍哄然喝采，紛紛叫好！孫權又指著周泰心口旁兩眼箭瘡問道：「此處箭傷，因何而來？」

周泰道：「末將在江夏城下督戰時，被流矢所中！」

孫權道：「請將軍再飲一碗！」周泰仰頭又乾了一碗，眾將再次喝采！

孫權道：「幼平，此處刀傷從肩至腹，深者達數寸，何時所傷？」

周泰道：「攻打赤壁曹軍大營時，末將追殺曹孟德，被其親衛統領許褚所傷！不過末將也抽了他一矛！」

在場的呂蒙、甘甯、徐盛、蔣欽、朱然等將軍均參加過赤壁大戰，孫軍雖然以弱勝強，但是同樣傷亡不小。那場廝殺連天的大戰，雖時隔多年，將軍們依舊歷歷在目。

孫權道：「將軍威武，請再飲一碗！」周泰道：「諾！」

孫權又摸著周泰後背處的十幾道箭瘡問道：「幼平，為何身後中了那麼多箭？」

周泰道：「此乃南郡之戰，周大都督中了曹仁的埋伏，當時敵軍萬箭齊發，末將便撲在了周都督的身上！」

徐盛、朱然等默然不語。南郡大戰很多袍澤戰死沙場，連大夥最敬愛的大都督周瑜都被冷箭射傷，傷重而亡。

孫權摸著周泰胸膛處的一道槍瘡問道：「此處傷瘡猶有血跡，是不是多日前受傷？」

周泰道：「此乃虎豹騎一位校尉所傷。末將以此傷換了他的命！」

虎豹騎是曹操麾下最精銳的騎兵，只有能力最強的宗室將領才能擔任統領。濡須塢眾將想起虎豹騎衝鋒時的兇悍，望向周泰的目光充滿了欽佩。

孫權摸著周泰傷痕密布的胳膊，淚水漣漣，道：「幼平，你為我們孫家兄弟在戰場上悍不畏死，猛如熊虎，從不惜身，受創幾十處，皮膚如同被雕刻成一幅畫！我怎能不把你當作我的至親骨肉，委任你以兵馬之重？你是東吳的功臣，我當和你同榮共辱。」[4]

孫權又掃了眾將一眼，道：「幼平，不要因為出身窮苦而看不起自己，孤支持你！」[5]

這便是成語「膚如刻畫」與「骨肉之恩」的由來。

周泰滿臉通紅，同樣熱淚盈眶，他單膝跪在地上道：「末將唯有萬死以報主公厚恩。」

4原文為：幼平，卿為孤兄弟戰如熊虎，不惜軀命，被創數十，膚如刻畫，孤亦何心不待卿以骨肉之恩，委卿以兵馬之重乎！卿吳之功臣，孤當與卿同榮辱，等休戚。

5原文為：幼平意快為之，勿以寒門自退也。

孫權慌忙扶起周泰道：「江東能有今日，正是無數位像幼平一般的猛士，捨身忘死！孤敬諸位將軍一碗！」

眾將軍道：「多謝主公！」

此日宴會中，將軍們痛快飲酒，彈劍作歌，直至天明方結束。

次日，孫權又派人將自己用來遮陽並彰顯氣派的青羅傘蓋贈予周泰。

濡須塢宴後，孫權幫助周泰樹立了威望，徐盛、朱然等將從此對周泰態度恭敬萬分。徐、朱二人雖自認能力、資歷、關係在周泰之上，可是周泰的官職是一次次拿命搏來的。尊重周泰也是尊重自己的戰功，尊重無數勇於拼殺的勇士。

孫權在濡須塢宴上，讓周泰以一道道傷瘡，敘述著他自己一次次的功勞；喝下一碗一碗的酒，便是要告訴眾將士們：我孫權不在乎你們出自士族門閥還是寒門子弟，只要你們為江東做出貢獻，立下戰功，我便給予你們高貴的地位與極大的榮譽。孫權透過在酒宴上表彰周泰，確定一條暗規則：軍中不看門第出身，以戰功確定官位。如果不服，大可以周泰作為榜樣，述說戰功，以傷痕來證明自己。

幾年後，孫權提拔同樣出身寒門的呂蒙擔任東吳水軍與陸軍的大都督，眾將士心服口服。因為呂蒙智勇雙全，悍不畏死，戰功遠在周泰之上，擁有足夠的威望。

酒宴為濡須的江東守軍注入了一道「軍魂」，那便是勇立戰功，就算你如周泰將軍一樣出身寒門，也能獲得地位與榮譽。這便是濡須守軍在四十多年裡，能多次以寡擊眾，擊退曹魏進攻的重要原因之一。

濡須塢宴後，江東將士每遭逢戰爭，更加奮勇爭先：荊州之戰生擒關羽、彝陵之戰大破劉備；一次又一次，擊退曹魏軍事集團對濡須的進攻。

值得一提的是，周泰為東吳政權戰鬥到生命的最後一刻，死前被封為漢中太守、奮威將軍，和封陵陽侯。（當時漢中之地尚在蜀漢政權的控制下，漢中太守是只享受待遇而不用做相關工作的虛職；奮威將軍屬於列將軍之一，在軍隊中有實權；陵陽侯到是爵位，可以傳給子孫。）

從一介寒門子弟到封侯拜將，為史書所銘記，周泰的一生是拼搏且光榮的一生，是實現夢想、功成名就的一生。

孫權病故後，他的子孫重用士族門閥子弟，以出身決定官位，使立功者不得厚賞，江東孫吳政權漸漸衰落。千百年後，昔日的濡須塢古戰場已化為歷史長河中的一朵浪花。

那場歡飲達旦的飯局仍告訴世人，世上曾有一位叫周泰的猛將，膚如刻畫，從水賊做到一代名將。世上曾有一位英明的主公叫孫權，提拔人才不論出身，僅憑最實在的戰功，告訴世人為什麼「江東之地多才俊」。

李密宴翟讓

一場令瓦崗軍退出歷史舞臺的飯局

西元六一七年十一月的一天，寒風呼嘯，萬物肅殺。瓦崗軍領袖魏公李密邀請司徒翟讓等人一起喝酒、吃飯、談心。魏公待屬下素來親厚，往日常邀兄弟們歡飲達旦。於是翟讓帶著哥哥翟弘和侄子翟摩侯，以及猛將徐世績、單雄信、邴元真等人欣然赴會。

李密在房彥藻、王伯當、蔡建德等心腹的簇擁下，在大廳外等候多時，遠遠看到翟讓一行人，便笑容滿面地大步向前，拉著翟讓的手走進大廳。

翟讓呵呵笑道：「魏公如今是翟某的主公，未免太客氣了。」

李密大笑道：「沒有翟大哥，何來今天的李密！與翟大哥多日未曾相聚，今日當不醉不歸！」

賓主寒暄客套後，李密讓翟讓坐上了主位。他掃了一眼站在翟讓背後的徐世績等人，哈哈笑道：「我想單獨和翟大哥喝兩杯小酒。兄弟們在這放不開。你們到隔壁屋裡痛快飲酒吧。」

王伯當笑道：「主公有好東西要獻給司徒，咱們到隔壁喝酒吧！」說罷，當先引路。

徐世績覺得左眼皮直跳，便握緊了劍柄，示意單雄信一起站在翟讓左右。房彥藻的眼珠子轉動了一下，笑道：「今天這麼冷，應該喝酒暖暖身子，我奉主公之命安排好了酒宴，款待兄弟們。」

李密笑著對翟讓道：「咱們聽翟大哥的安排。」

翟讓扭頭對徐世績、單雄信等人道：「這麼冷的天，喝酒暖暖身子！你們隨王將軍去吧。」徐世績等人便進入隔壁屋裡。

大廳裡，除了李密、翟讓外，只留蔡建德在旁伺候。

侍從端著酒菜上來後，李密從身旁抄起一把精緻的隋製長弓，恭恭敬敬地遞給翟讓，說道：「彼茁者葭，壹發五豝，于嗟乎騶虞[1]！翟大哥，你看此弓如何？」

李密喜歡吟詩作對，經常將自己獲得的寶物贈予翟讓。

翟讓並未多想，接弓在手，只見玄黑色的弓身形如彎月，漆黑的弓弦熠熠發光，情難自禁地道：「果然是一把好弓，魏公有心了！」

李密笑道：「翟大哥，何不拉開此弓，看看力道如何？」

面無表情的蔡建德握著刀把，輕輕地眯著眼睛。當翟讓將長弓拉成滿月時，李密鼓著掌，大笑道：「翟大哥果然神力。」又朗聲吟道：「帶長劍兮挾秦弓，首身

1出自《詩經・國風召南・騶虞》。

離兮心不懲！」[2]

話音剛落，一輪雪亮的刀光劈在翟讓的脖子上，鮮血飆飛，翟讓還掛著矜持微笑的腦袋滾落在地！

聽著屋外傳來喊殺聲、怒吼聲、慘叫聲，李密揚起脖子，將杯中酒一飲而盡，彎腰下蹲，輕輕闔上翟讓睜大的雙眼，歎道：「翟大哥，不要怪我。我也是為了瓦崗寨的未來！」

❋ ❋ ❋

瓦崗寨的成立，要從西元六一一年談起。

那一年，是隋煬帝楊廣登基的第七個年頭，他下令再次以傾國之兵攻打高麗。人民無力承受繁重的兵役、勞役，加上國內災荒不斷。知世郎王薄編了一首《無向遼東浪死歌》，天下傳唱：「長白山前知世郎，純著紅羅錦背襠。長槊侵天半，輪刀耀日光。上山吃獐鹿，下山吃牛羊。忽聞官軍至，提刀向前盪。譬如遼東死，斬頭何所傷。」

歌詞的核心在最後一句，如果去遼東白白送死，還不如造反！

此歌深得民心，災荒最嚴重的山東、河南等地的百姓，紛紛起義，反抗隋煬帝的暴政。各地的農民起義，也影響了東郡獄吏黃君漢。他抱持著「多個朋友多條路」的心態，打算釋放因為酒後失言，誹謗朝廷而被關在監獄裡的頂頭上司——前東郡法曹[3]翟讓。

一天深夜，黃君漢悄悄打開牢門，晃醒翟讓後，道：「翟法司，人的命運應該掌握在自己手裡，豈能活活等死！」

翟讓眼睛一亮，道：「我現在就是圈裡的豬！能不能活命就看兄弟你了！」黃君漢也不含糊，二話不說，掏出一把鑰匙，打開翟讓手腳上的鐐銬，催促他快走。

誰知翟讓竟然不肯離開，不停地打躬作揖，淚水漣漣，道：「兄弟啊！如果我跑了，連累了你，多不好意思！」

黃君漢勃然大怒，指著翟讓的鼻子，罵道：「我本以為你是英雄豪傑，能拯救黎民百姓，我才冒死救你的！你快走吧，不用管我！」翟讓面紅耳赤，喊帶著兄弟子侄一起逃跑。當他們跑到河南滑縣東南一帶太行山南麓的瓦崗山時，見此處易守

2出自《楚辭・九歌・國殤》。
3職官名。掌刑法訴訟。

難攻，便占山為王，這便是瓦崗寨義軍。

翟讓擔任多年的法曹，很有江湖地位。

沒多久，他迎來了第一位合夥人。同郡豪傑單雄信帶著一隊不甘平凡的年輕人來投奔翟讓。此人擅長耍一根馬槊，弓馬嫺熟，有萬夫不當之勇。翟讓大喜，立刻任命單雄信為二當家。他們結拜為兄弟，立誓同生共死，有福同享，有難同當。單雄信加入後，瓦崗寨的好漢們若想要搶奪為富不仁的地主變得容易許多。

那一年天下至少爆發了大大小小幾百場起義，河南、山東等地的強盜更是到處都是。在這樣的社會背景下，起義軍很快地擴大。一位年僅十七歲、濃眉大眼的英武青年，扛著一杆丈八馬槊，大搖大擺地上了瓦崗寨，對翟讓、單雄信大大咧咧地道：「我來這兒就是為了當個頭領！把三當家的位置留給我！」

聽到這個，翟讓沒好氣道：「你有什麼本事當三當家？」

青年卻笑道：「我來證明給你看。」

說罷，他掏出一份大隋地圖，指指點點道：「我給你們分析一下瓦崗寨的規劃！兔子不吃窩邊草，附近都是鄉里鄉親，不好下手。咱們若要去大運河，就得經過宋、鄭兩地，那裡財貨多，不愁不能發財！」[4]

翟讓、單雄信眼睛一亮，不錯，這小子是個人才！翟讓驚喜地問道：「小兄弟，怎麼稱呼？」

青年拍著胸脯道：「我叫徐世績，字懋功。」

於是，翟讓任命徐世績為瓦崗寨三當家。

❋　❋　❋

瓦崗軍在永濟渠沿岸劫奪來往船隻上的物資，以致「資用豐給，附者益眾」，逐步擴大到萬人以上，程咬金、王伯當等知名豪傑紛紛至瓦崗寨入夥。

河南的瓦崗軍雖然頗能折騰，但與河北竇建德、江淮杜伏威等動輒幾十萬的義軍相比仍舊規模不大，隋朝內憂外患頻傳，幾年過去了，還是沒空理他們。

西元六一六年，一位看上去只有三十歲出頭，身材矮小、皮膚黝黑的人，背著包袱，拿著王伯當的介紹信，進入瓦崗軍營謀求職位。

此人叫李密，乃是關隴貴族，曾祖父是西魏八大柱國之一，祖父乃是北周太

4 原文為：此土地是公及績鄉壤，人多相識，不宜自相侵掠。且宋、鄭兩郡，地管御河，商旅往還，船乘不絕，就彼邀截，足以自相資助。

保，父親李寬則是隋朝上柱國、蒲山郡公。

十幾年前，李密曾在左武衛軍給隋煬帝當千牛衛。青年勳貴子弟充當宮廷侍衛是慣例。一日，楊廣不經意看見他，問左武衛大將軍宇文述：「那個黑黝黝的小孩是誰？」

宇文述道：「已故上柱國、蒲山郡公李寬之子。」楊廣搖搖頭，道：「顏值太低，不能讓他給我當侍衛。打發他回家吧！」

於是，老將宇文述笑咪咪地拍拍李密的肩膀道：「小兄弟，你天資那麼高，一定能憑藉才學出仕。當一個小小的侍衛，真是屈才了。回家好好讀書，將來報效國家。」[5]

李密大喜，便請了長期病假，回家閉門苦讀。[6]

一日，李密騎著一頭老黃牛去拜訪隋朝大儒包愷。他將《漢書》書簡掛在牛角上，一隻手抓著牛繩，一隻手翻書閱讀。這便是成語「牛角掛書」[7]的由來。

途中偶遇朝廷尚書令、越國公楊素。楊素對其頗感興趣，問道：「這是哪裡的書生，如此勤學？」

李密認識楊素，連忙滾鞍下牛，向他自我介紹。楊素很高興，心道：原來是故人之後，接著問道：「你最喜歡看什麼書啊？」

李密答：「《項羽傳》。我常想，如果項羽在鴻門宴上殺了劉邦，又豈會身死國滅！」

楊素與李密越聊越開心，還邀請他到家裡做客。楊素對楊玄感等幾個兒子道：「你們幾個的學問都不如李密，以後你們要做好朋友。」

這是改變李密命運的一句話。楊玄感非常聽從父親楊素的話，從那以後，便經常找李密一起，慢慢地，兩人培養了深厚的友誼。

楊玄感的理想較為遠大——當皇帝。楊素與已故的隋文帝楊堅是族兄弟，皆是弘農楊氏子孫。楊堅在北周任丞相時，楊素就是車騎將軍。沒有楊素等族人的支持，楊堅未必能篡位成功。

西元六一三年春天，隋煬帝又征高麗，命楊玄感在黎陽督運糧草，這時國內義軍頗多，楊玄感眼見天下大亂，但此時楊廣還在國外遠征，於是乎他聚眾一萬人，

5原文為：弟聰令如此，當以才學取官，三衛叢脞，非養賢之所。

6原文為：密大喜，因謝病，專以讀書為事，時人希見其面。

7指讀書勤奮，學習刻苦。

悍然扯旗造反！

李密在軍中為楊玄感擔任謀士，他對楊玄感說：「今天子出征，遠在遼外……今公擁兵，出其不意，長驅入薊，直扼其喉。前有高麗，退無歸路，不過旬朔，齎糧必盡。舉麾一召，其眾自降，不戰而擒，此計之上也。又關中四塞，天府之國……若西入長安，掩其無備，天子雖還，失其襟帶。據險臨之，固當必克，萬全之勢，此計之中也。若隨近逐便，先向東都，頓堅城之下，勝負殊未可知，此計之下也。」說白了，李密提供的上策是攻打山海關，斷楊廣歸路；中策是奪取關中長安，下策是攻打洛陽。

聽到「遠征半個中國，攻打山海關」，果然，楊玄感深感自身執行力不足，連連搖頭道：「公之下計，乃吾上策。」

眼看，洛陽久攻不下，隋煬帝遂下令宇文述率領一支偏師回援，這下可好了，楊玄感兵敗被殺，首級被送到了楊廣的案上。李密也成為了俘虜，被押往洛陽。

途中，李密用鉅款賄賂看守之人，僥倖逃跑。他投奔幾個頗有名氣的頭領，包括寫《無向遼東浪死歌》的王薄，可惜這些首領根本看不起他。

李密又潛逃到淮陽，投靠姐夫，隱姓埋名。閒暇之餘，作詩一首，自比蕭何、樊噲，抒發壯志難酬，懷才不遇之情：「秦俗猶未平，漢道將何冀？樊噲市井徒，蕭何刀筆吏。一朝時運會，千古傳名謚。寄言世上雄，虛生真可愧。」

興許是，李密覺得自己的詩寫得太好了，自己被感動地哭了，便在大街上捶胸頓足，號啕大哭。結果引起了人們的注意，認出了他，而向官府舉報。

李密只好再次潛逃，卻連累姐夫與朋友被滅了滿門！

楊廣繼位初年，坊間便流傳著一首童謠：「桃李子，得天下；皇后繞揚州，宛轉花園裡。勿浪語，誰道許？」意思是皇帝、皇后將出行到揚州，不得返回都城，有位姓李的人，將取代隋朝。

李密也許就是用這首童謠激勵著自己，因此沉默了三年，默默付出許多努力。瓦崗寨在河南，距離淮陽不是太遠。加上朋友王伯當在彼處，李密便打算到瓦崗寨碰碰運氣。

李密曾是隋朝的蒲山郡公，世代公侯的氣度、見識並非翟讓等人能比。李密對翟讓道：「想當年，劉邦、項羽全是以布衣稱帝。現在楊廣昏庸無道，躲在揚州等死，大隋開國精銳在遼東損失殆盡。這就是劉邦、項羽建功立業的時機。憑您的雄才大略，兵強馬壯，想要攻下長安、洛陽，奪取天下，拯救黎民易如反掌！」

翟讓連連搖頭，道：「我們只不過是一群強盜，一天到晚都在草叢之間苟且活命，您所說的，不是我們所能做到的。」[8]

聽到翟讓的回答後，李密用重金賄賂其軍師賈德[9]，請他勸說翟讓。賈德與翟讓進行了一場很有趣的對話。

賈德對翟讓道：「大當家的，我算了一卦，按照李密說的幹，會大吉大利。」又道：「你必須全力支援他，才能實現目標。」

翟讓不明白，道：「如你所言，李密那麼厲害，為什麼不自己一個人做，反而要來找我？」[10]

賈德裝模作樣地又卜了一卦，對曰：「世上萬物都是相互聯繫發展的。李密之所以投奔你，因為你名字中有翟，翟是澤的意思。李密是蒲山郡公，蒲草非澤則不生，所以必須有你才行！」[11]

翟讓果然信了，於是邀請李密入夥。

❁ ❁ ❁

李密擅長謀劃，具有傑出的戰略眼光，而徐茂公、單雄信、程咬金、王伯當等勇將，個個能征善戰，執行力超強。李密與瓦崗群雄的組合，可謂是隋末亂世最強大的團隊之一。李密在短短幾個月間便領導瓦崗寨做了兩件大事。

第一，收服周邊流寇，攻打滎陽，斬殺張須陀。

李密毛遂自薦，遊說群盜，「所至輒降下」，使瓦崗寨實力大增。李密又勸說翟讓攻打滎陽周邊，建立穩固的根據地，結束瓦崗軍的流寇生涯。

李密足智多謀，瓦崗群雄英勇擅戰，很快地便拿下了金堤關，兵鋒直指滎陽。

滎陽乃中原重鎮，項羽、劉邦曾在此處對戰過。若奪取滎陽，向東能威脅洛陽，向西則可攻打虎牢關，奪取關中。

洛陽朝廷派出百戰名將張須陀進攻瓦崗軍。張須陀是隋朝名將，提一旅之師，擊敗的義軍沒有上百萬，也有幾十萬，打敗過瓦崗寨三十多次。張須陀麾下

8 原文為：吾儕群盜，旦夕偷生草間，君之言者，非吾所及也。
9 此為《隋唐演義》中徐茂公的原型之一。
10 原文為：如卿言，蒲山公當自立，何來從我？
11 原文為：事有相因。所以來者，將軍姓翟，翟者，澤也，蒲非澤不生，故須將軍也。

的猛將秦瓊、羅士信皆有萬夫不當之勇。

翟讓聽到張須陀要來，有點膽怯，在會議上道：「我曾經敗在張須陀的手下，現在聽到他要來，特別害怕，咱們還是逃走吧！」

李密喊叫：「張須陀有勇無謀，一戰可擒。大哥您只要列好陣勢就行了！」

結果是，張須陀擊敗翟讓後，中了李密的埋伏。徐世績、單雄信、王伯當等瓦崗豪傑一擁而上；張須陀身死陣中，其猛將秦瓊、羅士信後來也投靠了瓦崗軍。

經此一戰，瓦崗軍打敗了隋朝正規軍不可戰勝的神話，名聲大噪，李密的個人威望更是如日中天。

第二，攻取興洛倉，擴軍數十萬。

李密胸懷大志，很快便有了一個大膽的計畫。他向翟讓建議：「如今天下大亂，全國多處鬧饑荒，什麼最重要？糧草！您如果能率軍親自拿下興洛倉，再散糧救濟百姓，到時人心所向，想湊足百萬人馬非常容易。一定要珍惜機會！」

這便是：「明公親率大眾，直掩興洛倉，發粟以賑窮乏，遠近孰不歸附？百萬之眾，一朝可聚，先發制人，此機不可失也！」

興洛倉距離滎陽不遠，江南經大運河運來的糧食約二千四百萬擔囤積於此，與關中永豐倉、河北黎陽倉，並列全國三大糧倉。

不料，翟讓卻道：「我就是個農民，聲望太低。請你先上，我帶領諸君殿後。」[12]

眼見翟讓又退讓了，李密便慨然領命，親率王伯當等七千名勇士奇襲攻下興洛倉，接著開倉放糧。附近幾十萬名老百姓扶老攜幼，前來領糧食。[13]

掌握了糧倉，等於有了無窮無盡的兵源，瓦崗軍幾乎在一夜之間便擁有了三十多萬的大軍。隋東都留守越王楊侗急忙命大將劉長恭、裴仁基奪回興洛倉。李密與諸將商議後，一路在橫嶺阻擊裴仁基。自己則親率主力，在石子河迎戰劉長恭。石子河一戰，瓦崗軍大敗隋軍。後來，裴仁基父子也投靠了瓦崗軍。

李密的功勞和威望達到了頂點。連瓦崗元老王伯當、徐世績等人也在勸說翟讓讓位給李密。

西元六一七年二月，李密在兄弟們的推舉下，自封「魏公」，祭天登位，設置官署，離皇位似乎只有一步之遙。

12原文為：僕起隴畝之間，望不至此，必如所圖，請君先發，僕領諸軍，便為後殿。
13原文為：開倉恣民所取，老弱繦負，道路相屬。

值得一提的是，李密請隋朝降臣祖君彥寫了一篇討伐隋煬帝的檄文，且傳檄天下，其中「罄南山之竹，書罪未窮；決東海之波，流惡難盡」成千古絕句。這便是成語「罄竹難書」的來歷。

魏徵曾在李密手下效力，他描述瓦崗寨勢力最顛峰時：「七國之地，四為我有；五都之所，三在域中；胡騎千群，長戟百萬；飲馬則河洛可竭，作氣則嵩華自飛；近無不懷，遠無不肅；聲溢寰宇，威懾華夷。」

雖然內容有文人的誇張描述，但足可見瓦崗寨的實力之盛！瓦崗寨這塊餅越做越大，卻無法將蛋糕分得令所有人滿意。

瓦崗軍的勢力，大致可以分為李密嫡系一派、翟讓的瓦崗軍元老派，還有秦瓊等代表的降將派。其中，降將派的能力最強，自然會被李密拉攏，委以重任。為此，元老派中很多人心生不滿。

翟讓的哥哥翟弘，是瓦崗寨的元老之一，多次向翟讓抱怨：「兄弟啊！你真是太傻了！皇帝的位子必須由咱們家人來坐，怎能拱手讓給李密呢？你如果不願意當皇帝，就應該讓給我啊！」

翟讓的親信王儒信勸翟讓從李密手中奪回權力。翟讓聽完之後哈哈大笑，沒將這話當一回事。李密聽說這兩件事後，心中忌憚不已，唯恐翟讓真的被說動了。

翟讓極為貪財，竟然敲詐李密的左長史房彥藻說：「你們上次攻破汝南，搶到的金銀財寶怎麼全部都給了魏公？魏公是我一手扶立的，日後還不知如何呢！」

房彥藻是李密的心腹，立刻向李密彙報，並建議他早日除掉翟讓：「翟讓貪婪、自大、不仁，有取代您的意圖，應早點籌謀了。」

李密猶豫不決，畢竟翟讓是瓦崗寨的創始人，軍中擁護者眾多，而且有恩於自己。李密道：「現在天下未定就殺自己人，還怎麼幹大事？」

李密的猶豫是有道理的，太原李淵父子攻占了關中之地，竇建德盤踞在河北，王世充占據著洛陽；蕭銑則在江陵稱王，梁師都霸占著朔方，楊廣在江東依舊有三十萬府兵！

如果瓦崗軍內訌，損耗實力，該怎麼辦？

李密的左司馬鄭頲也勸他：「毒蛇蜇手，壯士斷腕求生，兩害相權取其輕。如果翟讓先下手，咱們後悔就晚了！」[14]

李密想起了鴻門宴中的項羽，一咬牙，一跺腳，狠狠地點點頭。碰巧的是，

---

14 原文為：毒蛇螫手，壯士解腕，所全者大故也。彼先得志，悔無所及。

翟讓竟然派人傳信，讓李密請自己吃飯！

天予不取，反受其咎！

於是，發生了本文開頭的一幕。

※※※

翟讓被砍死後，李密埋伏的精銳悍卒衝了出來，衝著翟讓的心腹一陣亂砍！翟弘、王儒信、單雄信等人慌忙拔劍抵抗！單雄信大叫道：「懋功，我們聯手殺出去！」

徐世績的反應快，大叫一聲，跳出窗戶！可惜，還是被士兵對著脖子一刀砍倒在地。士兵打算再補上一刀時，王伯當慌忙大喊：「刀下留人！」因此，救了徐世績一命。

一陣亂砍後，翟弘、王儒信等人倒在血泊之中，一身是血的單雄信、邴元真看到李密走來，對視一眼，就扔下寶劍，雙膝跪在地上將頭磕得砰砰響！大呼：「魏公饒命！魏公饒命！」

李密淚流滿面地扶起單雄信、邴元真等人，道：「兄弟，我也是迫不得已啊！」又命人救治徐世績。

事後，李密召集秦瓊、羅士信、單雄信、徐世績、王伯當、邴元真、程咬金、魏徵等大大小小幾百名、幾十名文武官員開大會，他安撫大家：「兄弟們聚在一起的目的是除暴安良，拯救天下黎民！可是翟司徒貪得無厭，欺壓同僚，我只殺他一家，你們不要擔心，咱們繼續做大事業！」

李密用人不疑，疑人不用，令徐世績、邴元真、單雄信等人分別統領翟讓舊部。幾個月後，當李密與王世充激戰正酣時，邴元真、單雄信臨陣逃脫，徐世績坐觀成敗，結果李密慘敗，只剩下一、二萬人。眾將與李密離心離德，不願意接受他的指揮，李密無奈投降唐王李淵。後來，被李淵誅殺，瓦崗軍正式退出歷史舞台。

昔日的瓦崗寨大將，秦瓊、羅士信、徐世績等人帶著手下紛紛降唐，立下赫赫戰功，成為大唐開國元勳。值得一提的是，象徵大唐最高功勳榮耀的凌煙閣二十四功臣，有五位出身於瓦崗軍，分別是鄭國公魏徵、英國公徐茂公、盧國公程咬金、長平郡公張亮、胡國公秦瓊。其餘瓦崗文武將士成為唐朝重臣者，不在少數。

翟讓、李密辛辛苦苦創建的瓦崗軍，為李唐做了嫁衣。

古人常說：「寧學桃園三結義，莫效瓦崗一爐香。」同樣是起於草莽，桃園三兄弟劉備、關羽、張飛，幾十年來，生死與共，患難相隨，不離不棄。張飛的孫子與魏軍血戰到最後一息，慷慨赴死；張飛的兒子陪劉禪遠赴洛陽；劉備的孫子劉諶在祖廟自殺；關羽的孫子更是被魏軍滅了滿門。三代人無愧於結拜時所許下的誓言。

瓦崗軍與桃園兄弟相比，只是曾共患難，卻未能共富貴。

王夫之歎道：「以殺翟讓故，諸將危疑，一敗於邙山，而邴元貞、單雄信亟叛之；密欲守太行、阻太河以圖進取，而諸將不從，及粗帥以降唐，則欣然與俱，而密遂以亡。」

這段話的意思是，瓦崗軍的覆滅就是從李密在飯局上殺死翟讓開始的。

首先，翟讓確有取死之道。若無李密，也許瓦崗軍只是一夥強盜，早晚會被吞掉。翟讓自知能力不如李密，且已交出了權力，就應當明哲保身，約束親屬，效忠李密，方能避免殺身之禍，待瓦崗軍取得大業後，自己就可跟著水高船漲。

秦末，蕭何為縣主薄，卻主動將義軍首領的位置讓給小小的泗水亭長劉邦，且一生竭力輔佐；鎮守後方時，擔憂劉邦懷疑自己，便將兩個兒子送到前線當人質。他擺正了自己的位置，終得善終，子孫世代公侯，與天家相始終。

其次，李密做事也欠考慮。雖然瓦崗軍是在李密手中才成為天下第一勢力的，可是若無翟讓的收留，李密怎麼會從無處容身的通緝犯一躍成為瓦崗軍的第一號頭領呢？

以李密的實力，完全可以收攏翟讓的軍權，剪除其羽翼，給與高官尊位，卻不予實權。

劉備奪取劉璋的基業後，仍然讓劉璋富貴終身；趙匡胤叛變大周後，仍厚待柴家子孫。李密的胸懷與這二位相比，終究還是差上一大截。

看著翟讓一家的屍體，無論是元老派的徐世績、單雄信等，還是降將派的秦瓊、羅士信等，甚至是普通將士都會心寒。因為無論他們如何捨身忘死，立下多少戰功，也不可能比得上翟讓對李密的恩情！所以，瓦崗軍在李密殺翟讓後，戰鬥力直線下降，單雄信、邴元真、秦瓊等大將才會背棄李密。李密失去了開國稱帝的機會，瓦崗軍也煙消雲散。

這便是那場飯局給我們帶來的反思。

趙國公府宴

皇權與相權的較量

西元六五四年七月中旬的某天上午，唐高宗李治攜昭儀武媚娘，乘坐龍車鳳輦來到趙國公府，拜訪舅舅——當朝太尉長孫無忌。

時至晌午，李治依舊和長孫無忌互相恭維，東拉西扯，絲毫沒有要回宮的意思。年近六旬的長孫無忌，捋著花白的鬍子，頗有深意地瞅了瞅武昭儀。跪坐在李治身後的武昭儀回以長孫無忌一個甜美、矜持的微笑。

長孫無忌禮貌地點點頭。於公，李治是大唐天子，於私，來的是外甥與外甥的老婆。到了吃飯的時間，總不能不招待他們吧？

出於禮貌，長孫無忌極力挽留李治夫婦，用膳之後再離開。李治假模假樣地拒絕，武媚娘嬌笑道：「陛下，國舅爺一番美意，咱們吃過飯再走吧！」

李治哈哈大笑道：「既然如此，就叨擾舅舅了。」

長孫無忌微微一笑，心想：「李治啊，你擺明就是要到舅舅家蹭飯[1]啊！一定有要事求我。」事已至此，長孫無忌只好設宴款待李治夫婦。

❀ ❀ ❀

李治是唐太宗李世民與長孫皇后的第三子，本無資格成為大唐天子，因他上面有一母同胞的大哥前太子李承乾和二哥魏王李泰。

中國古代皇位傳承採嫡長子繼承制。所謂嫡長子，便是正妻所生的長子。李世民即位後，便封長子李承乾為大唐太子。

中國帝王史上存在一個頗為奇特的現象。但凡殺伐果斷、雄才偉略、大有作為的君王，其嫡長子總是性格仁厚，不類其父，令君王不滿。例如，秦始皇將勸諫自己的長公子扶蘇，攆至九原監軍；漢高祖多次想廢了嫡長子劉盈的太子之位；漢武帝的太子，史稱「寬厚仁孝」的劉據更是被逼到舉兵謀反的地步。

唐太宗李世民父子也是經典的例子。李世民對太子李承乾十分嚴厲，對魏王李泰卻表現出非常喜愛的模樣，導致李泰覬覦皇位。

乾脆一不做二不休。貞觀十七年，李承乾勾結大將侯君集等人發動政變，強行逼宮。

想當年李世民逼父起兵，南征北戰，推翻隋朝。玄武門之變，李世民殺兄囚父，才登上皇位，又豈會不防著自己的兒子呢？

李世民是天下謀反經驗最豐富、能力最強的人，在他眼皮底下謀反真是班門弄

1 指白白到別家吃飯或跟着別人吃飯，自己不掏錢。

斧。李世民兩三下便擺平了李承乾。

一個造反的兒子，無論如何都不能被立為太子。李世民許諾立魏王李泰為太子，李泰太開心了，有些得意忘形，抱著李世民撒嬌，說了兩句很傻的話：「我現在才成為老爹最親的兒子，宛如重生之日！我只有一個兒子，在我死之前，我會殺了他，傳位給晉王李治！」[2]

李世民感到一陣陣惡寒。他將魏王的話告訴了大臣褚遂良。褚遂良跟隨李世民二十多年，不僅是大書法家，更是一代能臣，他勸諫李世民：「陛下去世之後，魏王成了皇帝，怎麼可能會殺了兒子，傳位給弟弟呢？」[3]

李世民有十幾個兒子，難道不能立別的庶子為太子嗎？答案是很難。當年玄武門之變時，長孫皇后與諸將、諸學士，同生死，共患難，已結成了牢固的利益共同體。長孫無忌、房玄齡、杜如晦、程咬金、尉遲敬德、侯君集等在貞觀時掌握實權的文武大臣，多是「玄武功臣」，絕對不會允許一個與他們毫無利益關係的人登上皇位。

為了安排好身後事，李世民立太子必須優先考慮長孫皇后生的三位嫡子。魏王如此心狠手辣，如果當了皇帝，李承乾、李治恐怕性命難保。李治仁厚，可以保全兄弟們。正是：「泰立，承乾、晉王皆不存；晉王立，泰與承乾可無恙也。」

某次，開完會之後，李世民召集長孫無忌、褚遂良、房玄齡、李勣四位大臣開會，李世民道：「我決定立晉王李治為太子，你們有什麼意見？」

常言道，見舅如見娘。孩子的娘不在了，國舅長孫無忌搶先站了出來，殺氣騰騰地道：「堅決擁護陛下的決定，誰反對，我長孫無忌就殺了他！」房玄齡、李勣等也立刻表態擁護。

李世民示意兒子李治去給舅舅磕頭。李世民又問道：「你們幾個同意了，其他大臣呢？」

長孫無忌將胸脯拍得砰砰響：「百官如果反對，老臣立刻自殺謝罪！」

李世民終於鬆了一口氣。有那麼強悍的舅舅罩著，李治應該可以坐穩江山了吧？於是，貞觀十七年，李世民立十六歲的李治為皇太子。誰知，沒過多久，李世民便看李治不順眼了：哼，窩窩囊囊，絲毫沒有自己的殺伐決斷！他覺得吳王李恪英武非凡，更有自己的風采，便動了易儲的心思。

2原文為：臣今日始得與陛下為子，更生之日也。臣唯有一子，臣百年之後，當為陛下殺之，傳國晉王。
3原文為：安有陛下百年之後，魏王執權為天下之主，而能殺其愛子，傳國於晉王者乎？

李世民便對長孫無忌抱怨：「你勸我立李治，可我卻看他像個窩囊廢，根本沒本事守住大唐江山。吳王李恪最像我！立他為太子如何？」

李世民為什麼要問長孫無忌的意見呢？因為長孫無忌是已故長孫皇后的親哥哥，本人滿腹韜略，不僅是一代名士，更是關隴貴族集團的代表。李家打天下靠的便是關隴集團，如果太子得不到關隴集權的支持，李世民死後，恐怕政局會不穩。

長孫無忌道：「大唐社稷需要一位仁厚的守成之君，國家儲君不能換來換去，請陛下深思。」[4]

長孫無忌未必沒有私心，因為李恪的母親是隋煬帝的女兒，背後是江南世族；如果李恪為帝，關隴貴族的政治地位會受到威脅。更何況在和平年代，沒有文臣喜歡性格強勢的君王，因其不易控制。

以長孫無忌為代表的關隴貴族表態了，李世民無可奈何，總不能大開殺戒，清洗朝堂吧。

❋ ❋ ❋

貞觀二十五年（西元六四九年），李世民駕崩於翠微宮，以長孫無忌、褚遂良、于志寧、李勣等為顧命大臣，輔佐朝政。李治登基，史稱唐高宗，改年號為永徽。

朝廷政局不太平穩，高陽公主聯合其夫君房遺愛（房玄齡之子）、柴令武（柴紹與平陽公主之子）、荊王李元景（李淵之子）、巴陵公主（李淵之女）等勳貴意圖謀反。議事不密，被人舉報。

長孫無忌、褚遂良輕鬆地拿下了這些宗室勳貴後，利用鬥爭擴大化的手段，透過嚴刑逼供，誣陷吳王李恪、江夏王李道宗、李淵之女婿薛萬徹等人，欲將他們或殺或貶。

吳王李恪被弓弦絞死前，破口大罵：「長孫無忌竊弄威權，陷害忠良，李家列祖列宗在天之靈，一定讓長孫無忌滅族！」

高陽公主謀反案疑雲重重，被稱為初唐的第一政治冤案。此案過後，長孫無忌、褚遂良等人權勢大增，因為分權的人變少了。

李治曾在朝堂上哭著為親戚們求情，能不能少殺幾個？被長孫無忌、褚遂良拒絕了。

4原文為：太子仁厚，真守文良主；儲副至重，豈可數易？願陛下熟思之。

李治便開始對長孫無忌有些不滿，被此案牽連而死的幾百人，基本上都是李治的血親，包括他的姐姐、姐夫、妹妹、妹夫、叔叔、哥哥、弟弟、表弟。這些人是李唐宗室經歷血與火的考驗後，留下來的優秀人才。

唐太宗晚年曾點評過貞觀諸位名將：「當今名將，唯李勣、江夏李道宗、萬徹而已。」一場冤案牽連了兩個名將。

多年以後，武則天奪權，宗室、勳貴人才凋零，無力反抗，多是因為永徽年間的政治冤案。李世民常說李治「仁儒」，說白了就是懦弱。可是，有件事李世民卻看走眼了。在他重病正躺在翠微宮的龍床上等死的時候，侍奉湯藥的李治便與武媚娘（當時是李世民的才人）眉目傳情。

李世民駕崩後，依照慣例，武媚娘到感業寺出家為尼。可是她不甘心，絞盡腦汁寫了一首情詩《如意娘》，托人帶給李治：「看朱成碧思紛紛，憔悴支離為憶君。不信比來長下淚，開箱驗取石榴裙。」（意思是：我將紅色看成綠色。為什麼呢？因為思念著你，令我精神恍惚。不能和你在一起，我身體憔悴，魂不守舍。如果你不相信我哭泣了，請打開箱子，看我石榴裙上的斑斑淚痕。）

英雄難過美人關，最難消受美人恩。李治看到這首情詩早已淚流滿面。二十三歲的李治藉口為李世民上香祈福，前往感業寺找武媚娘。

宮裡適逢王皇后與蕭淑妃爭寵，皇后派人將武媚娘接入皇宮，意圖多個幫手。武媚娘大喜，入宮以後與李治恩愛纏綿。一年後，生下了長子李弘，母憑子貴，武則天升二品昭儀。

納蘭容若有詞云：「人生若只如初見，何事秋風悲畫扇。等閒變卻故人心，卻道古人心易變。」李治與王皇后曾是少年夫妻，耳鬢廝磨，恩愛纏綿。可有了武媚娘後，兩人的感情便淡了。

武媚娘不斷吹枕頭風，李治耳根子軟，決定廢掉王皇后，立武媚娘為后。古代君權社會中，皇后象徵一國之母。李唐王室出身的隴西李氏、趙郡李氏、清河崔氏、博陵崔氏、范陽盧氏、滎陽鄭氏、太原王氏七大世族並列為「五姓七族」。

王皇后便是太原王氏嫡女，她本人端莊大方、賢良淑德，是李世民親自挑選的太子妃。李世民彌留之際，曾對長孫無忌、褚遂良等顧命大臣說：「佳兒佳婦，託付給卿。」

王皇后代表著山東世族在朝廷的利益，象徵著李世民留下的政治傳統。如果要廢掉王皇后，李治首先要得到百官之首長孫無忌的支持。

長孫無忌是凌煙閣二十四位功臣之首，為大唐的建立與發展立下赫赫功勞。三朝老臣、當朝太尉、顧命大臣，權傾朝野，又是李治的親舅舅。若不是長孫無忌的全力支持，李治也不會被李世民立為太子。

於是，李治與武媚娘帶著禮物親自蒞臨太尉府，拜訪長孫無忌，發生了一場頗為有意思的飯局。飯局的東家雖然是長孫無忌，真正布局的卻是李治。

酒菜上齊後，李治為了灌醉長孫無忌，用各種理由敬酒。目的很明顯，想等舅舅喝醉之後，答應廢王立武。大丈夫一言九鼎，總不能事後反悔吧！

酒是好酒，太宗皇帝身前御賜的美酒，甘冽醇厚。可惜李治低估了長孫無忌的酒量。

李治自己喝得面紅耳赤，雙眼漸漸迷離，長孫無忌卻像沒事的人一樣！武媚娘急忙示意李治不要再喝了。

李治晃晃腦袋，端著酒爵道：「舅舅，朕的表兄弟們現在都在做什麼呢？」

長孫無忌扳著手指頭數了起來，長子長孫沖是駙馬都尉，二兒子長孫渙官至鴻臚少卿……最後，算了一下，還有三個庶子因為年幼，尚未步入仕途。

李治道：「舅舅您老人家是大唐凌煙閣第一功臣，表弟們一個個也是人中之英，怎麼能不為朝廷效力呢？這樣吧，舅舅，朕先封他們為朝散大夫，以後，優先提拔，重點栽培！」

「多謝陛下隆恩，長孫家世世代代願為陛下效死。老臣先乾為敬！」長孫無忌慌忙敬李治一杯。

朝散大夫是從五品，可以身穿紅袍。無數寒門子弟，為朝廷效力半生，也混不到從五品。唐朝大詩人白居易才華橫溢，勤政愛民，一直到五十歲，才擔任朝散大夫。

李治放下酒爵後，道：「朕今天心裡真的很開心，看到舅舅老當益壯，不減當年，表兄弟們又是一時俊傑，前途無量！」接著又道：「舅舅您也知道，王皇后沒有給朕生兒子，而武昭儀已為朕生了一個兒子！您看……」

李治一臉期待地看著長孫無忌。

「哎喲！」長孫無忌道，「老臣恭喜陛下，恭喜武昭儀，來來來！陛下、武昭儀，滿飲一杯。」

李治與武媚娘對視一眼。

李治又道：「舅舅，這些年您為國操勞，萬分辛苦。朕為您準備了十大車的金銀珠寶和上等綢緞，請您笑納！朕敬舅舅一杯！」長孫無忌是貴族出身，從小吃著山珍海味，穿著綾羅綢緞，從沒缺過錢。當年還為李世民管過國庫，是見過大世面的，區區幾車財貨根本看不上眼。

長孫無忌道：「謝陛下隆恩，老臣敬陛下一杯！」

李治懶得再陪長孫無忌瞎聊下去，直接道明來意：「舅舅，您老人家功高蓋世，無論得到多少賞賜都是理所應當的。王皇后沒有兒子，武昭儀為朕生了一個兒子，朕論功行賞，武昭儀也該立為皇后啊！」

長孫無忌道：「陛下喜得龍子，老臣心裡高興，今天不醉不歸，繼續喝。」

李治覺得不耐煩了，道：「朕敬你！舅舅如果答應，就喝。如果不答應，就自罰一杯。」長孫無忌道：「這麼大的事，老臣也做不了主，陛下還是問問褚遂良他們的意見吧。今天，咱們喝酒，喝酒！」

李治屢屢請長孫無忌支持自己，可是長孫無忌總是顧左右而言他。最後，李治與武媚娘氣呼呼地拂袖而去。這便是：「上及昭儀皆不悅而罷。」

❀ ❀ ❀

回到皇宮後，李治破口大罵：「王皇后是山東世族的女兒，又不是關隴貴族，舅舅為什麼不幫朕一把？」

李治想著自己可是堂堂大唐天子，殷勤勸酒，好話說盡，低三下四地拉攏這位臣子，他竟然還推三阻四。

子曰：「知恥而後勇。」在趙國公府宴受到的羞辱令李治覺醒了，體內太宗皇帝強悍、剛烈的血脈被喚醒：決定不惜一切代價，也要立武媚娘為皇后。李治召集長孫無忌、褚遂良、李勣、于志寧等人一起商議廢王立武的事項。

四位大臣在會議室外碰面溝通。

于志寧亦是關隴貴族出身，學問非常好，曾經與魏徵一起擔任過李承乾的老師，後來又輔佐李治。他曾親眼看見過李承乾的叛亂，至今心有餘悸，並不想摻和皇家的事，所以，他提議由長孫無忌或者李勣先發言。

褚遂良不同意，他對長孫無忌道：「太尉是國舅，如果進諫不能如意，會使皇上受到嫌棄、受到親人的嘲笑。」接著他又對李勣道：「司空是國家功臣，如果進諫不能如意，會使皇上蒙受擯斥功臣的嫌疑。」

那麼，誰應出頭和李治吵架呢？褚遂良毛遂自薦道：「我是先帝留下的托孤大臣，如果不竭盡全力，將來在九泉之下，真沒臉見先帝！」

這時候，李勣開口了：「諸位，老夫身體不舒服，頭暈腦晃，實在撐不住了。見到陛下後，恐怕會御前失儀。先回家吃藥了，麻煩諸位替我和陛下請病假。」

李勣長袖一揮，頭也不回，大步離開。剩下的三位大臣不僅沒有生氣，還對其行為頗為讚賞。李勣是軍方代表，皇帝讓他參會，是給他面子。他主動退出，是懂進退。

三位大臣硬著頭皮，走進會議室。李治面容嚴肅，開門見山道：「人活著最大的罪過就是沒有後代。王皇后不能生兒子，我想立武昭儀為后！」

褚遂良大聲道：「皇后出身名門貴族，賢良淑德，沒有失職行為。先帝重病時，曾拉著我的手，對我說：『我的好兒子、好兒媳婦就託付給你了！』陛下您當時也在旁邊，親耳聽到，言猶在耳！」

「即使陛下真的不喜歡王皇后，也應該到名門望族中另選皇后。武昭儀是先帝的才人，你立她為皇后，會讓天下人恥笑！」[5]

李治被罵得滿臉通紅，褚遂良將朝笏[6]往地上一摔，跪在地上，拼命磕頭，血流滿地！他大叫道：「陛下，若不聽我的話，就讓我回家種田吧！」

躲在帷幕後的武媚娘聽不下去，跳出來，大叫道：「為什麼不殺掉他？」

亂哄哄的實在不成體統，長孫無忌忙道：「褚遂良是顧命大臣，不能受到如此處罰。」

總算暫時結束了這場鬧劇。

李治仍然不死心，他把躲在家裡裝病的李勣喊來，試探道：「朕想立武昭儀為皇后，可是顧命大臣褚遂良堅決反對，你認為呢？」

李勣十七歲殺人造反，經歷過翟讓、李密、李淵、竇建德、李世民等六任主公。縱橫沙場四、五十年，所向披靡，被李世民譽為：「大唐江山的萬里長城。」若不是精明至極，早死了幾百回了。

所以，李密的回答非常經典——「此陛下家事也，何必問外人？」表面上看這句話是說，陛下立誰為皇后是自己的家事，為什麼要問外人？更深層的意思是，代表軍方表態效忠大唐天子，一切聽陛下的。

得到軍方的支持，李治大喜。

很快，李治便強立武媚娘為皇后。李治、武則天提拔了許敬宗、李義府等不得志的人才，與長孫無忌、褚遂良對抗！

經過一系列殘酷的鬥爭，褚遂良被貶官至死，長孫無忌被逼死。李治奪回了顧命大臣手中的權力，在武則天、李勣等人的輔佐下，內聖外王，建立盛世。

國力蒸蒸日上，國外戰爭不斷取得勝利，國內人民安居樂業，史稱「永徽之治」。

---

5 原文為：陛下必欲改立後者，請更擇貴姓。昭儀昔事先帝，身接帷笫，今立之，奈天下耳目何？

6 古代君臣朝會時所執的狹長板子，是用玉、象牙或竹片製成的。

可以說，若沒有「廢王立武」，李治便無法奪回皇權，就不會有機會內聖外王，建立盛世！

「廢王立武」本是李治的家事，僅僅因為在趙國公府宴中，長孫無忌「敬酒不吃吃罰酒」，這才升級成為李治和元老大臣爭奪權力的鬥爭，說白了就是要解決一個問題：皇權與相權，孰強孰弱？

皇權與相權的較量，如同拔河比賽，很難保持長時間的平局，總是一方拉倒另外一方。在秦始皇、漢高祖、漢武帝、李世民、朱元璋等雄主面前，相權匍匐在皇權腳下，如鵪鶉般老實。

相權強大時：秦相趙高指鹿為馬，誅殺二世皇帝；漢相周勃、霍光廢立皇帝；曹操任相時，將漢獻帝當成傀儡；諸葛亮擔任蜀國丞相期間，僅僅獨攬大權；楊堅任北周丞相時，趁著皇權衰落，謀朝篡位，建立隋朝。

趙國公府宴上，外甥與舅舅杯觥交錯，酣飲極歡。外甥對舅舅竭盡全力收買，給表弟們封官，賜予十車金銀財貨，卻無法說服舅舅幫自己一把。

曉之以情，動之以理，誘之以利，均不起作用。求人不如求己，外甥奪回權力，鞏固皇權。一國之君何需低三下四，賠著笑臉，在酒桌上求人辦事呢？

滕王閣宴

酌貪泉而覺爽，處涸轍以猶歡

西元六七五年九月初九重陽節。時值深秋，雲煙凝結成暮靄，山巒呈現一片青紫色，實可謂秋高氣爽、風輕雲淡。

豫章郡洪都新修成的滕王閣正在舉行一場杯觥交錯、言笑晏晏[1]的宴會。

原來是洪都都督閻伯岐在滕王閣內大會賓客。酒過三巡，酒意酣暢之時，閻都督看了女婿吳學士一眼。吳學士會意，頷首微笑後，回憶自己作的十幾日序文。

閻都督銜著滿堂賓客大笑道：「諸位聽老夫一言。」

堂下賓客聽聞東家要講話，一個個放下杯箸，露出恭聽之色。

閻都督道：「今日群賢畢至，適逢重修滕王閣。諸君豈能不作文以記之，令後世之人，共饗盛宴？取紙筆來，請諸君一吐胸中塊壘！」

賓客們多是當地的官宦名紳，如宇文州牧、王將軍等人。一來是知道閻都督做此提議是為了給女婿吳學士揚名，二來他們事先也未準備，所以，面對僕人端著的筆墨，連忙推辭。

當僕人來到一位面容滄桑、身材削瘦的青年面前時，他立即站起身來，接過筆墨，放在案上，對閻都督拱手道：「區區末才下士王勃，探望家父，路過洪州，有幸赴都督盛宴，不勝感激之至。閻都督盛情難卻，不才鬥膽試筆，尚望都督及諸位先生不吝賜教。」

宇文州牧、王將軍等啞然失笑，若有所思地看了閻都督一眼。閻都督儘管心中不悅，嘴上卻道：「呵呵，請王學士一展文采，老夫等洗耳恭聽。」

閻都督看到王勃揮筆作文後，便走出宴所，坐在閣外，憑欄眺望江景，他口中訥訥道：「這王勃小兒，真是不懂人情世故。何故搶小婿風頭？」

※ ※ ※

王勃究竟是何許人也？此公表字子安，絳州龍門人，出身於書香門第。他的祖父王通乃是隋唐時期的大儒，唐初宰相如溫彥博、房玄齡、魏徵等人，均是他門下弟子。

家庭的薰陶加上自身的天賦，王勃幼時便名噪一時。據《新唐書‧王勃傳》中記載：「勃六歲善文辭，九歲得顏師古注《漢書》讀之，作《指瑕》以擿其失。」

意思是，王勃六歲便擅長寫文章，九歲時便讀了顏師古（顏回之後，唐朝初年經學家、訓詁學家、歷史學家）所注的《漢書》，還寫了一篇十卷的《指瑕》指出

1 形容言談舉止和柔溫順。

其中的錯誤。

區區九歲孩童，竟然能指出史學大家的錯誤，是何等驚世駭俗的事啊。

更傳奇的還在後面，一年後，年僅十歲的王勃便將《詩》、《書》、《禮》、《易》、《樂》、《春秋》儒家六經倒背如流，偶爾發表一下讀書心得總能獲得世人讚歎。幾年後，王勃又跟隨長安名醫曹元學習《易經》、《皇帝內經》等書，對針灸、煉丹、奇門遁甲、占卜等「三才六甲之事，明堂玉匱之數」也有所領悟。

儒家講究「學而仕則優」，滿腹經論的王勃非常有上進心，他渴望入仕施展自己的政治抱負。入仕的正常途徑便是參加科舉考試，但王勃早已等不及，便毛遂自薦。在十四歲那年，便洋洋灑灑引經據典寫了一篇一千五百字的《上絳州上官司馬書》，寄給上官司馬。可惜上官司馬根本懶得理會一個小孩子，並未回信。

因此，王勃乾脆直接給當朝宰相劉詳道寄了一封信，三千多字的《上劉右相書》，抒發自己的政治抱負，發表對朝局的看法。劉詳道讀了信後，大驚道：「神童，真是神童！」

不得不說，劉宰相的覺悟比較高，大唐為什麼能誕生神童呢？這是因為當時的皇帝很重視大唐帝國文明建設的成果，是各級官吏貫徹朝廷政策的體現。

於是，劉宰相將王勃當成祥瑞，推薦給高宗皇帝。這便是：「太常伯劉公巡行風俗，見而異之曰：『此神童也！』因加表薦。」

宰相的面子還是要給的，於是唐高宗親自面試了王勃，只見他不慌不忙，侃侃而談。

唐高宗大喜，感歎道：「奇才，奇才，我大唐奇才！」隨後便任命王勃為朝散郎，從七品。這是閒職，說白了即是擔任宮廷的御用筆桿子。

西元六六六年，王勃十六歲，其文學才華舉世公認，與楊炯、盧照鄰、駱賓王齊名，時稱「王楊盧駱大唐四傑」，史稱「初唐四傑」，王勃居首。那一年，楊炯十六歲，盧照鄰三十四歲，駱賓王四十三歲。

王勃專心本職工作，貢獻了許多歌頌時事的宣傳文章，比如當朝廷組織「郊外一日遊」或「某處宮殿竣工慶祝典禮」這樣的活動時，他便寫出歌功頌德的宣傳文章，如《乾元殿頌》、《宸遊東嶽頌》、《九成宮頌》、《拜南郊頌（並序）》等。

唐高宗對王勃極為欣賞，安排他為三兒子沛王李賢作伴讀書童，順便掌管王府的公文往來。這可是一個好職位。

李賢容貌俊秀、舉止端莊，深得唐高宗賞識。他幼年時，唐高宗曾對英國公李勣感歎道：「這個孩子已經讀了《尚書》、《禮記》、《論語》，背誦古詩賦十多篇，且過目不忘。我曾叫他讀《論語》，他讀到『賢賢易色』，反覆誦讀。朕問他為什麼反覆誦讀，他說自己內心特別喜愛這句話。朕才知這孩子的聰敏出自天性。」

唐朝初期皇帝繼承並非依循嫡長子繼承制，而是擇賢而立。唐太宗李世民、唐高宗李治皆非嫡長子。假如李賢能坐上龍椅，王勃就是從龍之臣。

政治前途遠大的王勃，在沛王府中陪著李賢優哉遊哉地過了兩三年。這段時間應該是他對生活最樂觀向上的時候，有詩為證。好友杜某要去四川當官，王勃為他送行時，揮筆寫下《送杜少府之任蜀州》：「城闕輔三秦，風煙望五津。與君離別意，同是宦遊人。海內存知己，天涯若比鄰。無為在歧路，兒女共沾巾。」

過去送別朋友的詩多哭哭啼啼、依依不捨；王勃這首詩則是大氣磅礴、意境曠達，至今傳唱不衰。

詩為心聲，可見陪未來太子讀書的王勃，生活還是挺愜意的。

長安城還流傳著王勃的傳說。王勃寫文章時有個雅好，在構思之前先磨墨數升，然後開懷暢飲，待酒酣耳熱後，拉一床被子摀著臉睡覺。等到酒過人醒，便「援筆成篇，不易一字」，時人謂之「腹稿」。這便是後世「打腹稿」的來歷。

少年得志、才高八斗、簡在帝心、前途無量等美好的成語，均可以用來形容當時的王勃。可惜，天有不測風雲，人有旦夕禍福。文采驚世的王勃，因缺乏政治素養引來了一場災禍。

❀ ❀ ❀

唐高宗時，人民生活富足，漸漸開始追求各種娛樂，尤以鬥雞最受世人的喜愛，即便是在皇室貴族中也大受歡迎。

高宗的兒子沛王李賢與英王李哲要展開一場鬥雞比賽，沛王安排王勃寫一篇檄文。檄文是古代用於徵召、曉諭的政府公告或聲討、揭發罪行等的文書。因鬥雞而寫檄文，明顯是遊戲之作。

王勃欣然從命，寫了一篇《檄英王雞》，奇文共賞，摘錄數句：「兩雄不堪並立，一啄何敢自妄？」「羽書捷至，驚聞鵝鴨之聲；血戰功成，快睹鷹鸇之逐。」「雌伏而敗類者必殺，定當割以牛刀。」

這篇檄文被唐高宗李治看到了。唐高宗差點氣歪，因為皇子之間的鬥爭是大唐最敏感的話題。當年，時任秦王的李世民發動政變，一箭射殺太子李建成，又誅殺了齊王李元吉，才成為大唐天子。而李治成為太子之前，與原太子李承乾、魏王李泰明爭暗鬥不知幾百回合。結果是李治成為九五至尊，兩位一母同胞的哥哥英年早逝。

唐高宗道：「我大唐皇子之間相親相愛、和睦共處、情比金堅，堪稱世代皇家典範。王勃這小子，竟敢離間朕的兒子們。傳旨，免去他的所有職位，讓他立刻滾出長安！」

王勃只是完成沛王交辦的工作任務，順便賣弄一下文筆而已。可是他千不該，萬不該涉及到皇族爭端話題。

可以說，王勃經世安民、出將入相的夢想就這樣結束了。

當一個年齡不足二十歲的青年，捲著鋪蓋，無奈離開奮鬥了五年的國家首都時，內心是何等悲涼、迷茫、惶恐、失望？此時的王勃大抵已經意識到了，雖然他為皇帝寫了很多歌功頌德的雄文，但是在皇帝的心中，自己只是一個弄臣而已。呼之即來，揮之即去。

「福兮禍所伏，禍兮福所倚」。王勃的政治生命雖然結束了，一種嶄新人生卻在等待著他；一片更廣闊的天地呼喚著他建功立業，他的宿命不再僅僅是一名宮廷御用的筆桿子。

生活不止眼前的苟且，還有詩酒夢歌和田園。失業後的王勃決定來一場說走就走的旅行，他將目光投向了沃野千里、山川秀麗的四川。

入蜀途中，王勃目視著雄奇山川，懷著滿腔憂憤、耿介不平之心，寫下一首首壯麗詩篇。他經過始平（今陝西興平市）時作《始平晚息》：「觀闕長安近，江山蜀路賒。客行朝復夕，無處是鄉家。」經過扶風時作《扶風晝屆離京浸遠》：「帝裡金莖去，扶風石柱來。山川殊未已，行路方悠哉。」到達四川劍閣縣時作《普安建陰題壁》：「江漢深無極，梁岷不可攀。山川雲霧裡，遊子幾時還。」旅居四川期間，王勃與「初唐四傑」中的盧照鄰相會於玄武（今四川省中江縣）。九月初九重陽節是登高望遠的節日，盧照鄰前來拜訪王勃，並邀同遊玄武山賦詩。王勃詩云：「九月九日望鄉台，他席他鄉送客杯。人情已厭南中苦，鴻雁那從北地來。」

詩以言志，王勃對長安還是充滿懷念的。

時間到了西元六七一年，朝廷在各地發布公告：「其四方士庶，及邱園棲隱，有能明習禮樂，祥究音律，於行無遺，在藝可錄者，宜令州縣搜揚博訪具以名聞。」

說白了，就是招聘民間的文藝人才。王勃心想高宗皇帝也應該氣消了，亦與盧照鄰結伴再次入長安參加招聘。「初唐四傑」中的另兩位楊炯和駱賓王，亦興致勃勃地趕到了長安。

文人圈就那麼大，四大才子結識之後，一起遊山玩水，把酒言歡，不亦樂乎。

四個人非常自信：「比文藝修養，咱們可是大唐的顛峰。」

可惜，想法是美好的，現實卻頗不如意。

當時負責招聘的主考官是吏部侍郎裴行儉，此公不僅文武兼備，出將入相，更是一代書法家，還精通相學。裴行儉面試王勃等四傑後，做出神預言：「士之致遠者，當先器識而後文藝。勃等雖有文章，而浮躁淺露，豈享爵祿之器耶？楊子沉靜，應至令長，餘得令終為幸。」

意思是說，士人若想擁有遠大的前程，必須先有度量與見識，其次才是文藝才能。王勃等人雖然很有文采，但是浮躁淺露，哪裡是能享爵位俸祿的人？楊炯比較沉靜，應該當縣令，其餘的人恐怕不得善終啊。

幾年後，盧照鄰投潁水自盡，駱賓王謀反被殺，楊炯官至盈川縣令，印證了裴行儉的預言。而王勃的結局如何呢？

裴考官看不上王勃等人，四傑自然也就落選了。爾後，因虢州盛產草藥，王勃略通藥理，便透過朋友的關係，在虢州混了一個錄事參軍。

性格決定命運。王勃在虢州任職期間，恃才傲物，不擅長處理同僚關係。《舊唐書・王勃傳》中記載：「倚才陵藉，為僚吏共嫉。官奴曹達抵罪，匿勃所，懼事洩，輒殺之。」意思是，王勃驕傲自大，目中無人，經常仗著自己的才氣，藐視領導和同事，所以人緣極差。有個叫曹達的官奴犯了罪，跑到王勃家裡藏起來。過了些日子，王勃怕事情暴露受到牽連，便殺了曹達。

這個案子實在莫名其妙，很多史學家認為王勃是被同僚設套陷害的。可結果是，虢州官吏一致通過判王勃死刑，秋後問斬。一代才子即將身首異處。

西元六七五年，唐高宗與武則天自封「天皇」與「天后」，更改年號，大赦天下。

王勃死裡逃生時，這時他已經二十六歲了。劫後餘生之後，王勃漂洋過海，探望被自己害慘的父親大人。他父親王福疇原本的工作是錢多、事少、離家近、地位高的雍州司功參軍，卻因被王勃連累，遭到流放，從天子腳下的雍州，被流放到野獸縱橫、巨蟒出沒的荒蠻之處交趾當縣令。

王勃在《上百里昌言疏》中表達了對父親的內疚心情：「如勃尚何言哉！辱親可謂深矣。誠宜灰身粉骨，以謝君父……今大人上延國譴，遠宰邊邑。出三江而浮五湖，越東甌而渡南海。嗟乎！此勃之罪也，無所逃於天地之間矣。」

秋天，王勃探望老父親時，路過洪州（今南昌）。在這兒，他達到自己的人生顛峰，閃耀千古。

在贛江岸邊有一座背城面水，號稱江南第一名勝的滕王閣。因唐高祖之子滕王李元嬰始建而得名。多年後，洪州都督閻伯岐重修滕王閣，打算趁著重陽節在閣內舉辦一場文人宴會。

聽說王勃恰好路過，閻都督便差人送上了邀請函。王勃雖然落魄，但畢竟名滿天下，用來充門面還是不錯的。宴會之上，洪都士紳名流欣賞著美女歌舞，杯觥交錯，閣內充滿了歡樂的氣氛。

酒過三巡，閻都督命令停止歌舞，朗聲道：「帝子舊閣乃洪都絕景，老夫將其修葺一新，相邀諸公到此相聚。咱們今日何不做滕王閣記，刻石為碑，讓後人知道咱們今日盛筵之況？」

於是，便發生了本故事開頭的一幕。

閻都督拂袖而去，坐在帳後越想越氣，安排手下稟報王勃到底寫了什麼，是不是真的比自己的女婿吳學士更有文采。

不一會兒，手下來報告：「豫章故郡，洪都新府。」閻都督嗤之以鼻，道：「不過是老生常談！」

另一個手下說：「星分翼軫，地接衡廬。」此時，孟學士也走到了岳父身邊，道：「不過如此，小婿也能做此文章。」

手下再報：「襟三江而帶五湖，控蠻荊而引甌越。物華天寶，龍光射牛鬥之墟；人傑地靈，徐孺下陳蕃之榻。雄州霧列，俊采星馳。台隍枕夷夏之交，賓主盡東南之美。」

閻都督捋著鬍子笑道：「嗯，盛名之下，實無虛士。此文用典精緻，對仗工整。這小子是想拜訪老夫啊！」說罷，他長袖一揮，大步走回宴廳，目睹王勃作文。

王勃腰杆挺得筆直，眉飛色舞，握著筆桿，心道：「花花轎子人人抬[2]，無論如何，也要捧一下在座的東家與本地官員，先將自己的姿態放低一點。」

王勃在潔白的宣紙上，筆走龍蛇：「都督閻公之雅望，棨戟遙臨；宇文新州之懿範，襜帷暫駐。十旬休假，勝友如雲；千里逢迎，高朋滿座。騰蛟起鳳，孟學士之詞宗；紫電青霜，王將軍之武庫。家君作宰，路出名區；童子何知，躬逢勝餞。」

---

2 這句的意思是人與人之間離不開相互維護、相互幫襯。

左右圍觀的人，哄然叫好。寫到這裡，王勃抬起了頭，極目遠眺，只見遠處波光山色交相輝映，近處則是樓閣壯麗，丹漆流彩，雲消雨停，陽光普照，天空明朗。靈感湧上王勃的心頭，一句句神來之筆飛逸而出：

「時維九月，序屬三秋。潦水盡而寒潭清，煙光凝而暮山紫。儼驂騑於上路，訪風景於崇阿。臨帝子之長洲，得天人之舊館。層巒聳翠，上出重霄；飛閣流丹，下臨無地。鶴汀鳧渚，窮島嶼之縈迴；桂殿蘭宮，即岡巒之體勢。」

「披繡闥，俯雕甍，山原曠其盈視，川澤紆其駭矚。閭閻撲地，鐘鳴鼎食之家；舸艦彌津，青雀黃龍之舳。雲銷雨霽，彩徹區明。落霞與孤鶩齊飛，秋水共長天一色。漁舟唱晚，響窮彭蠡之濱，雁陣驚寒，聲斷衡陽之浦……」

每一句都是動態的寫景佳句，足可流芳百世。閻都督、孟學士、宇文刺史等人輕聲誦讀，激動得面紅耳赤，因為他們親眼看見了一篇千古雄文的誕生！今日的宴會他們將見證歷史！

王勃完全投入創作中，他想起了在長安的少年歲月，想起被高宗皇帝攆出長安的痛楚，想起了自己在監獄中等死的煎熬，想起千里迢迢尋找父親的艱辛，甚至還想起了懷才不遇的賈誼。

王勃熱淚盈眶，揮筆寫道：「望長安於日下，目吳會於雲間。地勢極而南溟深，天柱高而北辰遠。關山難越，誰悲失路之人？萍水相逢，盡是他鄉之客。懷帝閽而不見，奉宣室以何年？」

當閻都督等人看到這些句子時，忍不住倒吸一口涼氣：「天才，真是天才！」

王勃並未自怨自艾，他告訴自己，雖然現在命途不順，窮苦潦倒，但是自己也不能忘記抱負與理想。於是他筆鋒一轉，寫道：「嗟乎！時運不齊，命途多舛。馮唐易老，李廣難封。」

「屈賈誼於長沙，非無聖主；竄梁鴻於海曲，豈乏明時？所賴君子見機，達人知命。老當益壯，寧移白首之心？窮且益堅，不墜青雲之志。」

王勃每寫一句，宴會眾人便情難自禁地跟著高喊：

「酌貪泉而覺爽，處涸轍以猶歡。」

「北海雖賒，扶搖可接；東隅已逝，桑榆非晚……」

眾人面色通紅，如痴如醉。一番揮灑之後，王勃漸漸清醒，揮筆做一番謙虛的語言：「臨別贈言，幸承恩於偉餞；登高作賦，是所望於群公。敢竭鄙懷，恭疏短引；一言均賦，四韻俱成。請灑潘江，各傾陸海云爾。」

最後這段謙虛的話的意思是，承蒙大人們恩賜，讓小子有機會在宴會上作序一篇。至於登高賦詩，只能指望在座的諸公了。小子只是冒昧地胡謅了幾句，作短短的引言，抛磚引玉。接下來就邀請在座的各位施展潘岳、陸機一樣的文筆，各自譜寫瑰麗的文章吧！

王勃最後留下一首序詩，也不與宴會諸公打招呼，便瀟灑而去，只見宣紙上寫著：「滕王高閣臨江渚，佩玉鳴鸞罷歌舞。畫棟朝飛南浦雲，珠簾暮卷西山雨。閒雲潭影日悠悠，物換星移幾度秋。閣中帝子今何在？檻外長江□自流。」

宴會上的眾人沉浸在文中，一時沒留意，王勃已頭也不回、邁著大步飄然遠去。

眾人圍著這篇雄文，紛紛發表意見：「所空的這個字，莫非是水？」「不對，應該是獨！」

閻都督皺著眉頭，捋著鬍子，道：「水字太俗，獨字與意境不符。來人，速去請教王學士！」

當侍從心急火燎地趕上王勃，詢問所留的空白究竟是何字時，王勃哈哈大笑道：「小子將字留在上面了，請再觀之。」

侍從不解地摸著腦袋，將王勃的話回稟了閻都督等人。閻都督一拍腦袋叫道：「是一個空字！閣中帝子今何在？檻外長江空自流。妙哉！妙哉！」眾人皆嘆服。

一年後，《滕王閣序》傳遍大江南北，亦傳到了高宗皇帝的書案上，李治輕聲誦讀《滕王閣序》：「……懷帝閽而不見，奉宣室以何年？……屈賈誼於長沙，非無聖主……所賴君子見機，達人知命。老當益壯，寧移白首之心？窮且益堅，不墜青雲之志……」

唐高宗閉上了眼睛，許久才睜開，他贊道：「真乃罕世之才，罕世之才！《滕王閣序》真乃千古絕唱，天下第一文！勿使賈生舊事在本朝重演。當年朕因鬥雞文逐斥了他，是朕之錯也。王勃何在？速請王勃入洛陽，朕要重用他。朕要他歌詠這大唐盛世！」

過了不久，身邊的宦官前來稟報：「上年，王勃去交趾看望其父之後，途經南海，溺水受驚而死。」唐高宗身子一震，口中訥訥道：「可惜！可惜！真可惜！」

一場小小的滕王閣宴本是閻都督為了幫女婿揚名所舉辦，因為王勃的偶然參與而光照千古！王勃酒酣耳熱之際，借著書寫《滕王閣序》的機會，以神一般的文筆，抒發了自己的抱負與懷才不遇之情。

《滕王閣序》是以駢文的體裁寫成的。駢文的特點是對仗工整、辭藻華麗、聲律鏗鏘，其缺點卻是因為太注重形式，導致內容表達不易發揮出來，但是《滕王閣序》卻發揮了駢文的優點，將用典、寫景及抒情極好地融合在一起，全文不過七百餘字，就用典二十多處，貢獻了高朋滿座、勝友如雲、萍水相逢等膾炙人口的成語。

在寫景上，《滕王閣序》由近及遠，從樓閣到山川，濃墨重彩地描寫了滕王閣的秋景，尤以「落霞與孤鶩齊飛，秋水共長天一色」成為千古絕唱。

在抒情上，僅僅一句「老當益壯，寧移白首之心？窮且益堅，不墜青雲之志」不知令古今多少人熱淚盈眶，引以為座右銘。

王勃以飽滿的激情、高昂的鬥志與過人的才華衝破了六朝以來的靡靡之音，更融入大唐盛世積極主動的開拓精神，將多樣化的寫景手法與真摯的情感融為一體，打造中國駢文的代表作。

滕王閣宴上的《滕王閣序》被好事者譽為天下第一駢文，堪稱前無古人，後無來者。即使是高舉反駢旗幟的古文宗師韓愈，讀了之後也大為讚賞，稱頌其「讀之可以忘憂也」。

從這個意義上來說，王勃雖然在最年輕的歲月中過世，但是他在文學史上的地位確是不朽的。

一位懷才不遇、命途多舛，卻又不甘不屈、渴望實現心中志向的人，不願意辜負美好時代的人，必將永遠激勵後來者不懈努力、竭力向前。

請君入甕

善惡到頭終有報

西元六九一年深秋的一天，傍晚的洛陽城有了一絲絲陰涼。武周御史中丞來俊臣在府邸準備了一場豐盛的午餐，與秋官侍郎、文昌右丞周興開懷暢飲。二人隔著一張食案相對而坐。食案上擺著一壺美酒與各種佳餚。

來俊臣殷勤勸酒，周興來者不拒。酒過三巡，菜過五味，一番番推杯換盞後，一片杯盤狼藉。

來俊臣醉眼迷離道：「周兄，老弟我在審案時，總有犯人不肯招供，該如何是好？」

周興眉飛色舞，哈哈大笑道：「這簡單。用一口大缸，周邊堆滿炭，把炭火燒得旺旺的。將人犯弄到甕裡坐一會兒，你要他招什麼，他便招什麼！」

來俊臣向周興豎了一根大拇指，道：「高，還是老兄的手段高明！」說罷，便招來僕人，在其耳邊小聲吩咐道如此如此。

來俊臣道：「周兄不愧是老前輩，兄弟再敬你一杯！」「來老弟，請！」「請！」

一個大水甕被僕人們抬到了客廳，甕四周生起炭火，一陣陣濃煙冒了出來，甕漸漸被烤得通紅。

周興端在手中的酒杯一晃，潑出些酒水，道：「老弟，這是？」

來俊臣微微一笑，說了一句話，嚇得周興魂飛魄散，跪地求饒。

※ ※ ※

來俊臣說了什麼呢？我們先了解一下來俊臣是何許人也。

來俊臣出生於西元六五〇年，雍州萬年人。出生時間、地點，史有可考。可他的生父是誰卻是謎。

萬年縣坊間有兩個賭棍：一個叫來操，另一個叫蔡本德。蔡本德輸給來操幾十萬錢，卻沒錢還賭債。於是便把懷孕的老婆送給來操。

蔡本德的老婆早就與來操私通了。幾個月後，生下的孩子叫來俊臣。但他到底是誰的孩子無人知道。

家庭是孩子的第一所學校。受家庭環境的影響，來俊臣從小到大吃喝嫖賭、坑蒙拐騙，除了好事，什麼都做。他成年後更因盜竊、搶劫，鋃鐺入獄。

封建社會中，任何一個朝代均存在著像來俊臣這種的地痞、無賴，既不能埋頭苦讀，參加科舉，又不敢到沙場上以一刀一槍博取功名，老實經商務農卻吃不了苦。就業問題解決不了，只好做些沒本錢的小買賣。不至於犯下大罪，卻小惡不斷。

如果沒有意外發生，來俊臣一生也就是一個潑皮無賴罷了。說不定，某天一不小心犯了大罪，便被流放、砍頭。

時間到了西元六八六年，武則天臨朝稱制之後，深感憑藉個人的力量，無法應付李唐宗室、功勳貴族和滿朝文武。她決定發動最廣泛的監督模式：由大唐百姓監督朝廷內外。說白了，就是你覺得誰會違法犯罪，便可向武則天告密。

可是老百姓要怎麼樣才能見到皇太后呢？車馬費、伙食費誰來解決？答案是向官府報銷。

武則天下令在全國各市張貼公告：「有告密者，臣下不得問，皆給驛馬，供五品食，使詣行在。雖農夫樵人，皆得召見，廩於客館，所言或稱旨，則不次除官，無實者不問。」意思是，任何人想要告密，就找屬地官員。關於告密的內容，官員一個字都不准問，必須提供告密者吃住行。吃是按照五品官出差的伙食標準，且住在朝廷的招待所裡；行則是給你一匹高頭大馬，屬地官員一路護送你到洛陽，讓你面見武則天。就算是農民、樵夫，武則天也會親自接見。如果舉報屬實則授予官職，即使胡編亂造也沒有罪。

只要胡說八道便包吃包住，享受五品官的待遇旅遊，且可與至高無上的天后交談。何樂而不為呢？不告白不告，告了還想告。導致的結果便是「四方告密者蜂起」。

有段時間，武則天從早忙到晚，熱情接待全國各地的告密者。在這些告密者中有一位名叫侯思止，可堪稱為傳奇。這位仁兄最早是賣炊餅的，生意不怎麼樣，據說老婆還和人跑了。他聽說武則天鼓勵全國人民告密，意識到這是一個改變命運的機會，便誣告李唐宗室的幾位王爺謀反。

武則天早就想將李唐宗室清理乾淨，一聽到這消息自然大喜，立即對那幾位倒楣王爺立案調查，並封侯思止為五品游擊將軍。

一個賣炊餅的人一步登天，成為朝廷五品將軍。誰料這位仁兄志氣不小，非要到御史台去當司法官員。

武則天問他：「你認識字嗎？」侯思止很實在，答：「大字不識一個。」武則天表示不解：你連犯人的名字都寫不好，法規條文也看不懂，怎麼能在御史台監督百官呢？侯思止道：「獬豸神獸也不認識字，卻能憑著本能辨別忠奸善惡，俺雖然不認識字，但是跟著感覺走，絕對能判斷出誰對皇太后不忠！」

瞅了一眼自信心爆棚的侯思止，武則天非常欣慰。她需要敢想敢幹、無所顧忌的「人才」，來為自己掃清稱帝的障礙。於是二話不說，便加封文盲侯思止為侍御史。此職受命御史中丞，接受公卿奏事，舉劾非法。

不僅如此，武則天還把侯思止樹立為典範，號召全國百姓向他學習。

朝為田舍郎，暮登天子堂，是有志之士所希冀的。侯思止的事蹟告訴廣大欲圖上進之輩：富家不用買良田，告密自有千鍾粟。安居不用架高樓，告密自有黃金屋。娶妻莫恨無良媒，告密自有顏如玉。出門莫恨無人隨，告密車馬多如簇。男兒欲遂平生志，告密勤向武太后！

❈ ❈ ❈

在大牢裡的來俊臣聽到後來入獄的獄友們談起告密的好處，羨慕得流了一地口水！

來俊臣對獄卒哭著喊著要去洛陽找皇太后告密！

雖說朝廷規定任何人均可以告密，可沒說包括犯人喔。但隱瞞不報是大罪，獄卒立即報告給了牢頭，牢頭將皮球踢給了上級，皮球一層層往上踢，踢到了刺史、東平王李續的腳下。

這位李刺史一開始頗為重視，卻再查看了來俊臣的檔案後，差點氣炸：「這樣的刁民，本府見多了，來人，先打他一百大棒！」

來俊臣的命也挺大的，竟然沒被打死，也沒被打殘。

西元六九〇年，六十七歲的武則天開國稱帝，建國武周，改元天授。李續刺史因為出身宗室，遭到清洗，而鋃鐺入獄。來俊臣一顆告密的心又熊熊燃燒起來，他哭天搶地，大叫：「俺當初就是為了告這位刺史謀反，才被他毒打。俺要見陛下！俺是國家功臣，俺要告密！」

這一次，沒人敢攔著他，一路好吃好喝，將他送到了武則天面前。

來俊臣緊緊抓住這次改變命運的機會。他對武則天說：「俺對陛下赤膽忠心，曾在垂拱四年便告發琅琊王李沖謀反。密書卻被李續扣押，並受其杖責，險些被滅口。不過俺懷著對陛下的忠心，咬牙挺了過來，幸得不死！請陛下給俺一個機會，讓俺和謀反者決一死戰！」

武則天人老成精，當然不相信來俊臣的鬼話。但是，她發現來俊臣這小子雖然是一介囚犯，卻口齒伶俐，擅長顛倒黑白，而且長得挺帥的！

面對自己這樣積威幾十年的開國之君，也能不慌不忙，胡編亂造。這小子正是自己需要的人才。

武則天不得不感歎，果然高手在民間。御筆一揮，封來俊臣為侍御史加朝散大夫，令掌制獄。

每個人都有自己的天賦，長大後迫於生活，可能從事自己不喜歡的職業。來俊臣常年混跡於社會底層，又長期蹲在監牢裡，自身就是一個經驗豐富的犯罪分子，所以他對付不法分子或犯罪分子很有經驗。

從區區的囚徒一躍成為朝廷命官，他發誓要報答武則天的知遇之恩，也為了自己的榮華富貴著想，遂苦學大唐法律條文，然後在實踐中運用。

在短短幾年之內，他幫助武則天剷除異己，一千餘家宗室、勳貴、官員、富商被判刑！這便是：「脅制群臣，前後夷千餘族。」

來俊臣有一句名言：「死之能受，痛之難忍，刑人取其不堪。」意思是，人能忍受死亡，卻忍受不了刑罰帶來的痛苦！

他發明了一些聳人聽聞的刑罰。這些刑罰喪盡天良，毫無人性可言，對人類肉體的摧殘達到極致。來俊臣審問犯人之前，先將一些刑具擺出來。

看到這些刑具，犯人只求速死，問什麼說什麼。你讓我說誰謀反，我便說誰是主謀。怎樣都好，唯求免受酷刑。

來俊臣召集屬下編寫了史上第一部製造冤案的著作《羅織經》。

此書提到了來俊臣辦案堅持的基本原則：「事不至大，無以驚人。案不及眾，功之匪顯。上以求安，下以邀寵，其冤固有，未可免也。」

什麼意思呢？要辦就辦大案，大案才能震懾人心。案件必須盡可能地牽連無辜，才能顯出自己勞苦功高。君王借此求取安定，臣子借此邀功取寵。冤情是一定會有的，為了達到目的，不可避免。

《羅織經》中還提到了辦冤案的操作方式，可分為四大步驟，即謀算、問罪、刑罰、瓜蔓。

謀算：確定誰是目標。前幾年，來俊臣和他的酷吏團隊剛開始還絞盡腦汁地揣摩上意。後來，直接將滿朝公卿的名字一個個貼在靶子上，酷吏們嘻嘻哈哈地拿著小石頭去擲，擲中哪一個便告哪一個。

問罪：將對象調查、逮捕、審訊。

刑罰：審訊時施用酷刑逼供。被告只有兩條路可以選擇：一是招認，二是死於酷刑之下。

瓜蔓：審訊時讓犯人們在口供中互相牽引，人數多寡和範圍大小全憑酷吏的隨心所欲。

來俊臣還將《羅織經》印刷了幾百本，免費提供給當時全國各地的司法機關，讓工作人員認真學習，彼此交流心得。從此，這些機關想辦誰就辦誰，想要什麼口供就能得到什麼口供，效果極佳，風靡一時。

千古明相狄仁傑也曾落在來俊臣手裡，只不過他靠著智慧化解了死亡危機。時任工部尚書、同鳳閣鸞台平章事（宰相）的狄仁傑被來俊臣誣告謀反。

在審訊大堂裡，狄仁傑看著摞在地上的十大枷鎖，他選擇成為一條好漢：好漢不吃眼前虧。狄仁傑道：「我有錯，我認罪，我確實謀反了。誰說我沒謀反，我跟他翻臉！」

負責審訊狄仁傑的酷吏是來俊臣的下屬，叫王德壽。他看到狄仁傑那麼上道，感覺特別有面子，高興地搓搓手道：「兄弟我也是為了早點升官發財，狄尚書，幫個小忙，你牽連楊執柔可以嗎？」[1]

狄仁傑問道：「打算怎麼牽連？」

王德壽道：「狄尚書，您老擔任吏部尚書時，楊執柔是員外郎。牽連一下，也是可以的！」[2]

狄仁傑淚流滿面，大叫道：「皇天后土！我寧死也不幹這事！」

接著大叫一聲，以頭撞柱，血流滿面。

如果犯人提前死了，酷吏就不好交差。狄仁傑既然認罪了，免不了一死，就這樣吧！

來俊臣得到口供，將狄仁傑收監，只待來日行刑，不再嚴加防備。狄仁傑咬破食指，在頭巾上書寫冤屈，塞進棉衣裡，請求獄卒送回家中，說是給子孫留個紀念；送到狄府，便可得黃金百兩。其子狄光遠持血書向武則天訴冤。

武則天召見狄仁傑，詢問他為何承認謀反。狄仁傑道：「我如果不承認造反，早死於酷刑了。」[3]

狄仁傑僥倖逃過一劫，別的官員就沒有他老人家的智慧與運氣了。

來俊臣審理朝廷官員的制獄建在麗景門之內，前文中提到的侯思止將其改為「例竟門」，意思是，一進此門，生命就到了盡頭。官員們風聲鶴唳，每天上朝之前都要和妻兒訣別。如果活著回來，當天晚上，舉家老小便會大肆慶祝。

酷吏不僅整肅朝廷官員，他們內部之間也有鬥爭。

有一位叫周興的仁兄，出道比來俊臣更早，是武則天重用的酷吏之一。此人與

1 原文為：意欲求少階級，憑尚書牽楊執柔，可乎？
2 原文為：尚書為春官時，執柔任其司員外，引之可也。
3 原文為：向若不承反，已死於鞭笞矣。

來俊臣、侯思止等並非由正常途徑或正統方法出身的酷吏不同，他是正經八百的司法科班出身，有關他的事蹟，史書中有一句毛骨悚然的記載：「自垂拱已來，屢受制獄，被其陷害者數千人。」自西元六八五年武則天攝政開始，周興屢屢製造冤案，濫殺無辜幾千人！

有人稱周興為武周建國的第一功臣，才會從區區小吏，被封為秋官侍郎、文昌右丞。

周興真是一位不亞於來俊臣的酷吏、惡魔！作為折磨人的「專家」與「老前輩」，甚至猶有過之！

來俊臣、周興、侯思止等十幾個著名的酷吏殺了一大批人來震懾天下，幫助武則天穩定統治，武則天借這些酷吏之手，大搞恐怖政治。《資治通鑒》稱：「中外畏此數人，甚於虎狼」，而「太后以為忠，益寵任之」。

酷吏最橫行的時候，是在武則天當皇帝之前。武則天受「神皇帝」號之後，為了籠絡和穩定人心，開始殺酷吏以安天下。可以理解，凡事過猶不及。酷吏太多了也不是好事，就像一棟別墅裡養兩條惡狗，可以幫忙看門；但若是養十幾條狗，就是浪費糧食了，反而不利於家庭和睦穩定。為了給酷吏們「計劃生育」，武則天讓酷吏狗咬狗。

西元六九一年，天授二年。有人狀告周興謀反，武則天便命來俊臣審問。周興的一切權勢與地位全部來自武則天，間著沒事造什麼反，他當然是被冤枉的。可是周興也曾以謀反的名義，冤枉過無數人，現世報來得快！

周興仗著自己科班出身，資歷老，常以酷吏老大哥自居，來俊臣早就看他不順眼了。也可以理解，酷吏的隊伍壯大了，內部也是有競爭的。現在得此聖旨，不把周興折磨死，來俊臣都覺得對不起自己了。

需知貓捉耗子，一定會先將耗子逼到筋疲力盡時，再大口享受。懷著這種心態，來俊臣打算邀請周興過府吃飯，在酒酣耳熱之際，才突下殺手。

周興接到來俊臣的邀請後，沒有多想便點頭同意。他對這位「後起之秀」還是頗為忌憚的。吃飯喝酒本是為了賓主盡歡，培養感情，若拒絕參加，可是有損東家的面子。人家破費請你吃飯，你還端起架子不去，是看不起人家。

可惜，周興忘記了一句老話，有得必有失！

如果周興在赴局前，打聽一下有沒有不利於自己的消息，也許能逃過一劫。可惜，他將寶貴的時間用在喝酒吃飯上，注定在劫難逃！

很快，賓主盡歡後，發生了本故事開頭的一幕。

面對大驚失色的周興，來俊臣輕飄飄地說了一句：「有人狀告老兄謀反，老兄請你坐到甕中吧。」4

周興魂飛魄散，跪在地上，大叫道：「你讓我招什麼？我全招。」

這便是成語「請君入甕」的來歷，意指以其人之道還治其人之身。周興很快便被判全家流放嶺南，途中更遭仇人殺害，真是罪有應得。

來俊臣用一場飯局除去周興，不久後，也因為一場飯局命喪於皇權之下。武則天借機利用皇權除掉他。

來俊臣有一個變態的嗜好——假傳聖旨、奪人妻女。別人不給怎麼辦？來俊臣便用《羅織經》的學問，折磨別人全家。在一次宴會上，來俊臣看上了大臣段簡的老婆王夫人。王夫人血脈高貴，出身自太原王氏。唐高宗李治的原配王皇后也是出身於這個家族。

段簡敢怒不敢言，只好將老婆雙手奉上。昔日的地痞、無賴，就這樣和唐高宗攀上了親戚。一日，王夫人的弟弟來看望姐姐。身為王家女婿的來俊臣大擺宴席，舉杯暢飲，熱情款待小舅子。

碰巧，來俊臣麾下酷吏衛遂忠今日來找他喝酒。唐時，非常講究門第出身。來俊臣覺得衛遂忠的層次太低了，根本上不得檯面，不配與王氏子弟一起飲酒，便將他打發離開！沒想到衛遂忠衝上酒桌，破口大罵王氏姐弟！

來俊臣覺得在小舅子面前失了顏面，勃然大怒，喝令僕從將衛遂忠暴打三十棍！

衛遂忠也大怒大懼！怒的是來俊臣看不起自己，恐的是來俊臣事後報復。你不仁，我不義。先下手為強，後下手遭殃！衛遂忠向武則天狀告來俊臣謀反！武則天下令調查。一石激起千層浪，來俊臣得罪的人實在太多了，一時間武則天的耳邊全是勸說她殺來俊臣的話：

「俊臣聚結不逞，誣構良善，贓賄如山，冤魂塞路，國之賊也，何足惜哉！」

「俊臣凶狡貪暴，國之元惡，不去之，必動搖朝廷。」

武則天下令將來俊臣處斬，誅族！唐朝第一酷吏來俊臣身死族滅，死得非常慘——「爭抉目、擿肝、醢其肉，須臾盡，以馬踐其骨，無孑餘，家屬籍沒。」

周興、來俊臣死後，武則天召開朝堂大會，問道：「過去周興、來俊臣審案，朕也不是沒懷疑過，可是無論派大臣去複查，還是犯人自己都承認謀反，朕也就只好相信了！」

---

4 原文為：有內狀推兄，請兄入此甕。

開元年間，名相姚崇站出來表態：「垂拱年間以來，所謂的謀反案基本上都是周興、來俊臣的誣告。臣以全家族一百多口人的性命向您保證，從今以後，再也不會有人謀反了，如果再有人謀反，請陛下問臣的罪。」

武則天滿意地點點頭，下令徹底終結酷吏政治。

請君入甕這場飯局標誌著武則天開始卸磨殺驢，清除酷吏，意圖結束酷吏政治。因為他們已經完成了武則天賦予的歷史使命——清除異己，震懾天下。酷吏的作孽引起了天下臣民的怒火，若繼續留著只會引火焚身！

那就將酷吏們慢慢殺光吧！無論周興、來俊臣，還是侯思止、衛遂忠，全部都殺了！抄家滅族，以平息天下臣民的怒火！

於是，武則天變成為民伸冤、明察秋毫的好皇帝。

請君入甕的本義是以其人之道還治其人之身。我們卻可從飯局的背後，看到更深層次的道理。那便是，善惡到頭終有報。周興、來俊臣以誣陷無辜大臣發跡，且將大臣們放在刑罰這個「大甕」中，用炭火慢慢烤。最終，周興、來俊臣等酷吏，全被武則天請入甕中！

世上沒有免費的午餐，做過多少惡事，便要付出多少代價。

上源驛宴

酒後失言，匹夫一怒

西元八八四年五月十四日傍晚，夕陽的餘暉灑在汴州城上。天空略顯陰霾，一陣陣勁風將一杆杆朱字大旗吹得獵獵作響，似乎預示著一場暴風雨將要來臨。

朝廷的宣武節度使朱溫在城中的上源驛宴請河東節度使李克用一行人。

驛站外面的大院子裡擺了幾十張桌子，每一張均坐滿了雄赳赳的武夫。他們敞開衣服，露出了虯結的肌肉。他們大碗飲酒，大口吃肉，面紅耳赤，大呼小叫。

驛站內寬闊的大廳正中央，放置著一張巨大的食桌，坐在主陪位的朱溫態度恭敬，端起酒杯，向主位的李克用殷勤敬酒。他道：「想那逆賊黃巢，氣焰何等囂張。遇到賢弟還是只能抱頭鼠竄。愚兄對賢弟的神勇真是欽佩萬分。來來來，我們兄弟倆再乾一杯！」

眾人哄然叫好。李克用先前一番豪飲，已有七八分醉意。朱溫前來敬酒，他竟不拿正眼相看，自顧舉起酒杯，一飲而盡後道：「哈哈！幸虧你這廝投降得快，否則我把你的腦袋也揪下來！哈哈哈！」

李克用的無禮令朱溫麾下陪酒的諸將臉色鐵青。不過朱溫城府深不可測，很快便抑制了心頭怒火，換成了一副親切的笑容，嘿嘿乾笑幾聲，繼續敬酒。

❋ ❋ ❋

上源驛宴會的東家朱溫，也是一代奇人。

朱溫在唐宣宗大中六年（西元八五二年），出生於安徽碭山的一個窮山溝裡。他幼年喪父，家境貧寒。不過他並不喜歡種地、讀書、替人打工，故常在市井之中閒晃，幹些缺德的事。

二十五歲那年，山東、河南、安徽等地已連續多年發生饑荒。屢試不第的書生黃巢仿效陳勝、吳廣，揭竿而起，宣布起義。一時間，回應者數萬人，聲勢頗大。昔日強盛的大唐，經過安史之亂，形成藩鎮割據、中央無兵無錢的局面。朝廷根本無力平叛；節度使自掃門前雪，甚至盼望跟隨黃巢分一杯羹。

正所謂，機會改變命運，選擇成就人生。朱溫厭倦了眼前苟且的生活，又眼見義軍的事業通達順利，便毅然哭著辭別了老母親，加入了黃巢義軍以圖功名富貴。

黃巢的事業越幹越大，將大唐王朝折騰得奄奄一息，甚至攻下了首都長安。唐僖宗倉皇逃到四川。西元八八〇年，黃巢稱帝，朱溫從一個普通的大頭兵，屢立戰功，成了黃巢的左膀右臂。西元八八二年二月，黃巢任命朱溫為同州（今陝西渭南大荔縣）防禦使。

黃巢稱帝後，軍紀敗壞，燒殺擄掠，無惡不作。同時代詩人韋莊在《秦婦吟》中道：「內庫燒為錦繡灰，天街踏盡公卿骨。」意思是說，黃巢的軍隊將朝廷的府庫搶光、燒光，將官員與富商殺光。如此作為，黃巢自然失去了民心。加上黃巢的勢力過分膨脹，早已引起各地節度使的忌憚。

節度使們終於聽從唐僖宗的詔令，聯軍攻打黃巢。經過多次大戰，黃巢軍隊漸漸處於下風。

西元八八二年九月，多次被河中節度使王重榮打敗的朱溫，因為得不到黃巢的支援，果斷向大唐投降，並且認與自己毫無血緣關係的王重榮為舅父。

遠在蜀地的唐僖宗大喜：黃巢的一位大將投誠，無論在政治上還是軍事上，都是非常具有意義的。唐僖宗任命朱溫統率舊部，並加封他為左金吾衛大將軍的官職，擔任河中行營副招討使。

此外，唐僖宗似乎覺得朱溫諧音「豬瘟」不甚好聽，又賜名給他為「全忠」。可惜，唐僖宗也許並未注意到，「全忠」拆開後是「人王中心」，這是天子的意思。

朱溫的背叛對黃巢來說，猶如雪上加霜，面對各路節度使的圍攻，黃巢決定放棄長安，流動作戰，攻打朱溫占據的汴州（今開封市）；一方面是為了清理門戶，另一方面是要重新占據汴州這一中原門戶。

朱溫跟隨黃巢多年，深知拚命的黃巢軍隊有多可怕。為了保存實力，朱溫低三下四地請附近的節度使們幫忙，尤其是熱情邀請最能打的河東節度使李克用。

李克用是沙陀人。他的家族從唐太宗時，便為唐朝效勞。十三歲便騎術精湛，箭術如神。有一次，某人指著天空的一對飛鳥問他能不能射下來。李克用二話不說，縱馬出箭，結果「射之連中，眾皆臣伏」。

十五歲跟隨父親南征北戰，每次進攻都勇敢地衝至最前面，軍中將士送他一個外號為「飛虎子」。意思是，這位少年兇猛起來宛如一頭長著雙翼的猛虎。

李克用二十一歲時，領兵殺了大同防禦使段文楚，並請求朝廷封自己為大同防禦使。

由於國中黃巢之亂已經開始，儘管唐僖宗大怒，也只有捏著鼻子認了。等到國內局勢暫時平穩後，便調集幾路節度使攻打李克用父子。縱使李克用父子勇猛，也不願意硬拼，只得撤到北方韃靼部。

黃巢的勢力越來越大，竟然攻下了長安城。唐僖宗在逃往巴蜀的路上赦免了李克用，鼓勵他戴罪立功，命其南下圍剿黃巢。

李克用為了洗脫自己的罪名，也為了占據更多的地盤，欣然南下。經過北地蟄伏休養，他手中擁有了一支上萬人的精悍騎兵軍團，稱為「鴉兒軍」。李克用率領「鴉兒軍」聯合眾節度使將黃巢打得丟盔棄甲。

正是在李克用的威脅下，黃巢才撤離長安。唐僖宗論功行賞，封李克用為河東節度使。這一年，李克用年僅二十八歲，在收復長安的戰役中，功勞第一，兵馬最強，諸節度使對他頗為忌憚。

這便是：「克用時年二十八，於諸將最少，而破黃巢，復長安，功第一，兵勢最強，諸將皆畏之。」

當李克用接到朱溫的求援信後，欣然從命。他本來就想消滅黃巢，如此一來，既能立蓋世奇功，又能得到一方節度使的人情，何樂而不為呢？

不得不說，李克用被譽為「平定黃巢農民起義的第一功臣」是非常有道理的。西元八八四年的春天，李克用率領五萬「鴉兒軍」追殺黃巢。「鴉兒軍」在李克用的帶頭衝鋒下，呼聲動天，以一當十，黃巢軍將無戰心，兵無鬥志，很快便潰散了。

黃巢眼看大事不妙，立馬帶著親兵離開戰場，逃之夭夭。李克用與幾百名親衛鐵騎奮勇追殺，創造了一夜急行軍三百里的紀錄，一直追到了冤朐（今山東），仍無法抓到黃巢，才原路返回。

這便是：「巢脫身走，克用追之，一日夜馳三百里，至於冤朐，不及而還。」

沒多久，黃巢眾叛親離，被屬下砍下腦袋，獻給了朝廷。為禍大唐十年的黃巢起義，終於被平定了。

李克用雖然是剿滅黃巢起義的主力，但最大受惠者卻是朱溫。

✤　✤　✤

朱溫本是黃巢的老部下。黃巢手下那些大將與朱溫是舊識，不知一起打過多少仗，喝過多少酒。他們心想，與其投降那些有仇的節度使，不如投降熟人。畢竟，熟人好辦事。朱溫沾了李克用的光，實力大增。

李克用的部隊經過連番大戰，將士疲憊，需要修整。於是在班師途中，路過汴州，便駐軍在城外的封禪寺。

汴州是朱溫的地盤。回家的路線很多，李克用為何要故意從汴州經過呢？一是為了告訴朱溫，自己圓滿完成了救援他的任務；二是想讓朱溫感謝自己，為自己提供一些補給，這也是應有之義。

朱溫人情練達，對李克用的想法心知肚明。李克用幫自己攻打黃巢，現在路過自家門口，於情於理，都得宴請一番，順便表達一下感激之情，培養一下感情。

朱溫親自出城，聲稱略備薄酒，熱情邀請李克用蒞臨汴州城。李克用假模假樣地拒絕，聲稱不想麻煩朱大人。朱溫佯裝生氣，不來便是不給兄弟面子。

於是朱溫的一番美意，李克用笑咪咪地接受了，道：「那就讓朱大人破費了。」帶著三百多名心腹，包括監軍陳景思、義子李嗣源、史敬思等人，大搖大擺地入城赴宴。

李克用的夫人劉氏足智多謀，常隨李克用出征。臨赴宴前，劉氏特別叮囑道：「夫君，少喝點酒，早點回來。」李克用答應了。

請客的地點定在汴州城最豪華大氣的官方接待所——上源驛，這場飯局被史書稱為上源驛宴。朱溫不僅用心選擇宴會地點，還精心挑選城裡最濃郁醇香的美酒、最美的舞女、最精美昂貴的餐具，而且對李克用非常客氣禮貌。總之，朱溫為了巴結李克用，拿出了最高的接待標準、最好的服務態度。[1]

人皆有虛榮心，渴望得到別人的尊重。朱溫對李克用熱情招待，極盡可能地滿足了李克用的虛榮心。李克用身為大唐沙陀一族的領袖，待人接物還是有一定水準的。與朱溫三兩杯酒下肚後，便稱兄道弟了起來。

李克用性格豪爽，嗜酒如命，杯來即乾，極為豪爽。朱軍眾將士對陳景思、李嗣源、史敬思等人也是熱情敬酒。

大家都是豪爽男子，酒喝多了吹起牛來。朱溫的肉麻奉承令李克用飄飄欲仙；酒喝多了，對朱溫輕蔑的態度便漸漸暴露了。

醉醺醺的李克用道：「你小子如果不是投降得快，老子便將你和黃巢一塊宰了！」朱溫雖然生氣，但是依然保持微笑，道：「好弟弟，過去的事提它做什麼。

喝酒，喝酒。」

李克用罵道：「我是名門貴族，你這反賊草寇也配稱我為弟。」此言一出，朱溫的將領們臉色全變了。

朱溫依然笑咪咪地打圓場，道：「多謝李將軍千里馳援，我等感激不盡。」李克用哈哈大笑道：「些許小事，不值得一提。不過朱溫，你和你屬下真是一群酒囊飯袋啊！」

朱溫手下將士們大怒，朱溫擺擺手，示意他們不要說話，淡淡道：「李大人果然豪氣干雲，難怪天下無敵！來！下官再敬大人一杯。今日不醉不歸！」

李克用舉起酒杯，哈哈大笑，一飲而盡。喝酒至大半夜，李克用喝多了，便趴在桌上。他的幾個心腹皆醉醺醺的；反正回軍營也沒有什麼事要做，便在朱溫的挽留下，扶著李克用在上源驛中休息，打算第二天再返回軍營。

朱溫是中國歷史上著名的梟雄，也是公認的小人。上源驛宴上受此奇恥大辱，回到府邸後，他怒髮衝冠，氣得哇哇叫，破口大罵李克用。

1 原文為：全忠就置酒、聲樂，饌具皆精豐，禮貌甚恭。

李克用雖然幫助了朱溫，卻踐踏他的尊嚴。朱溫手下諸將群情激憤，夜至朱府，七嘴八舌，要求幹掉李克用。

「大帥，這小子狂妄自大，欺人太甚！」「李克用過去也和咱們一樣是反賊，不過比我們早被招安了幾天。竟然看不起我們！」「大帥，宰了這小子，除去一個心腹大患！」

坦白地講，殺了李克用對朱溫沒有實際效益，李克用的地盤在山西太原，而他自己的地盤在河南一帶。即使殺了李克用，李家依舊會有人繼承太原的地盤，好處也未必輪得到自己。

可是人活一張臉，樹活一張皮。此時朱溫如果再不殺李克用的話，手下們會認為自己這個主公是窩囊無用之人。有良心的會棄自己而去；沒良心的，說不定會取而代之。朱溫手下大將全是反賊出身，可不講究什麼仁義道德，只信奉弱肉強食。

朱溫一咬牙，一跺腳，拍板同意了。不管三七二十一，就殺了李克用出口惡氣！他與諸將商議組織兵馬包圍驛站。宣武將軍楊彥洪趁機獻計道：「大帥，李克用麾下親兵擅長用騎兵衝鋒。應傳命軍士不准出動戰馬，凡見騎兵即刻射殺之！」

朱溫點頭同意，稱讚楊彥洪想得周到。

當晚，朱溫親率幾千名精銳包圍上源驛。史敬思、李嗣源二人心細如髮，對宴會發生的事情本就覺得有些不安。聽到大量雜亂的腳步聲後，他們立刻驚醒，大聲呼喝親兵起床狙敵。李克用的親兵不愧是百戰精銳，區區三百人，依上源驛的地形，狂呼酣戰。

一時間，朱軍竟然衝不進來。朱溫大怒，立刻調集上千名弓箭手向著上源驛拋射！

身為主帥的李克用在幹什麼？說出來挺不好意思的，他正打著呼嚕，睡得香甜呢。

那時，一陣陣箭雨，「啪啪啪啪啪」從窗戶拋射進各個客房裡。

李克用的侍衛郭景銖吹滅蠟燭，將李克用塞進床底下。用了幾盆涼水，才將他澆醒！李克用聽聞眼前的危急情景後，勃然大怒，努力睜開沉重的雙眼，操起弓箭，就要和朱軍對射！[2]

朱溫眼見射箭沒什麼效果，大吼道：「給我放火，燒死他們。」

2原文為：發兵圍驛而攻之，呼聲動地。克用醉，不之聞；親兵薛志勤、史敬思等十餘人格鬥，侍者郭景銖滅燭，扶克用匿床下，以水沃其面，徐告以難，克用始張目援弓而起。

於是，一支支火箭拋射進上源驛，一支支火把被扔了進去！

上源驛是磚木混合建築，很快地便燃起了熊熊大火！李克用與手下們如果現在衝出去會被亂兵殺死，不衝出去，也只是坐以待斃。

在朱軍的猖狂大笑聲中，大火正熊熊燃燒。就在李克用等人快被活活嗆死的時候，忽然夜空中響起一聲轟雷，狂風刮起，暴雨傾盆，一道道閃電如同銀蛇狂舞。火被澆滅了，濃煙四起，趁著朱軍慌亂之際，史敬思、李嗣源等人扶著李克用翻牆出逃。

在電閃雷鳴中，李克用被人架著瘋狂逃竄。他們殺越過一座小橋，衝向城牆。史敬思留下斷後，砍了幾十人後，戰死。此時城門緊閉，李克用等人殺上城牆，脫掉衣服，結成繩子，順著繩子溜下城牆。

除了寥寥數人出逃，監軍陳景思等三百多人全部戰死。

這一段聽起來像是武俠小說中的情節，確是史實：「須臾，煙火四合，會大雨震電，天地晦冥，志勤扶克用帥左右數人逾垣突圍，乘電光而行，汴人扼橋，力戰得度，史敬思為後拒，戰死。克用登尉氏門，縋城得出，監軍陳景思等三百餘人，皆為汴人所殺。」

那位提議射殺騎戰馬者的楊彥洪將軍，親自騎著高頭大馬追擊李克用一行人，卻被帶領另一支軍隊的朱溫下令放箭誤殺。

在上源驛被圍攻的時候，有幾名機靈悍勇的士兵突出重圍，返回封禪寺的李軍大營，稟報李克用的夫人劉氏。誰料，劉氏以謊報軍情、擾亂軍心為名，將這幾名報信兵全殺了。她召集諸將商議對策時，灰頭土臉的李克用終於返回軍營。李克用發誓要報仇雪恨。

劉氏勸他：「一來李軍連番苦戰，兵馬疲憊。朱溫不過趁機收攏俘虜，反而實力大漲。我們在朱溫的地盤上根本奈何不了他，因為不占天時地利人和；二來一旦開戰，朝廷不知是非曲直，難辨忠奸。我們為了朝廷討伐賊寇，無詔令便擅自攻打地方節度使，會被朱溫抓住把柄的。」

李克用漸漸平息怒火，第二天帶兵返回太原大本營。令他想不到的是，他竟然收到了朱溫的一封道歉信，大意是：咱們兄弟一見如故，惺惺相惜。朝廷派遣的使者與我手下楊彥洪狼狽為奸，背著我偷襲你，並挑撥我們的情誼。我拚了老命才殺了楊彥洪，為你報仇。兄弟，有空常來我這裡玩。

李克用並不是白痴，氣得哇哇大叫，將書信撕得粉碎。他向唐僖宗奏報朱溫的罪行，請求朝廷下詔討伐朱溫。朝廷剛剛平定為患近十年的黃巢起義，渴望與民休養生息，斷不想看著國內再次爆發戰爭，便下詔調教二人。為了安撫李克用，唐僖宗以破黃巢有功為名，加封李克用為隴西郡王。

李克用回到晉陽後鬱鬱難平，先後給朝廷上了八次奏疏，請求討伐朱溫，大意是：朱溫這個人忌妒賢能，陰狠狡詐，將來一定是朝廷的心腹大患。請求朝廷削去他的官職和爵位。不需要朝廷給予糧草，我自己與他決一死戰！[3]

唐僖宗回覆：「吾深知卿冤，方事之殷，姑存大體。」意思是，我知道你的冤屈，現在國事艱難，請你以大局為重。

這種和稀泥[4]的方式，讓各地大大小小的節度使們進一步洞悉了朝廷的軟弱無力。當各藩鎮相互攻打，朝廷卻不再為他們明辨是非時，為什麼還要稟報朝廷？各藩鎮互相侵吞，完全不將朝廷放在眼裡。

這便是：「時藩鎮相攻者，朝廷不復為之辯曲直。由是互相吞噬，惟力是視，皆無所稟畏矣！」

朱溫忙著經營周邊的地盤，也不想得罪李克用，便派遣使者卑辭厚禮，欺騙李克用。李克用考慮到自身羽翼未豐，再加上各方勢力的牽制，只能暫時咽下這口惡氣。於是他開始攻打周邊的地盤，擴充實力。

朱溫與李克用這一對強藩拼命擴充勢力，攪動著天下風雲。

朱李兩家實力擴大後，正式血拼，今年我攻你兩座城池，後年我殺你兩員大將。這便是：「（僖宗）詔和解之，克用由是不平，與溫互相攻伐，兵連不已。」

李克用雖然英勇，終究敵不過多謀善斷、善於合縱連橫的朱溫，漸漸處於下風。

本就奄奄一息的唐朝，經不起李克用、朱溫等節度使的折騰，西元九〇三年，朱溫晉爵梁王。這並不是因為朱溫立下什麼大功勞，而是其實力已經變得非常強大了。

西元九〇四年，朱溫攻入長安，殺宰相崔胤，逼唐昭宗遷都到自己控制的洛陽。後來，他又殺了唐昭宗，立十三歲的李柷為帝，效仿曹操，挾天子以令諸侯。

到了西元九〇七年四月，朱溫滅唐稱帝，建立後梁，史稱梁太祖，印證了「人王中心」四個字。此時朱溫透過不斷兼併戰場，囊括了廣大的河北地區；而李克用卻只占據著山西北部寥寥的幾座城池。

當李克用得知朱溫篡唐的消息後，他跪向西方，號啕大哭。因為他以大唐忠臣

3原文為：全忠妒功疾能，陰狡禍賊，異日必為國患。惟乞下詔削其官爵，臣自帥本道兵討之，不用度支糧餉。

4比喻無原則的調解或折中。

自居；如今，幾代人守護的國家滅亡了，怎麼能不痛哭流涕呢？

儘管難過，李克用也無力討伐朱溫。幾個月後，他得了重病，在彌留之際，李克用對繼承者李存勖說：「不要忘記了你父親的仇恨，一定要滅了梁！否則我死不瞑目。」

李存勖便是唐莊宗，他從小智謀深遠，武功過人。朱溫曾經評價李存勖：「我經營天下三十年，不意太原餘孽更昌熾如此！吾觀其志不小，天復奪我年，我死，諸兒非彼敵也，吾無葬地矣！」

朱溫看人的眼光挺厲害的，李存勖接班後，經過多年浴血奮戰，在西元九二三年，建立了後唐王朝，隨即攻滅了後梁。爾後數十年，中原大地兵強馬壯者自立為天子。爾後，又經歷了後晉、後漢和後周三個朝代。每次改朝換代均是血流成河、屍橫遍野，遭受沉重苦難的永遠是普通百姓。

直到西元九六〇年，後周大將趙匡胤發動陳橋兵變，篡後周建立北宋，紛亂不止的五代才結束。

❋ ❋ ❋

在上源驛宴上，朱溫本欲與李克用培養感情。結果李克用在酒精的刺激下，暴露了真實想法，辱罵東家，引起朱溫暴怒，圍攻上源驛，李克用自己亦差點被燒死。

正是因為上源驛宴，後梁與後唐才結下三十多年的血仇，才有了各種合縱連橫，相互攻伐不休，也攪得天下大亂。後世視上源驛宴為五代史的開端。

飯局本是溝通想法、培養感情之處，一旦處理不好也容易導致仇恨。一群人在觥籌交錯之中，酒精的刺激下，自我感覺會非常良好，虛榮心與敏感程度亦會相對增加。普通人在酒桌上被羞辱了，也會記恨很多年。這是人之常情。

常言道：「良言一句三冬暖，惡語傷人六月寒。」很多時候，一句溫暖的話就能帶給人極大安慰，即使處於寒冬也能使人感到溫暖。一句傷人的話會傷人自尊，令人惱羞成怒，即使在夏季六月，也能使人感到陣陣寒冷。這啟示我們：要會說好話，慎言，不要冒犯別人。

朱溫本就是心胸狹窄、陰沉狠辣的梟雄，當他被李克用揭開瘡疤的時候，絕不會心悅誠服，這時候李克用對他的救援之恩根本不值一提。大家出來混的，面子比命還重要。你看不起我，侮辱我，我宰了你也是天經地義。

當然，從李克用的角度來說，我千里迢迢趕來幫你忙，拼死拼活，不過多喝了兩杯，罵了你兩句，你至於殺我三百名心腹，把我活活烤死嗎？你朱溫簡直就是忘恩負義、狼心狗肺、厚顏無恥、豬狗不如。

正因為如此，上源驛宴是後梁、後唐持續三十多年相互攻殺的導火線，不僅拉開了五代十國的序幕，亦深刻地影響了中國歷史的走向。同時，也讓後人引以為鑒。

杯酒釋兵權

趙匡胤在飯局內外的手段

西元九六一年七月初九。夜色降臨，天氣悶熱。開封城中皇宮後苑燈火通明，正舉行著酒宴。十幾位虎背熊腰的將軍衣衫不整，面紅耳赤的大呼小叫地喝著酒。坐在居中主位的是一名氣宇不凡的黑壯男子。他便是宋朝開國之君，趙匡胤。

趙匡胤輕輕放下了酒杯，使了一個眼色，旁邊伺候的太監、宮娥向他行禮後，紛紛退下。宮殿大門被輕輕地關上，趙匡胤靜悄悄地看著將軍們推杯換盞。漸漸地將軍們覺得氣氛不對，慢慢安靜下來。左邊上座的第一位將軍，小心地問道：「官家，怎麼了？」

趙匡胤面色嚴峻，長歎一聲，道：「我能當上皇帝，是兄弟們的功勞。可是我現在每天睡不著覺啊！」

❀ ❀ ❀

一國之君趙匡胤為什麼會睡不著覺呢？

時光暫時拉到西元九六〇年正月初一。這一天，周朝皇太后與宰相范質收到一條壞消息，北漢與契丹將要組成聯軍進攻周朝。開國之君周太祖郭威已經病故六年，世宗柴榮幾個月前便去世了。繼任者是幼帝柴宗訓，年僅七歲。

皇太后與宰相商議後，決定派遣檢校太尉、殿前都點檢，兼領宋州歸德軍節度使趙匡胤，統率朝廷禁軍出征，迎戰北漢契丹聯軍。檢校太尉是散職，殿前都點檢是周朝禁軍統領，歸德軍節度使是歸德的軍政「一把手」。

從這一系列官職中便可知趙匡胤位高權重。他出身於軍伍世家。十二年前，投在郭威帳下，從大頭兵做起，靠著智謀、勇猛，和對上級的忠誠，一步一步成為軍中巨頭。禁軍其餘統領如石守信、高懷德、王審琦等十人均是趙匡胤的結拜兄弟，史稱「義社十兄弟」。

正月初二時，大軍行至開封城外二萬公尺的陳橋驛，軍營叛變。將士們亮出明晃晃的刀槍，將一件黃袍強行披在趙匡胤的身上，要求他必須當皇帝，史稱「陳橋兵變，黃袍加身」。

將士們為什麼這麼熱心呢？有必要介紹一下當時的歷史背景。如果有人問，自西元九〇七年唐朝滅亡至西元九六〇年宋朝建立，什麼職業死亡率最高？很多人會毫不猶豫地選擇「皇帝」。

不足五十年，國家中央政權換了五個王朝，依次為梁、唐、晉、漢、周，史稱後梁、後唐、後晉、後漢、後周。地方政權先後建立了十個國家，依次是南吳、吳越、前蜀、後蜀、閩、南漢、南平、馬楚、南唐、北漢，這便是「五代十國」。每次改朝換代均是血流漂杵、生靈塗炭，黎民百姓苦不堪言。

五代時流行一種風氣，便是將士們不與主帥商議，強行擁戴主帥稱帝。為什麼呢？因為擁戴一位皇帝，遠比在沙場上拚命獲得的利益更多。成功地擁立一位皇帝，將校們自然會升官發財，連大頭兵也能水高船漲。這便是從龍之功。[1]

如果失敗了，不好意思，主帥三族全滅。法不責眾，將士們再重新擁戴一位主帥。

舉幾個正史記載的例子。後唐時期，大將符彥饒鎮守關隘時，部下們亮出兵刃，想擁立他登基稱帝。符彥饒假裝答應，卻在當天晚上調遣精兵將這些傢伙全殺了。

名將楊仁晸出征平叛時，部下們為他準備了一件黃袍，擁立他稱帝。但楊將軍忠心耿耿，寧死不從。將士們將他亂刀砍死後，又推出一位有名望的將軍當皇帝。這位將軍也不幹，同樣被亂刀剁了！將士們將兩位將軍的首級扔到第三位將軍趙在禮面前，讓他選擇：你是想當皇帝還是想死？

趙在禮淚流滿面地披上黃袍，登基稱帝。這位趙匡胤的本家因為實力不足，很快便被朝廷平定了。如果他僥倖功成，豈不是又一位開國之君？

這些例子可以證明兩點：第一，陳橋兵變未必是趙匡胤的本意。後周的皇帝只是七歲小兒，國外諸國林立，相互征伐，將士們意圖換上一位能保護自己的皇帝，這可以理解。

第二，當時流傳一句話：「天子兵強馬壯者當為之，寧有種耶！」趙匡胤那個時代，特別流行大將兵變後登基稱帝。五代十國史堪稱一部大將兵變史；很多大將或者主動，或者被迫殺了皇帝登基稱帝，然後，新皇帝手下的大將再次兵變，再次開國稱帝。就這樣來來回回了幾十年。

陳橋兵變後，禁軍簇擁著趙匡胤，開開心心地返回開封。鎮守開封城門的禁軍將領石守信、王審琦等人，二話不說，打開城門，熱烈歡迎趙匡胤兵臨皇宮。生米煮成了熟飯，趙匡胤只能威逼周帝退位。他建國號為宋，定都開封，改元「建隆」。

宋朝開國之後，武將們繼承了五代以來的陋習，驕奢淫逸，干涉朝政。尤其是石守信、高懷德、王審琦等從龍大將，更是目中無人，甚至在趙匡胤面前，都不太在乎禮儀。面對這種情況，一國之君的正常做法有兩種：一是安排相關部門官吏宣旨斥責；二是安排臣子勸說。趙匡胤的做法非常大氣，充滿了氣魄與智慧。

1 指陪伴在皇帝身邊立下赫赫戰功的功臣。

一日，他請兄弟們一起打獵，兄弟們欣然從命。大家拋下了親兵護衛，策馬奔騰，張弓搭箭，放犬逐兔，玩得不亦樂乎。

玩累了，大家在樹林裡喝酒閒聊。趙匡胤突然將酒囊擲在地上，道：「這裡除了咱們兄弟，也沒外人。你們誰想當皇帝，便把我射殺了吧！不要慫，一起上！」

十兄弟嚇得跪在地上，不知道怎麼接話。趙匡胤冷哼一聲，又問了幾遍。見到兄弟們慫了，趙匡胤道：「你們既然奉我為皇帝，便要有一個當臣子的樣子。以後一定要遵紀守禮。」

十兄弟連忙高呼萬歲。一群人愉快地返回開封。

這便是：「太祖即位，方鎮[2]多偃蹇，所謂十兄弟者是也。上一日召諸方鎮，授以弓劍，人馳一騎，與上私出固子門大林中。下馬酌酒，上語方鎮曰：『此處無人，爾輩要作官家者，可殺我而為之。』方鎮伏地戰慄。上再三諭之，伏地不敢對。上曰：『爾輩既欲我為天下主，爾輩當盡臣節，今後無復偃蹇[3]。』方鎮再拜呼萬歲，與飲盡醉而歸。」

趙匡胤從大頭兵一步一腳印的，成為開國之君。且他滿腹韜略，英勇善戰，自然能夠震懾一群驕兵悍將，可是這終究不是長久之計。後周太祖郭威與世宗柴榮皆是雄才大略之人，他們死後，自詡忠肝義膽的趙匡胤不也無奈兵變了嗎？

趙匡胤思索著應該怎麼做，難道要將兄弟們全部殺了？先不說感情上能否接受？殺了他們會有兩個後果：第一，朝野不服，政局不穩。如果引起政變或者地方節度使反叛，可不是鬧著玩的；第二，諸國林立，殺了他們，誰替自己南征北戰，震懾宵小呢？

如果處理不好，大宋說不定會成為唐滅亡後的第六個短命王朝。

❋ ❋ ❋

大宋朝廷中有很多有識之士，深刻認識到了問題的嚴峻性。趙匡胤潛龍之時的謀士趙普，屢次勸說趙匡胤盡早處理這些兄弟，以免夜長夢多。趙普是北宋開國名相，號稱「半部論語治天下」。意思是，此公精通《論語》，能洞悉世事，建功立業，治理天下。

眼見石守信、王審琦等人在禁軍中的職位越來越高、權力越來越重，趙普多次

2 即藩鎮。
3 意思是驕橫；傲慢；盛氣凌人。

勸說趙匡胤要高度重視，及時處理他們。但趙匡胤猶豫不決道：「他們不會背叛我的！你擔心什麼？」

趙普的回答非常精彩：「臣亦不憂其叛也。然熟觀數人者，皆非統御才，恐不能制伏其下，則軍伍間萬一有作孽者，彼臨時亦不得自由耳。」

有兩層意思：第一，在情感和實力上承認，將軍們不會背叛趙匡胤；第二，表面上是說這幾位將軍沒有統率才能，實際上是說他們不知進退。萬一被部下脅迫，也會身不由己。不反也得反！亦即，你是不是忘記自己是怎麼當上皇帝的了？

趙匡胤當然記得，他又問道：「自唐季以來數十年間，帝王凡易八姓，戰鬥不息，生民塗地，其故何也？吾欲息天下之兵，為國家長久計，其道何如？」

意思是，自唐朝滅亡後幾十年換了八姓十二帝，紛爭不休，黎民百姓生活在水深火熱之中，這是為什麼？若我要消滅戰亂，令國家長治久安，應該怎麼做？

趙普曰：「陛下言及此，天地人神之福也。此非它故，方鎮太重，君弱臣強而已。今欲治之，惟稍奪其權，制其錢糧，收其精兵，則天下自安矣。」

方鎮是唐朝中、後期所設立的軍鎮，起初僅設於邊境地區，職責是統管所轄地區的軍政大權。安史之亂後，內地亦相繼增設。這些節度使父死子繼，成為一個個獨立的王國，可謂「兵驕則逐帥，帥強則叛上」。

正所謂「王侯將相，寧有種乎」，又所謂「皇帝輪流做，今年到我家」。將軍們身懷利刃，且擁有當地的行政權、司法權和財政權，一個比一個有上進心。

趙普提出三條綱領：「稍奪其權，制其錢糧，收其精兵。」這些節度使沒了兵馬錢糧，也就不足為慮了。

五代十國不乏英主名相，他們都曾想過要搞定這些軍中巨頭，可惜全都失敗了。由此可見，「稍奪其權，制其錢糧，收其精兵」說起來容易，做起來困難。因為節度使手中有兵有糧，掌握生殺大權，進可開國稱帝，成為九五至尊；退則能安享富貴，受人畏懼或者尊重。

趙匡胤決定先從禁軍下手。大宋禁軍直接繼承後周，趙匡胤在禁軍中經營了十幾年，曾是禁軍的「一把手」。在禁軍中的威望無人可比，且心腹眾多。

趙匡胤深知各個將領的能力，以及他們在軍中的威望。為了讓他們自覺地交出軍權，趙匡胤設了一場飯局，宴請禁軍高級將領石守信等人。

西元九六一年七月初九，趙匡胤與石守信、高懷德等十兄弟在宮苑開懷暢飲，酒酣耳熱之際，發生了本文中開頭的一幕。

趙匡胤長歎一聲，把玩著酒杯，緩緩道：「兄弟們，沒有你們就沒有今天的我。可是當皇帝實在太難了，還沒當初做節度使快樂呢。我已經失眠很久了。」[4]

趙匡胤的第一句話，說得很有技巧。沒有直接說出目的，而是先做鋪墊，慢慢引將軍們入局。皇帝陛下開口說睡不著覺，屬下們於情於理也要表示關心，所謂：「守信等請其故。」

趙匡胤瞇著眼睛，一字一頓道：「事，也簡單。有誰不想坐在我這個位置呢？」[5]

石守信等人覺得這頓飯不簡單，慌忙離開飯桌，一個個跪在地上，解釋道：「陛下，現在天下已經安定，沒人敢起異心。」[6]

潛台詞是，大局已定，我們這些人不敢造反。

趙匡胤道：「我知道兄弟們不會，可是假如你們手下有些許傢伙想升官發財，再來一次黃袍加身，你們不想當皇帝也身不由己啊。」[7]（你們忘了，我是怎麼當上皇帝的嗎？還不是你們逼的！你們如果也造反了，我怎麼辦？）

趙匡胤此言剛落，溫度彷彿下降了十幾度，石守信等人冷汗直流。原來，今天是鴻門宴啊，搞不好會有殺生之禍，甚至抄家滅族。

將軍們跪在地上，砰砰磕頭道：「我們愚笨，目光短淺，請陛下為我們指條生路。」[8]

看到將軍們入局了，趙匡胤便開始演講：「人生如白駒過隙，所為好富貴者，不過欲多積金錢，厚自娛樂，使子孫無貧乏耳。卿等何不釋去兵權，出守大藩，擇便好田宅市之，為子孫立永遠之業，多致歌兒舞女，日飲酒相歡，以終其天年！朕且與卿等約為婚姻，君臣之間，兩無猜疑，上下相安，不亦善乎！」

第一、先為將軍們樹立人生觀。趙匡胤提出一個問題並自問自答，人活著是為了什麼？人生苦短，當然為了富貴，所以要多攢些錢吃喝玩樂，讓子孫後代也擁有富貴的人生。

第二、趙匡胤給他們實現的途徑，給地位（「出守大藩」），給房產（「擇便好田宅市之」），給美女（「多致歌兒舞女」），給出一種生活方式（「日飲酒相歡，以終其天年」），給保障，結成兒女親家（「朕且與卿等約為婚姻」）。

第三、便是威脅。所謂「君臣之間，兩無猜疑，上下相安，不亦善乎？」潛台

4原文為：我非爾曹力，不及此。然天子亦大艱難，殊不若為節度使之樂，吾終夕未嘗高枕臥也。
5原文為：是不難知，居此位者，誰不欲為之！
6原文為：陛下何為出此言？今天下已定，誰復有異心！
7原文為：卿等固然，設麾下有欲富貴者，一旦以黃袍加汝身，汝雖欲不為，其可得乎？
8原文為：臣等愚，不及此，惟陛下哀矜，指示可生之途。

詞就是，你們不聽我的，我會猜疑你們，咱們就不能和平地相處。你們聽我的，我省心，你們也開心，你們自己看著辦吧。

石守信上表：我病了。

高懷德上表：我也病了。

禁軍諸大將：真的，我們都病了。

看到將軍們的假條，趙匡胤有什麼反應呢？史稱：「帝從之，賞賚甚厚。庚午，以石守信為天平節度使，高懷德為歸德節度使，王審琦為忠正節度使，張令鐸為鎮寧節度使，皆罷軍職；獨守信兼侍衛都指揮使如故，其實兵權不在也。殿前副都點檢自是亦不復除云。」

這便是中國歷史上最著名飯局之一——「杯酒釋兵權」。

「釋兵權」不只是解除石守信等人對禁軍的兵權，將他們安置到地方擔任節度使，與之配合的是趙匡胤徹底掌控中央禁軍，並開展地方軍政改革，加強中央集權。

對石守信等人來說，失去的只是禁軍的軍權，得到的卻是更多的財富、女子、房子、地位等，所以，並非不能接受。把這些宿將外放到各地的同時，趙匡胤便將自己曾經的親兵陸續提拔為禁軍軍官，全面加強對禁軍的掌控。

搞定禁軍後，趙匡胤開始進行大刀闊斧的軍隊改革。

第一步、西元九六〇年，趙匡胤下令對禁軍進行分化，為驍勇善戰之輩漲工資。漲的工資從哪兒來呢？禁軍中的老弱病殘全部降為非戰鬥部隊，只領小部分軍餉。前者自然無意見；後者不用再拚命了，也只能捏著鼻子認了。

第二步、西元九六一年，趙匡胤將軍隊的分化改革，從京城擴大到地方。地方節度使們認為這是好事，因為精兵越多，中央撥付的軍費也越多，何樂而不為？節度使們喜滋滋地將精兵名單上報朝廷。趙匡胤大筆一揮，就撥付大量軍費。

第三步、西元九六三年，趙匡胤下令——「令天下長吏擇本道兵驍勇者，籍其名送都下，以補禁旅之闕。又選強壯卒，定為兵樣，分送諸道，其後又以木梃為高下之等，給散諸州軍，委長吏、都監等召募教習，即送都下。」意思是，你們拿著自己送的精兵名單，將士兵們全部送到中央吧。趙匡胤為了杜絕節度使們濫竽充數，還制定了標準。用禁軍中強壯的士兵和製作出的高大木頭兵當作指標，達到這個標準就要送進中央！

節度使們即使不情願也沒有辦法。因為麾下精兵都很樂意到國家首都工作——環境好，待遇高。

杯酒釋兵權的發生時間在西元九六一年七月，正是軍隊改革到第二步的時候，他需要自己的這些兄弟們幫忙穩定地方局勢。作為一代開國之君，趙匡胤深深明白一個道理，那便是：「誰是自己的朋友，誰是自己的敵人，拉攏一部分人，才能打擊一部分人。」

對那些非結拜兄弟的節度使，趙匡胤的手段就值得玩味了。西元九六九年，趙匡胤邀請鳳翔節度使王彥超、安遠軍節度使武行德、護國軍節度使郭從義、定國軍節度使白重贊等同時入朝。

趙匡胤表示將軍們勞苦功高，想宴請大家到皇宮後苑吃一頓飯。酒酣耳熱之際，趙匡胤笑道：「諸位愛卿啊，你們是國家重臣，隨朕鞍前馬後，南征北戰，功勳卓著，至今都還沒有好好享受過生活與人生，朕覺得對不起你們啊！」[9]

酒局上不能只有東家唱獨角戲，總要有一個幫襯的人。這時王彥超閃亮登場，離開酒桌，跪在中央，道：「老臣功勞微薄，因為官家的恩寵，才有今天。現在年老體衰，請求告老還鄉。」[10]

趙匡胤大喜，也離開酒席，親自扶起王彥超道：「王叔叔，真是謙謙君子。」值得一提的是，這位叫王彥超的仁兄，是趙匡胤父親的好朋友。趙匡胤二十幾歲時，還曾投奔過王彥超。

郭從義、白重贊等老將心中不滿，他們各自細數自己曾經的功勳。

趙匡胤擺擺手，板著臉道：「這都是前朝舊事，不要再提了。」

幾位老將軍差點氣歪，剛才你還說我們勞苦功高！

無奈之下，他們只有認了，同意不再擔任地方節度使，交出地方軍政大權。趙匡胤也很夠意思，讓幾位老將軍在禁軍中掛職，提高他們的級別與工資待遇，在京城養老。正是：「以行德為太子太傅，從義為左金吾衛上將軍，彥超為右金吾衛上將軍，重贇為左千牛衛上將軍，廷璋為右千牛衛上將軍。」

這次杯酒釋兵權，釋的是地方節度使的軍權。

❋ ❋ ❋

收回了中央與地方的軍權後，趙匡胤開始大刀闊斧地改革。除了「收其精兵」之外，還要「削奪其權」、「制其錢糧」。

第一，削奪其權。中央派遣文官出任知州、知縣等地方官。三年一換，直接對

9 原文為：卿等皆國家宿舊，久臨劇鎮，王事鞅掌，非朕所以優賢之意也。
10 原文為：臣本無勳勞，久冒榮寵，今已衰朽，乞骸骨，歸丘園，臣之願也。

中央負責，設置通判以分知州之權，利用通判與知州之間的相互制約，使一州之權不至於被知州把持，防止偏離中央政府的統治軌道。這便是將行政權、司法權收回中央。

第二，制其錢糧。於各路設置轉運使，將一路所屬州縣財賦，除留少量應付日常經費外，其餘的錢帛都要送到京城上交中央政府，不得占留，這樣地方的財權便完全收歸中央了。

趙匡胤之所以能解決幾十年的藩鎮割據的問題，自然離不開他的大氣魄與大智慧。在飯局之外，他為收攏軍權做了大量準備，制訂了一系列計畫，使得飯局上所談收攏軍權之事能水到渠成。如此，趙匡胤兵不血刃便取得了雙贏。

經過先後十餘年的努力，趙匡胤終於改變了自唐末以來，藩鎮割據的局面，加強中央集權，最終打造出了一個強大的王朝——宋朝。

朱元璋的飯局

從放牛娃到洪武大帝

元末某年某月的一個下午，安徽鳳陽一個小村莊外的山坡上躺著一群衣衫破爛、鳩形鵠面[1]的孩子。

他們吞咽著口水，肚子餓得咕嚕咕嚕響。黝黑、瘦弱、顴骨很高的徐達，抹著口水問另一位大額頭、下頜翹的放牛娃：「重八哥，肉香嗎？」

放牛娃摸著自己乾癟的肚皮，舔了一下嘴唇，雙眼放光道：「俺見劉老爺吃過，肉肉真的很香很香。」

未來會改名叫湯和的孩子道：「俺餓，俺想吃一口肉肉。」

一群在未來幾乎全部改名的孩子道：「真想吃一口肉肉……」

放牛娃大聲道：「被打死也比活活餓死強！跟著俺，俺請你們吃肉！」他拿起一把遍布缺口的砍柴斧頭，帶著小夥伴們，走向地主劉老爺的牛群。

徐達、湯和等孩童嗷嗷叫著，緊隨其後。放牛娃將目光瞄向了最瘦小的一頭牛犢（因為他們沒力氣殺死大牛）。

放牛娃的額頭沁出汗珠，咬緊牙關，舉起斧頭，大吼一聲，一刀劈在牛犢的脖子上。

牛犢慘叫，蹦跳了起來。徐達雙眼圓睜，拼命抱住牛腿，其他孩子也跟著撲了上去……

在山間，這群孩子找到一口破砂鍋，以泉水煮肉，開心地吃了一頓。

❋ ❋ ❋

放牛娃原名朱重八。西元一三八二年十月，安徽鳳陽縣太平鄉的貧農朱五四的老婆，在一間冬涼夏暖的茅草屋子裡，生下了第四子。因為這個嬰兒在堂兄弟中排名第八，故起名朱重八，也可以叫他朱八八。

朱重八的爺爺叫朱初一，曾祖父叫朱四九，高祖叫朱百六。不是老朱家喜歡將姓名進行數字化管理，而是元朝政府規定，老百姓的名字只能以數字順序、父母年齡相加或者出生日期來命名。截至朱重八，老朱家已經至少為五代貧農，世代均以佃戶為生。

那時，有無數個像朱重八這樣的貧苦孩子，他們最大的夢想便是在過年時能吃上一口肉。可是，這個夢想很難實現。自元朝建立以來，百姓慘遭剝削，苛捐雜稅繁多，水旱蝗災不絕。元朝政府甚至規定了四等人制度：蒙古人第一等，色目人第

1 形容人飢餓枯瘦，面容憔悴。

二等，漢人按照北方、南方分為三、四等人。若殺了漢人，僅賠償一頭毛驢即可。

廣袤的土地上，生活著無數個如朱五四這樣的家庭，日夜辛勞，三餐難繼。因為朱五四忠厚老實，為村裡地主劉老爺辛苦種地；劉老爺遂大發慈悲，給不足十歲的朱重八安排了一份讓孩子們都羨慕的工作：來為自己家當放牛娃。

放牛總比下田耕種輕鬆。小小朱重八儼然成了小夥伴們眼中的「成功人士」。

朱重八從小就一腔熱血，敢做敢當。至今在鳳陽的坊間巷陌，還流傳著兒童朱重八殺牛請客的事情，明初史料筆記《龍興慈記》中亦有記載。

這便是本故事開頭的一幕。在中國的民間故事中，流傳著許多機智、勇敢的放牛娃智鬥愚蠢地主的故事。可現實畢竟不是如此，當地主劉老爺發現少了一頭牛後，喝問朱重八：牛去哪兒了？

朱重八轉動著眼珠子，舉起一根牛尾巴，大叫道：「劉老爺，牛牛鑽到石頭裡了，尾巴留在外面了！」

這樣幼稚的話，劉老爺當然不相信。他抽了朱重八一百多鞭子，吊在房樑上兩天兩夜。放牛娃皮糙肉厚，福大命大，幸得不死。代價是朱五四必須照市價用糧食賠償給劉老爺。朱重八後來有沒有再被老爹抽一頓，就不得而知了。

童年朱重八殺牛請小夥伴們大吃一頓，也許是他這一生第一場自己籌備的宴席，意義非凡。

一頭牛，對一位貧苦的放牛娃來說，也許就是整個世界。童年時的朱重八膽識非凡，膽敢砸爛一個世界並吞進肚子裡。

一起殺牛、吃牛的小夥伴在朱重八的帶領下，也堪稱膽大包天，下手夠狠！朱重八一斧頭劈向牛脖子那一幕，小夥伴們終生難忘。也許在小夥伴的潛意識裡便知道，跟著重八哥有肉吃！出了事，他能替我們扛！徐達、湯和、周德興、郭興等人長大之後，皆是他的左膀右臂，跟隨他出生入死，轉戰天下！

朱重八敢於承擔責任，為小夥伴們背黑鍋甚至險些喪命。一鍋牛肉，為朱重八換來一群縱橫天下的開國名將，絕對值了。

大明江山在這群開國元勳的內心深處，也許正是從這一鍋牛肉吃出來的。無數次，兵凶戰危之際，徐達等人都會想起吃牛肉的那個下午：你填飽我們的肚子，我們把命賣給你！

從第一場飯局中，我們便可以看到童年朱重八的性格，下手狠辣，義薄雲天，勇於任事。

❋ ❋ ❋

西元一三四四年，一場瘟疫臨到淮河兩岸，可憐的朱重八全家幾乎都死光了，十六歲的朱重八在好心人的幫助下，在村邊皇覺寺當了和尚。

無錢無勢的朱重八為了可以吃上一口飽飯，在寺裡幹最苦、最累、最髒的工作，但是五十幾天後，住持便打發朱重八外出化緣（要飯）。

三年內，朱重八走遍了安徽、河南大部分地區。為了能填飽肚子，他忍受著冷眼、譏諷、辱罵，敲開一扇又一扇的門。他見識了形形色色的人，觀察了各地的風土民情，磨練出堅韌不拔的意志。

此時，天下已經大亂，各地義軍四起，朱重八不敢參與造反，回到皇覺寺繼續當和尚，撞鐘、劈柴、燒水、種地、識字、念經、化緣、做法事。

彈指一揮，五年過去了。各地起義，風起雲湧，距離皇覺寺不遠的濠州被紅巾軍大帥郭子興占據。元軍平叛的方式是殺良冒功，可憐無數百姓莫名其妙地被砍了腦袋。

適逢湯和在義軍中混到一個千夫長職，便熱情邀請朱重八入夥。朱重八合計合計，索性參加了濠州紅巾軍。

世有伯樂，然後有千里馬。郭子興賞識沉穩內斂、足智多謀的朱重八，將他一步步提拔到中層將領。朱重八為自己改名為「元璋」。

朱元璋奉命回鳳陽老家募兵，徐達、郭興等小夥伴們欣然來投靠，因此得八百名家鄉子弟兵。爾後，紅巾軍內訌，朱元璋便向郭子興請辭，僅帶走自己精心挑選的二十四人，包括徐達、湯和、郭興、周德興等人在內。值得一提的是，明朝建立後，二十四人中二人封王、一人封公、二十一人封侯。

朱元璋對招募士兵駕輕就熟，豎起招兵旗，很快地便招募了千人。他聽說定遠城附近張家堡驢牌寨有三千多名土匪，勢單力薄，孤立無援，寨主打算投靠義軍勢力。

朱元璋便打起了驢牌寨的主意。他帶著徐達、常遇春等十餘人邀驢牌寨首領劉寨主相見。驚喜地發現，這位劉寨主他竟然認識，當年曾一起當過乞丐。在他鄉遇故知，可謂幸事。劉寨主喊他一聲「重八哥」，他喊劉寨主「劉老弟」。

雙方經過一番言談，劉寨主被朱元璋的英豪氣概、遠見卓識深深折服，決定舉寨歸降朱元璋，一起建功立業。朱元璋大喜，雙方折箭為盟，約定三天後，劉寨主派人到朱元璋兵營。

三天後，朱元璋左等右等不見劉寨主前來，便派湯和到驢牌寨去問問怎麼回事。劉寨主的頭上纏著布條，捂著腦袋說：「俺昨天腦袋被門撞了一下，記憶一片矇矓，三天前說過什麼全忘記了。」湯和是個老實人，便將雙方會盟的事情詳細說了一遍。

劉寨主對湯和道：「請轉告重八哥，俺一直將他當成自己的親哥看待。大丈夫一言九鼎，如果俺真說過這樣的話，一定兌現！現在讓俺好好回憶一下。等俺想明白了，再去找重八哥。」湯和不是笨蛋，當然看得出劉寨主反悔了，便返回兵營，告知朱元璋。

朱元璋大怒，這個出爾反爾的小人，早知道當時就簽下字據。他派人打聽後，才知道劉寨主早就打算投靠另一股勢力更強大的義軍。

朱元璋眉頭一皺，心生一計，再次派湯和去驢牌寨，理由是劉老弟受傷了，做哥哥的精心準備好酒好菜，要給兄弟補一補。還特別強調，濠州第一名廚就在軍營中，準備的食材有鹿肉、熊肉、老虎肉……全是大補的功夫菜，連酒都是搶皇帝賞賜的御酒，請劉老弟務必賞光，如是云云。

劉寨主大概是想白吃一頓美食，又相信朱重八的人品信譽，便帶著十幾個兄弟，欣然赴約。可是他大概忘記了：第一，世上沒有免費的午餐；第二，人都是會變的。

當劉寨主一行人喜滋滋地抵達朱軍營寨且被邀入帳後，發現不過是些尋常的下酒菜，心中頗為不悅。但是伸手不打笑臉人，看著朱元璋及其屬下熱情洋溢的樣子，也不好說什麼。

雙方分賓主而坐，互相敬酒後，朱元璋感歎道：「劉老弟，要是咱們永遠在一起大碗喝酒、大口吃肉該有多好！」劉寨主道：「重八哥，俺真的想跟隨你，可是兄弟們不願意，俺也做不了主啊。」

朱元璋嘿嘿笑道：「既然如此，劉老弟你留下吧！」說罷，朱元璋將碗摔在地上，道：「拿下！」

徐達、湯和立刻把刀架在劉寨主的脖子上，其餘十幾個土匪也被朱元璋的手下打倒在地，綁了起來。隨後，朱元璋威逼利誘劉寨主的屬下，讓他們回驢牌寨，告知其餘匪徒：劉寨主已決定投靠朱元璋，一起打天下，正在兵營裡準備好酒好菜等他們呢。

寨中土匪很實際，立刻捲起包袱，趕赴朱元璋的營寨。

待眾匪離開，朱元璋派人一把大火燒毀了驢牌寨。劉寨主見木已成舟，無可奈何，只能配合朱元璋收編。透過一場飯局，朱元璋兵不血刃地收編了三千多名土匪，整合了四千名人馬，獲得創業的第一桶金。

觀葉而知秋。從這場飯局中我們可以看出青年朱元璋的心性。洞悉對手的弱點，嫻熟地施展權謀手段，不拘泥於仁義道德，甚至不在乎個人信義，該出手時就出手，毫不拖泥帶水。

朱元璋的心性使他得以在殘酷的元末亂世中生存、壯大，他利用飯局吞併了一個又一個「驢牌寨」，才有了成就大業的基礎。

轉眼間，到了西元一三六三年，朱元璋的地盤以應天（今南京）為中心，包括蘇南、贛北、浙江的部分地區及皖南一帶。他麾下有幾百萬人口、數十萬大軍，人才濟濟，猛將如雲，足可稱一方霸主。

不過朱元璋正面臨著一生中最可怕的對手——陳友諒。

此公原名陳九四，但並非如《倚天屠龍記》所說，出身丐幫：他是一名漁夫。元末亂世，他加入義軍，從小小主簿[2]做起，一步一步成為一方霸王，登基稱帝，建國為漢。占據長江以南的湖北、湖南、江西、安徽等地，是當時反元軍閥中實力最強大的一位。

值得一提的是，此公性格強悍，雄才大略，起兵十年，與元朝連番血戰不屈不撓，死戰到底，從不妥協，可謂一條鐵骨錚錚的硬漢。要知道，即使是朱元璋也曾為了換取生存向元朝獻表稱臣。

中國最大淡水湖——鄱陽湖，即將發生一場號稱「中世紀規模最大的水戰」。陳友諒率領傾國之兵六十萬、巨型戰船數十艘，在鄱陽湖迎戰朱元璋的二十萬大軍。史稱：「友諒兵號六十萬，聯巨舟為陣，樓櫓高十餘丈，綿亙數十里，旌旗戈盾，望之如山。」

此役勝者即可吞掉對方勢力，成為江南霸主，然後北伐元朝，統一天下。

朱軍皆是小船，在水戰中處於劣勢，與陳友諒初次交手便落於下風。幸虧朱元璋親率心腹，斬殺了幾十個畏敵怯戰之人，才穩住陣腳。徐達身先士卒，率先衝鋒，指揮艦隊，充分發揮船小靈活的優勢，圍著陳軍巨艦射箭、開炮，攀爬，一舉擊潰陳友諒的前鋒部隊。朱軍首戰得勝。

眼見戰事不順，陳友諒將戰船用鐵鍊綁在一起，發起軍隊衝鋒，朱軍慘敗，連朱元璋都差點被陳軍猛將張定邊陣斬！不過，恰逢鄱陽湖上刮起了巨大的東南風，朱元璋組織敢死隊，駕著七艘裝滿火藥柴薪的火船，撞擊陳友諒的艦隊，一時烈焰

2是中國古代官職名稱。主管文書簿籍及印鑑。

飛騰，燒毀陳軍數百艘巨艦，陳軍傷亡慘重！

陳友諒一步步敗退到江西諸暨，與追擊而來的朱軍對峙！

鄱陽湖大敗，陳友諒暴怒，為了發洩怒火，也為了震懾朱軍，遂下旨虐殺被俘虜的朱軍將士！這便是：「友諒勢益蹙，忿甚，盡殺所獲將士。」

陳朱全面戰爭，雙方人馬加起來高達八十餘萬，俘虜彼此的將士算是很正常的一件事情。

但朱元璋卻下了一道誰也想不到的命令，不僅為俘虜治傷，還準備酒食請他們吃飯！並且要求酒、肉、大餅、饅頭要多少有多少！讓俘虜敞開懷大吃大喝，不打飽嗝不住口！

俘虜們受寵若驚、興高采烈，一個個狼吞虎嚥；很多樸實的陳軍士兵流下感動的淚水。朱元璋外披重甲，內套軟甲，在徐達、常遇春等絕世猛將的護衛下，對俘虜們噓寒問暖，表示可理解陳軍兄弟們造反也是被逼無奈。等天下太平了，他要讓所有人都能吃飽肚子。

朱元璋真誠樸實的話引起了俘虜的共鳴，紛紛表示願意棄暗投明，為朱大帥效死。

朱元璋佯裝生氣，表示自己是因為不忍看到兄弟們忍饑挨餓，才請大家飽餐一頓，並非為了得到他們的報答；更表示陳軍弟兄吃飽後必須返回陳軍大營，誰不回去就是看不起他！等消滅了陳友諒後，與弟兄們再聚首，開懷暢飲！

俘虜們感動得眼淚汪汪。

陳軍俘虜成群結隊，戀戀不捨地返回陳軍營寨。陳友諒苦笑一聲，這下沒轍了，難道他要向自己手下弟兄舉起屠刀嗎？如果這樣做，會被士兵在背後射冷箭的！

事實上，沒過多久，陳友諒便被一根冷箭射殺！兇手是誰成了千古謎團。朱元璋鯨吞陳友諒的地盤、軍隊，一躍成為天底下實力最強大的勢力，為統一天下打下了堅實的基礎。

對普通士兵來說，只要能有口飯吃，皇帝姓朱姓陳無所謂。正是：「端誰的碗，受誰的管。」常年混跡於社會最底層的朱元璋很清楚士兵們的想法，他以廣闊的胸懷、深邃的智慧，準備大量酒肆，宴請一群群曾欲殺自己而後快的俘虜。

❀ ❀ ❀

朱元璋北上消滅張士誠後，命徐達、常遇春繼續北伐，消滅大元帝國。西元一三六八年正月初四，朱元璋在南京稱帝，國號大明，改元洪武。

洪武年間，朱元璋收復了丟失四百多年的燕雲十六州。他努力恢復漢人衣冠，振興儒家名教，庇佑天下萬民，建立太平盛世。他戡定四方，輕徭薄賦，愛惜百姓，興修水利，獎勵墾荒，抑治豪強，嚴懲貪官，又重視科舉，克勤克儉，廣納賢才，注重文治，盤整華夏文明。

這位昔日的乞丐和尚，躍昇成為今日的洪武大帝，變成中國歷史上最勤勉的皇帝之一。比如他曾在連續八天內，每天平均處理二百多份奏摺、四百多件事。他寫詩自嘲：「百僚未起朕先起，百僚已睡朕未眠，不如江南富足翁，日高三丈猶擁被。」

不久，朱元璋即在艱難的治國中驚奇地發現，傷害國家最深的竟然是為自己打天下的開國勳貴與治理國家的朝廷官吏。尤其是開國勳貴，他們擁有私人武力，罔顧國家法令，侵占土地，私納奴婢，侵奪民財，貪得無厭，無所顧忌。比如朱元璋的女婿歐陽倫，身為皇親國戚，知法犯法，向他國私販茶葉！淮安侯華雲龍使用元朝皇帝才能用的東西；湯和的姑父搶占土地，還不繳稅給朝廷；大將郭英任意殺戮平民……。

漸漸地，朱元璋對勳貴們厭惡起來，曾在公開場合道：「此等愚夫，不學無術，勇而無禮，或閒中侍坐，或飲宴之間，將以朕為無知，巧言肆侮，凡所動作，悉無臣禮。」

貪官汙吏「前腐後繼」，瘋狂搜刮民脂民膏。朱元璋對他們屢次教育無效後，說道：「胡元以寬而失，朕收平中國，非猛不可！」與其說是「猛」字，不如說是一個「殺」字。朱元璋發動了胡惟庸案，先後誅殺了三萬餘人，又發動了藍玉案，殺了二萬餘人。

洪武年間的開國勳貴與官僚勢力均遭到了大算帳。

❋　❋　❋

朱元璋屠殺勳貴與官吏的心態從一場飯局，便可窺視得清清楚楚。

洪武十八年，即西元一三八五年的一天，朱元璋在奉天殿宴請朝廷文武百官時，突然將自己盛著酒的金杯遞給了誠惶誠恐的戶部尚書茹太素，並環視眾大臣，笑道：「金杯共汝飲，白刃不相饒！」

意思是，朕可以給你們美酒佳餚、榮華富貴，可是如果你們有違國法，朕絕不手軟，絕不手下留情！

朱元璋廢除了丞相後，戶部尚書可以說是百官之首。這次朱元璋將自己的金杯遞給戶部尚書，且說了一句殺氣騰騰的話，明顯是要殺雞儆猴，帶有警告意味。果然，話音剛落，群臣便跪了一地，瑟瑟發抖。

最惶恐的應該是茹太素了，他所主管的戶部是腐敗的重災區。前戶部侍郎郭恒吞盜官糧二千四百萬擔，貪贓七百多萬兩白銀。這樣恐怖的貪汙數量自然不是一個戶部侍郎能獨自吞下的。朱元璋徹查之後，整個六部，侍郎以下，悉數被朱元璋處死，牽連官吏達數百人之多。

對此，連見過大世面的朱元璋都感歎道：「古往今來，貪贓枉法者大有人在，但是搞得這麼過分的，實在是不多！」

茹太素早年的時候，曾給朱元璋上過一份幾萬字的奏摺，辭藻華麗，晦澀難懂，主要內容卻只有四條乾巴巴的建議。朱元璋一氣之下，賞了茹太素一頓板子。

這次宴會上，茹太素跪在地上，雙手接過金杯，立刻向朱元璋表白，脫口吟道：「丹心圖報國，不避聖心焦。」

茹大人的文學功底雖然深厚，但是政治素養不高。怎麼可以說聖心焦慮呢？焦慮的應該是臣子才對！所以，他沒幾天便被貶為御史，後因事連坐而死。

不得不感歎，朱元璋的「金杯共汝飲，白刃不相饒」雖然霸氣十足，卻也折射出他面對現實的無奈心情！

縱觀洪武大帝一生，是極為愛民的，他曾多次在朝堂上說：「朕本農夫，深知民間疾苦。朕本農夫，深知稼穡艱難。」

無論是開國勳貴還是朝堂百官，朱元璋均曾三令五申，不允許他們殘害百姓，又制定了大量的反腐倡廉制度。可是，這些擁有權勢者——「朝治而暮犯，暮治而晨亦如之，屍未移而人為繼踵，治癒重而犯愈多！」權勢者的奴僕也是「多依勢冒法，凌暴鄉里，而諸勳臣亦不禁戢」。

魚與熊掌不可兼得。在保護百姓和放任臣子之間，朱元璋毫不猶豫地選擇了前者，毅然高舉屠刀嚴懲貪汙腐敗。

「爾俸爾祿，民膏民脂，下民易虐，上天難欺。」無論你曾立下多麼大的功勳，或是付出多大努力才身居高位，若你坐在那個位置上一心為民，迎接你的便是「金杯共汝飲」；可是若你敢貪汙腐敗，殘害百姓，等待你的便只有「白刃不相饒」。這便是朱元璋治國的理念。千百年後，依舊可堅定執法者的鬥志，震懾違法者的心神。

縱觀洪武大帝的四場飯局，均可以清晰地看出朱元璋的成長軌跡與心路歷程。殺牛款待小夥伴，發生在朱元璋的童年時期，雖然幼稚，不顧後果，但是他對小夥伴講義氣，勇於放手一搏，已初顯崢嶸。

宴請驢牌寨的劉寨主時，朱元璋僅是一名二十六歲的青年，已經從貧農蛻變到義軍高級將領。他足可獨當一面，具有建功立業的豪情壯志、收服人心的權謀手段，以及為達目的不擇手段的心性。

在諸暨軍營中，他請陳軍俘虜吃飯時，年近不惑，世事洞明。他明白仁厚往往比暴力更容易贏得人心；厚待別人，哪怕他們曾是自己的敵人，也能得到回報。所以，在元末的梟雄豪傑中，朱元璋能笑到最後。

奉天殿宴會上，說出「金杯共汝飲，白刃不相饒」時，朱元璋已經是五十八歲的老人了。守業比創業更難，天下初定，百廢待興，民生多艱。面對開國勳貴、滿朝文武，朱元璋的策略是一手握著金杯，一手高舉白刃，前者象徵權勢、榮耀、地位、財富，後者代表著懲罰、刑法、殺戮、死亡！

經過明太祖朱元璋的勵精圖治，到洪武二十六年，全國的民戶達一千六百〇五萬戶，人口達六千〇五十四萬人，墾地面積達八百五十萬頃，為明朝後世的經濟發展打下非常牢固的基礎，史稱洪武盛世。

無論後世謗譽如何，朱元璋的功績註定彪炳千秋，青史永傳！

詔獄牢飯

盡嘔飲食，隕絕於地

西元一五六六年十二月中旬，北京城中，家家戶戶披麻戴孝，紫禁城門前擺滿了靈幡，連午門上的匾額也用白布遮蓋。

詔獄內，一間狹窄、逼人的監牢裡，鬚髮斑白、瘦骨嶙峋的海瑞穿著打了幾個補丁的破舊長衫，盤腿坐在枯草上。海瑞乾癟的嘴唇緊緊抿著，臉上皺紋遍布，可眼眸轉動間卻顯得純淨、清澈。

唼嚓唼！牢門打開的聲音。海瑞看到提牢主事的人提著一個大食盒進來，身後還跟著幾個獄卒搬桌子、板凳。主事笑道：「海大人，請用飯。」

海瑞身子一震，訥訥道：「這一天，終於來了！」他眉頭緊皺，面容嚴肅，豁然起身，快走兩步，一甩長衫，端坐在板凳上。

主事張張口，似乎想說些什麼，但看到海瑞肅穆的樣子，竟然嚇得不敢開口。

主事自嘲一笑，將一碗新鮮的鯽魚湯、一盤香嫩的燒雞、一碟油炸花生米、一隻肥膩的烤羊腿、一壺溫燙好的酒、兩個青花色的杯盞放在桌子上。

海瑞心中一歎，可惜沒有我最愛吃的鹹菜、大餅。沒想到，我這一生還有機會喝酒吃肉。海瑞淡淡道：「煩勞，倒酒！」

提牢主事賠著笑，為海瑞倒了一杯，海瑞端起酒盅，仰頭喝了下去。

主事笑了笑，繼續為海瑞添酒，看著他面無表情地狼吞虎嚥。杯盤狼藉後，海瑞抹抹嘴，拱手道：「多謝閣下盛情款待，容來生再報！海某一生第一次嘗到如此美味的食物，沒想到卻是斷頭飯！」

「斷頭飯！」提牢主事一拍腦袋道，「怪下官沒說清楚，讓海大人誤會了！」海瑞打了一個酒嗝，看著主事腰上繫的白布，皺眉道：「這是？」主事左右看了一下，附耳對海瑞輕聲道：「陛下駕崩了，海大人解脫牢獄之災，大用之日不遠矣！下官為您慶祝……」

海瑞臉色瞬間變得慘白，哆嗦道：「真的嗎？」主事狠狠地點頭！海瑞慘叫一聲，捂著胸口，慢慢彎腰。他身子抖動，「哇」的一聲，張口便將肚中酒食噴射出來！

提牢主事大吃一驚，趕忙扶住海瑞。海瑞跪在地上，大口大口地吐著，膽汁都吐了出來！接著又號啕大哭，涕淚滂沱！

提牢主事嚇得緊緊抱住了海瑞。海瑞拼命掙扎，嘶聲痛哭，哭得昏厥了過去……。

睜開眼後，海瑞繼續哭。提牢主事生怕海瑞出事，喊了幾個人一起看著，不停勸說。

提牢主事口中的陛下，乃是大明嘉靖皇帝。為何皇帝駕崩，海瑞會盡嘔飲食，哭絕於地呢？我們需要先介紹一下海瑞。

海瑞，字汝賢，海南瓊山人，出生於西元一五一四年。他四歲喪父，與母親謝氏相依為命。家中只有薄田十餘畝，生活艱辛。謝氏將全部希望寄託在海瑞身上，對他嚴加管教，禁止他嬉戲打鬧——「有戲謔，必嚴詞正色誨之。」正是母親的嚴厲，養成海瑞認真、刻苦的性格。

海瑞從小寒窗苦讀，拼命學習，可惜他並不擅長科舉考試。從十幾歲參加科舉開始，考了近二十年，每一次都是名落孫山。一直到三十五歲那年才通過鄉試中了舉人。爾後，他又考了兩次進士，均未上榜。

舉人有當官的資格，但卻不一定能當上官，只有進士才是朝廷吏部統一分配的官員，尤其是前三名：狀元、探花、榜眼。他們甚至可以留在皇帝身邊做官。

海瑞雖然未能考上進士，並不代表他無才學。同朝名人徐文長，被譽為「天下第一才人」、「明朝三大才子之一」，一生參加十幾次鄉試也未能中舉。

年過四十的海瑞眼見自己高中進士無望，便到吏部報到請求安排工作。吏部按照慣例，將海瑞分配到福建延平府南平縣任教諭。教諭的職能類似於現在的教育局副局長，相當於正八品吏。

嘉靖年間，縣學教育名存實亡，學官們敷衍了事，得過且過，學生們也不重視學習，翹課曠課是尋常事。南平縣自然也不例外。海瑞看到這一現象，叩問自己的內心：「小有得而矜，能在人而忌，前有利達，不能無競心乎？」換句話說，在塵世的種種浮華面前，你能不忘初心、砥礪前行嗎？

當然能！海瑞將工作當成事業，以身作則，率先垂範；每天第一個上班，最後一個下班。他還制定了一系列教規，嚴明考勤制度、獎罰措施，禁止教員與學生瞎混日子。教員與學生初時叫苦不迭，習慣之後，便漸漸提高了責任心和才學。南平縣的教育事業在海瑞的努力下，蒸蒸日上，成為省示範官學。

福建學政朱衡聽聞之後，便到南平縣的學堂視察。蒞臨南平學宮時，只見站在海瑞兩邊的肥胖副手慌忙跪拜迎接；海瑞則是抱拳躬身後，挺立如青松。

兩個胖子跪著，中間夾著一個站著的瘦子，形如山字形的筆架。陪同朱衡視察的南平知縣黑著臉問海瑞：「你不知道尊卑禮儀嗎？」

海瑞不卑不亢，淡淡道：「到大人辦公之處，當行拜見上官的禮儀。這裡是老師教育學生的地方，不應屈身下跪。」

洪武年間，便曾規定學官在學校見上官，拜而不跪，以體現大明師道尊嚴。只不過百年後，士人早已不復開國時的風骨，見了上官納頭[1]便拜，唯恐怠慢。海瑞何許人也，大號剛峰，一個像山峰一般剛毅的男人，當然不會跪。

朱衡調侃道：「這是哪來的山字形筆架啊？」

從那以後，無論何上級前來視察工作，海瑞依然只揖不跪，因此贏得一個「海筆架」的雅號，亦漸漸在士林與民間風傳。

海瑞四十五歲時，在朱衡的舉薦下，任正七品淳安知縣。淳安位於浙江省西部，丘陵遍布，山多地少，每年糧食生產有限，再加上地主豪強兼併了大量土地，縣衙胥吏收刮民脂民膏，百姓的生活苦不堪言。

《儒林外史》云：「三年清知府，十萬雪花銀。」此處的「清」不是清朝，而是「清廉」。就是說一位從不貪汙受賄的清廉知府，只需通過合法手段來獲取財富，便可在幾年內輕鬆獲取十萬白銀。

縣令是一縣的最高官員，掌管所轄區域的行政、司法、審判、稅務、兵役等。縣令想發財，自然極為容易。可是，海瑞保持高尚人格，堅持砥礪節操，不願同流合汙。在生活上，每天穿布袍，吃粗糧糙米，親自種菜自給；在工作上，重新丈量土地，核查稅收漏洞，打擊欺壓百姓的豪強；對遭遇不公的百姓，力所能及地給予最大保護。

海瑞堪稱大明縣令圈子裡的一股清流。一時間，淳安縣逃難的百姓紛紛歸鄉，安居樂業。百姓稱呼海瑞為「海青天」。

為了培養淳安官吏廉潔奉公的品性，順便匡正世道人心，海瑞取消了各種常例。所謂常例便是立足當地，利用公權胡亂收錢，例如百姓要打官司時，官員會向原告和被告收錢等。這種亂象海瑞看不下去，便禁止縣衙主薄、師爺、班頭、典獄等人以權謀私。

海大人上任之後，胥吏們起得比雞早，睡得比狗晚，既沒什麼油水，也沒時間娛樂。他們敢怒不敢言，便在私下裡稱海瑞為「海閻王」。

海瑞的操守不僅針對個人及下屬，對朝廷大員也一樣。

都御史鄢懋卿奉皇命巡行浙江。都御史是御史台長官，其糾劾百司，辯明冤枉，提督各道，為天子耳目風紀之司。可是鄢懋卿卻是《明史》中有記載的著名貪官——「性奢侈，至以文錦被廁床，白金飾溺器。」用彩錦裝飾廁所，用白銀做夜壺，這是何等的豪奢腐敗？

1 低頭意思。

鄢大人出發之前，按照慣例，發布了公告：「本院素性簡樸，不喜承迎。凡飲食供帳俱宜簡樸為尚，毋得過為華奢，靡費里甲。」

他到浙江各地後——「各處皆有酒席，每席費銀三四百兩。」明朝的知縣每月俸祿約七石大米；一兩銀子在當時大概可以購買大米二石。鄢大人一頓飯就要吃掉一名縣令八、九年的工資，果然是「素性簡樸」。

縣衙官吏勸海瑞好好接待鄢懋卿：「吏部扶官員上馬，御史台卻是拉官員下馬！得罪了御史台長官，你海大人可是會坐牢的！」

一身正氣的海瑞卻不怕鄢大人，氣鼓鼓地道：「即使充軍殺頭，我海瑞也不做見不得人的事！」[2]

海瑞給鄢大人打了一份請示報告，開頭便附上鄢懋卿頒布的通告，接著，表達了一番對鄢大人人品的欽佩。在文末，海瑞話鋒一轉，稱鄢大人一路吃喝嫖賭，貪汙受賄。看到這封信，鄢懋卿的鼻子差點氣歪，道：「老夫為官二十載，從未見過這樣的貨色！」

鄢懋卿派人打聽海瑞，大吃一驚，對這種不想升官發財、清廉如水的能臣，御史台又能怎麼辦？

鄢懋卿不僅繞道淳安，連淳安縣所在的嚴州都沒有去。他回京城後，一直咽不下這口惡氣，便安排下屬御史，揑造罪證，胡扯一番，上書彈劾海瑞。
此時，福建學政朱衡已高升至吏部副侍郎，因而竭力出手力保海瑞。

※ ※ ※

又過數年，海瑞入京擔任戶部雲南清吏司主事。坦白地講，這是一份清閒的工作。戶部政策、法規自有尚書、侍郎制定，具體事務則有各部小吏跑腿。所謂的主事，主要工作便是簽發一下公文，走幾步路報給侍郎，平時也沒什麼正事。
戶部畢竟掌管全國土地、賦稅、戶籍、軍需、俸祿、糧餉等，長期擔任地方官的海瑞，有機會在更高的位子觀察國家現狀。
官吏貪汙腐敗，宮廷奢靡浪費，各地盜匪滋熾，國庫虧空，災荒遍地，各地民亂四起。皇帝卻沉迷於修道，大興土木，疲懶怠政。朝堂大臣們有良心者便獨善其身，沒良心的即埋頭撈錢，驕奢淫逸。
目睹國事如此，海瑞的雙目彷彿噴出了一道道熊熊火焰，他一遍又一遍問自

2 原文為：充軍死罪，寧甘受，安可為此穿窬舉動耶！

己：「大丈夫讀聖賢書，所為何事？」文天祥告訴他答案——「孔曰成仁，孟曰取義，唯其義盡，所以仁至。讀聖賢書，所學何事？而今而後，庶幾無愧。」

海瑞義憤填膺，給嘉靖皇帝上了一份奏疏，叫《治安疏》。此奏疏，被好事者稱為天下第一疏，奇文共賞：

戶部雲南清吏司主事臣海瑞謹奏：為直言天下第一事，以正君道、明臣職，求萬世治安事。

陛下天資英斷，睿識絕人，可為堯、舜，可為禹、湯、文、武，下之如漢宣帝之勵精，光武之大度，唐太宗之英武無敵，憲宗之專志平僭亂，宋仁宗之仁恕，舉一節可取者，陛下優為之。陛下則銳精未久，妄念牽之而去矣，反剛明而錯用之。謂長生可得，一意玄修，富有四海不曰之脂膏在是也，而侈興土木，二十餘年不視朝，綱紀馳矣。數年推廣事例，名爵濫矣。二王不相見，人以為薄於父子。以猜疑誹謗戮辱臣下，人以為薄於君臣。樂西苑而不返宮，人以為薄於夫婦。天下吏貪將弱，民不聊生，水旱靡時，盜賊滋熾。自陛下登極初年亦有這，而未甚也。今賦役增常，萬方則效。陛下破產禮佛日甚，室如縣罄，十餘年來極矣。天下因即陛下改元之號而臆之曰：「嘉靖者言家家皆淨而無財用也。」天下之人不直陛下久矣。

整個的意思是，陛下，您好！我是海瑞，我要跟您說件事。此事有關大明朝萬世平安，是天下一等大事。陛下睿識絕人，英明神武，本可以成為堯、舜、禹、湯、文、武。陛下如漢宣帝一樣英明細緻，如光武帝一般豁達大度，如唐太宗一樣英武無敵，如唐憲宗一樣能夠消弭國家的各種災禍，陛下還具備宋仁宗的仁恕之德，明君的優點無論哪一項您都是具有的。陛下，才沒過多久，您就不好好工作了，整天做白日夢，將剛毅英明用錯了地方。您以為天下都是您家的，便拼命修煉，大興土木，這是在浪費民脂民膏！二十年不上朝啊，朝堂綱紀崩壞，賣官買官，導致豪強四起，名爵氾濫。您從不和兒子相見，人們說您不顧父子之情。您對大臣猜疑、辱罵、殺戮，人們認為您沒有君臣之情。您長年住在西苑，人們說您缺乏夫妻情義。天下官吏貪汙成風，軍隊戰鬥力直線下降，民不聊生，自然災害頻發，流民暴亂一天比一天嚴重。自陛下登基之時，大明便有這些病症，但卻遠沒有現在這般嚴重。陛下您為了修道，花費無數。朝廷為了增加捐稅，百姓家徒四壁。十幾年過去了，百姓的承受能力已經快到極限了。天下人猜想陛下的年號，「嘉靖的意思是，家家都是窮光蛋，沒有錢用的意思。」天下的官員百姓很久以來就認為您不配做皇帝！

自古以來，臣子向皇帝諫言，多是委婉地批評某種政策或者不合理的想法。

《治安疏》直斥嘉靖皇帝的性格缺陷，貪婪、無恥、懶惰、多疑，尤其是一句「天下之人不直陛下久矣」，等於否定嘉靖皇帝四十四年來的天子生涯。嘉靖皇帝看完後，雙目通紅，面色猙獰，將《治安疏》狠狠地摔在地上，尖叫道：「來人！快把他抓起來。別讓他跑了！」這便是：「帝得疏，大怒，抵之地，顧左右曰：『趣執之，無使得遁！』」

嘉靖皇帝氣糊塗了，普天之下，莫非王土。海瑞又能跑到哪裡去呢？

掌司禮監事兼總督東廠大太監黃錦正在旁邊伺候，他慌忙撿起奏疏，匆匆掃了一眼，面色大變。黃錦盯著奏疏上的「海瑞」二字，心中一動，這不是在酒桌上被當成段子講的海筆架嗎？

黃錦跪在地上，說了一句救了海瑞性命的話：「主子消消氣，這人腦子有病。聽說他已經買好了棺材，安頓了家小，不會逃跑的。」

黃錦極得嘉靖皇帝的信任。所謂「掌司禮監事」，便是大明內相，總督東廠便是明朝最大的特務頭子。嘉靖皇帝冷靜了下來，咬牙道：「你怎麼知道？」

黃錦道：「奴才總督東廠，監督百官。前些日子，整理情報時發現戶部雲南司主事遣散了家人，購買了一副棺材。奴才本以為他得了疾病，沒想到他竟敢做出如此狂悖之事！」

嘉靖皇帝道：「先將海瑞抓進詔獄，嚴加看管。查查這個海瑞到底是什麼來頭！一查到底！」

黃錦恭聲道：「主子稍後，奴才這便去安排，保證查得清清楚楚。」

說罷，黃錦便返回司禮監，吩咐屬下將海瑞緝拿、調查。東廠真不愧是明朝最強大的特權監察機構、特務機關，僅僅幾個時辰，便將海瑞所有資料調查得一清二楚。

黃錦一目十行，看完所有資料後，對海瑞欽佩不已。如果當初家鄉的官吏都如海瑞這般，百姓必定能衣食無憂，家境貧寒的自己又豈會入宮做太監？想到這裡，黃錦便決心保住海瑞。面對餘怒未消的嘉靖皇帝，他將海瑞的事蹟娓娓訴說出來。

聽完黃錦的彙報，嘉靖皇帝沉默不語，片刻後，又命人將《治安疏》取來。他的目光看到了其中一段：「陛下誠知玄修無益，幡然悔悟，日視正朝，與宰輔、侍從、言官講求天下利害，洗數十年君道之誤，置身於堯、舜、禹、湯、文、武之上，使其臣亦得洗數十年阿君之恥，置其身於皋陶、伊、傅之列，此則在陛下一振作間而已。」

嘉靖皇帝看著一句「此則在陛下一振作間而已」，忍不住苦笑道：「此人可和比干相比，但朕不能做商紂王。」

在嘉靖皇帝人生的最後幾個月，經常將《治安疏》反覆閱讀，時而歎息，時而流涕。誰也不知道嘉靖皇帝心中所想。

一五六六年（嘉靖四十五年）農曆十二月，嘉靖身亡，享年六十一歲。

詔獄提牢主事也許是欽佩海瑞，也許是為了提前巴結一下，帶著酒肆請海瑞吃飯，卻發生了本故事開頭的一幕。嘉靖皇帝大抵做夢也想不到，他去世後，最難過的竟是海瑞。

明穆宗繼位後，海瑞被釋放出獄，官復原職，不久調任大理寺，官至三品。在明朝境內，婦孺皆知，有一位捨生取義，敢和皇上叫板的大清官、大忠臣，他的名字叫海瑞。

海瑞的傳奇遠遠未結束，他的餘生與東南土豪劣紳力拚，廢除了幾百條苛捐雜稅，推行「一條鞭法」，安撫遭剝削的無數百姓。他整修了吳淞江、白茆河，通流入海，使住在江河邊的百姓能豐衣足食、安居樂業。海瑞去世後，靈柩用船運回家鄉時，兩岸站滿了穿著白衣、戴著白帽的人，哭聲震天，祭奠送行的百姓千里不絕。

青史為證，丹青永垂。煌煌明史記述了海瑞得知嘉靖皇帝去世後的反應：「提牢主事聞狀，以瑞且見用，設酒饌款之。瑞自疑當赴西市，恣飲啖，不顧。主事因附耳語：『宮車適晏駕，先生今即出大用矣。』瑞曰：『信然乎？』即大慟，盡嘔出所飲食，隕絕於地，終夜哭不絕聲。」

嘉靖皇帝去世後，海瑞何以悲痛到「盡嘔飲食，隕絕於地」的地步？

很多時候，一頓飯局便可看清楚一個人的言行是否如一，為人是否真誠。

提牢主事請海瑞吃飯的目的並不純粹，希望海瑞被重用之後能回報自己。與海瑞吃完後的表現相比，提牢主事的蠅營狗苟之心，簡直不值一提。

看著酒菜佳餚，海瑞的第一感覺是，這是送自己上路的斷頭飯。多少號稱英勇的人，面臨死亡時，原形畢露。比如十二歲就敢當街殺人的秦舞陽，見到秦王嬴政，嚇得臉色發白，兩腿發抖。相比之下，海瑞只是手無縛雞之力的文弱書生，縱然將上斷頭台，卻眉頭不皺一下，依舊大吃大喝，一股豪勇、陽剛之氣，油然而生。

酒足飯飽之後，海瑞準備慷慨赴死，提牢主事悄悄告訴他：「皇帝駕崩了，您要被重新重用了。」一句話帶著兩個訊息：一是囚禁自己的皇帝死了；二是你可以保全性命又能得到重用。

海瑞難以置信地問道：「是真的嗎？」得到肯定的答覆後，海瑞悲痛難抑，情緒嚴重失控，將一肚子酒食吐得乾乾淨淨。隨後，大聲號哭在地。

這幅畫面，何等忠肝義膽，何等氣貫長虹！

所謂以天下為己任，便是將國家的興衰治亂當作自己的責任。海瑞不以死亡而懼，卻因君王去世瘋狂嘔吐，哭暈在地。因為在海瑞心中，國家的興衰治亂比自己的性命更加重要！海瑞位卑卻未敢忘憂國，他的思想境界已經超過「以天下為己任」。

「盡嘔出所飲食，隕絕於地，終夜哭不絕聲。」海瑞不愧是古代聖賢，他的一生操守在詔獄牢飯中體現得淋漓盡致，值得後人永遠牢記，終身奉行。

早知道就不去吃了！

20場翻轉中國歷史的暗黑飯局

作者　胡策陌
責任編輯　陳姿穎
封面／內頁設計　任宥騰
行銷企劃　辛政遠、楊惠潔
總編輯　姚蜀芸
副社長　黃錫鉉
總經理　吳濱伶
執行長　何飛鵬
出版　創意市集
發行　英屬蓋曼群島商家庭傳媒股份有限公司城邦分公司
歡迎光臨城邦讀書花園網址：www.cite.com.tw

香港發行所
城邦（香港）出版集團有限公司
九龍九龍城土瓜灣道86號順聯工業大廈6樓A室
電話：(852) 25086231
傳真：(852) 25789337
E-mail：hkcite@biznetvigator.com

馬新發行所
城邦（馬新）出版集團 Cite (M) Sdn Bhd
41, Jalan Radin Anum, Bandar Baru Sri Petaling,
57000 Kuala Lumpur, Malaysia.
電話：(603) 90578822
傳真：(603) 90576622
E-mail：cite@cite.com.my

客戶服務中心
115 臺北市南港區昆陽街16號5樓
服務電話：（02）2500-7718、（02）2500-7719
服務時間：週一至週五 9：30 ～ 18：00
24 小時傳真專線：（02）2500-1990 ～ 3
E-mail：service@readingclub.com.tw

製版印刷　凱林彩印股份有限公司
初版二刷　2024 年 7 月
ISBN　978-986-0769-47-0
定價　新台幣 420 元／港幣 140 元

國家圖書館出版品預行編目 (CIP) 資料

早知道就不去吃了？！
20 場翻轉中國歷史的暗黑飯局 / 胡策陌律師 著
創意市集出版：英屬蓋曼群島商家庭傳媒
股份有限公司城邦分公司發行 2022.04
— 初版 — 臺北市 — 面：公分

ISBN 978-986-0769-47-0(平裝)
1. 中國史 2. 通俗史話

610.9　　110016125